Literatur – Kultur – Geschlecht

Studien zur Literatur- und
Kulturgeschichte

In Verbindung mit
Jost Hermand, Gert Mattenklott,
Klaus R. Scherpe und Lutz Winckler

herausgegeben von
Inge Stephan und Sigrid Weigel

Kleine Reihe
Band 6

Jost Hermand (Hg.)

MIT DEN BÄUMEN STERBEN DIE MENSCHEN

Zur Kulturgeschichte der Ökologie

1993

BÖHLAU VERLAG KÖLN WEIMAR WIEN

Die Deutsche Bibliothek – CIP-Einheitsaufnahme

Mit den Bäumen sterben die Menschen : Zur Kulturgeschichte der Ökologie / Jost Hermand (Hg.). – Köln ; Weimar ; Wien : Böhlau, 1993
(Literatur – Kultur – Geschlecht ; Bd. 6)
ISBN 3-412-02593-3
NE: Hermand, Jost [Hrsg.]; GT

Umschlagentwurf unter Verwendung des „Selbstbildnis" (1947)
von Erich Gerlach. Mit freundlicher Genehmigung
der Staatlichen Kunstsammlung Dresden.

© 1993 by Böhlau Verlag GmbH & Cie, Köln

Alle Rechte vorbehalten

Druck und Verarbeitung: Koniklijke Wöhrmann B.V., NL - Zutphen

Printed in the Netherlands
ISBN 3-412-02593-3

Inhalt

Vorwort VII

Jost Hermand
„Erst die Bäume, dann wir!" Proteste gegen das Abholzen
der deutschen Wälder 1780–1950 1

Michael Niedermeier
Natur – Ökonomie – Sexualität. Philanthropen zwischen
Paradies und Plantage 1770–1810 25

Clemens Alexander Wimmer
Die Alpen. Vom Garten Europas zum Stadion Europas . . 81

Ulrich Linse
Das Proletariat – Komplize der kapitalistischen
Naturausbeutung? 119

William Rollins
Bund Heimatschutz. Zur Integration von Ästhetik
und Politik 149

Joachim Wolschke-Bulmahn
Die Ästhetisierung der Landschaft in der bürgerlichen
Jugendbewegung – oder: Brauchen wir eine ökologische
Ästhetik? 183

Martin Kagel
Widersacher des Fortschritts. Zu Ludwig Klages'
ökologischem Manifest „Mensch und Erde" (1913) 199

Peter Morris-Keitel
Paradiesische Zustände. Zu Hans Paasches
Weltnaturschutzkonzept 221

Die Autoren 241

Abbildungsverzeichnis 243

Vorwort

Ein Buch wie dieses bedarf keiner besonderen Rechtfertigung. Die Debatte über die Bedeutung ökologischer Aspekte hat seit den siebziger Jahren, genauer seit dem 1971 vom „Club of Rome" publizierten Bericht über die *Grenzen des Wachstums,* eine solche Dringlichkeit angenommen, daß sie für viele eine Diskussion über Tod und Leben geworden ist. Seltsamerweise findet jedoch diese Überlebensdebatte, wie sie oft genannt wird, bisher fast nur in der sogenannten breiten Öffentlichkeit der tagespolitischen Auseinandersetzung der Parteien und Massenmedien statt, während sie in die wissenschaftlichen Diskurse der Universitäten, vor allem die der Geisteswissenschaften, noch kaum Eingang gefunden hat. In eine Fülle sich widersprechender Einzeldiskurse zersplittert, die oft mit fachspezifischer Hartnäckigkeit als die alleingültigen ausgegeben werden, sind diese Fächer im Augenblick fast allen größeren, umfassenderen Problemen, besonders wenn sie die Gefilde des Anthropologischen, Strukturalistischen oder Ästhetischen verlassen und ins Politische, Ökonomische oder Gesellschaftliche ausgreifen, nicht besonders hold. Das gilt vor allem für jene poststrukturalistischen Richtungen innerhalb der Literaturwissenschaft, die in ihrer Fixiertheit auf einen ideologischen Pluralismus viele der ins „Totale" tendierenden Gesichtspunkte – und damit auch die globalen Aspekte der ökologischen Forderungen – entweder gar nicht wahrnehmen oder als problematisch, wenn nicht gar totalitär zurückweisen.

Um solche Verengungen, deren Ursachen zum Teil noch mit den Nachwirkungen des Kalten Kriegs zusammenhängen, endgültig zu überwinden, versteht sich die Reihe *Literatur – Kultur – Geschlecht* von vornherein als ein interdisziplinäres Unterfangen, das sich bemüht, die vielfältig aufgesplitterten Diskurse innerhalb der Geisteswissenschaften wieder mit den in der gesellschaftlichen Wirklichkeit vorgegebenen Konflikten und Debatten zu verbinden und ihnen dadurch eine größere Konkretheit zu geben. Und darum gehört auch ein Band, der sich mit den frühen Vertretern eines naturbewahrenden Verhaltens beschäftigt, durchaus in eine Reihe, welche aus dem Partikularen stets ins Allgemeine überzugreifen versucht. Man verstehe daher die folgenden Aufsätze als erste Bausteine zu einer noch ungeschriebenen Kulturgeschichte des ökologischen Bewußtseins, dessen Erforschung eine Aufgabe ist, die sich nicht einzelwissenschaftlich, sondern nur interdisziplinär bewerkstelligen läßt.

Neben ins Kulturgeschichtliche tendierenden Literaturwissenschaftlern oder Vertretern einer Disziplin, die sich in den Vereinigten Staaten „German Studies" nennt, haben daher an diesem Band auch ein Historiker und zwei Wissenschaftler mitgearbeitet, deren Arbeitsgebiete die Landschaftsgestaltung und Gartengeschichte sind. Bei weiteren Untersuchungen dieser Art müßten unbedingt auch Biologen, Volkswirtschaftler, Soziologen und aktive Naturschützer herangezogen werden. Verständlicherweise ist jedoch das Hauptinteresse der letzteren Gruppe meist auf die unmittelbare Gegenwart und die uns in naher Zukunft bedrohenden ökologischen Gefahren – also die Ausdünnung der Ozonschicht, das Waldsterben, die Bevölkerungsexplosion, den Treibhauseffekt sowie die fortschreitende Ausrottung der Wildtiere und Wildpflanzen – gerichtet, durch die, wie uns ernstzunehmende Naturwissenschaftler immer wieder versichern, der „Punkt der Irreversibilität", nach welchem sich die Verseuchung von Wasser, Luft und Boden nicht wieder rückgängig machen läßt, bereits in etwa vierzig Jahren erreicht sein soll. Deshalb sind die tatsächlichen Aktivisten auf diesem Gebiet für die historischen Aspekte ihres Naturinteresses nicht leicht zu gewinnen.

Ein solcher Aktivismus ist selbstverständlich lebhaft zu begrüßen und sollte von uns allen lebhaft unterstützt werden, sofern wir noch eine soziale Verantwortung für unser eigenes Tun oder auch das Leben der Nach-uns-Kommenden empfinden. Und doch hat auch die Beschäftigung mit früheren Formen des ökologischen Bewußtseins durchaus ihre Berechtigung. Und zwar gilt das in mehrfacher Hinsicht: 1. setzt sie all jenen ökologisch orientierten Naturbewahrern, die sich nicht von einem blinden technologischen Fortschrittswahn zu skrupelloser Naturausbeutung hinreißen ließen, sondern auf den Schutz der natürlichen Grundlagen allen Lebens auf Erden drangen, endlich die ihnen gebührenden

Denkmäler, 2. lehrt sie uns, bereits begangene Fehler nicht noch einmal zu begehen, sondern den inzwischen immer größer gewordenen Gefahren mit wirksameren Mitteln entgegenzutreten, 3. führt gerade die Vorgeschichte einer bestimmten Problemstellung stehts am unmittelbarsten in das Problem selber ein, indem sie uns zeigt, wie die bisherige Entwicklung verlaufen ist und auf welchem Punkt wir uns selbst innerhalb der durch diese Entwicklung in Gang gesetzten Prozesse befinden, und 4. soll sie den Grünen wie auch allen anderen Menschen, die sich nicht von der noch immer glänzenden Wohlstandsfassade der hochentwickelten Industrieländer blenden lassen und endlich zu ihrer Schande einsehen, daß sie diesen Wohlstand nicht irgendeinem abstrakten technischen Fortschritt, sondern einer immer rapider werdenden Naturzerstörung „verdanken", möglichst nachdrücklich zeigen, daß es eine bis ins späte 18. Jahrhundert zurückreichende Vorgeschichte des ökologischen Bewußtseins gibt, also auch sie eine Geschichte und damit einen historischen Rückenwind haben, der sie beflügeln sollte, den einmal eingeschlagenen Weg mit der nötigen Entschiedenheit weiterzuverfolgen.

Die folgenden Beiträge haben daher alles andere als einen antiquarischen Charakter. Obwohl sie sich mit ökologischen Problemen der Vergangenheit auseinandersetzen, weisen sie zugleich auf die ökologischen Probleme unserer Zeit hin, welche sich nur vor dem Hintergrund der in den letzten zweihundertfünfzig Jahren immer rapider werdenden Verstädterung und Industrialisierung verstehen lassen. Schließlich haben einsichtsvolle, den natürlichen Kreislauf allen Lebens studierende Menschen schon im 19. Jahrhundert – angesichts der ersten Naturverheerungen größeren Ausmaßes wie der chemischen Überdüngung des Bodens, der durch Flußregulierungen und Abholzung der Wälder verursachten Senkung des Grundwassers sowie der industriellen Verdreckung der Flüsse – von der Forderung eines streng regulierten „Stoffwechsels mit der Natur" gesprochen, ohne den die sogenannte industrielle Revolution zwangsläufig mörderische Züge annehmen werde. Und die gleichen einsichtsvollen Menschen haben bereits damals eingesehen, daß sich der durch die rasche Vermehrung der Bevölkerung und die ihren gesteigerten Wohlstandserwartungen dienende maschinelle Produktionsweise bewirkte skrupellose Umgang mit der Natur nur durch eine Überwindung jener anthropozentrischen Hybris aufhalten läßt, nach der sich der Mensch nicht als Partner, sondern als Beherrscher der Natur empfindet.

Was es daher in Zukunft zu bekämpfen gilt, sind all jene anthropozentrischen Haltungen, die in der Natur nur eine „Umwelt" für den Menschen sehen. Sich allein für Umweltschutz einzusetzen, hat deshalb nichts Positives. Wertvoll, das heißt von einer neuen Ethik ausgehend, ist eine solche Haltung nur dann, wenn sie alle anderen Lebewesen, ob nun Tiere oder Pflanzen, rein als solche respektierte, anstatt sie nur im Hinblick auf die Nützlichkeit für den Menschen zu betrachten. Entscheidend wäre also, daß sich der Mensch wieder in einem brüderlichen oder schwesterlichen Sinne als *ein* irdisches Lebewesen unter anderen empfindet – und nicht alle in einem ausbeuterischen, ja mörderischen Sinne für sich ausschlachtet. Ohne einen solchen Bewußtseinswandel, der ein Hauptpunkt in den Programmen aller grünen Parteien sein müßte, werden nicht nur alle Tiere und Pflanzen, sondern auch die Menschen untergehen. Selbst anthropozentrisch denkende Menschen müßten daher für einen entschiedenen Naturschutz eintreten. Schließlich hängt auch ihr eigenes Überleben vom Weiterbestehen der natürlichen Grundlagen alles Lebens auf Erden ab.

Madison, im Oktober 1992　　　　　　　　　　　　Jost Hermand

Jost Hermand

„Erst die Bäume, dann wir!"
Proteste gegen das Abholzen der deutschen Wälder 1780–1950

Von der letzten Eiszeit bis zum Beginn unserer Zeitrechnung war Mitteleuropa, wie viele Gebiete der gemäßigten Zonen, noch mit riesigen Wäldern bedeckt. Die germanischen Stämme, die sich auf den wenigen freien Flächen ansiedelten, hatten sich zwar im Laufe der Jahrtausende aus Jägern und Früchtesammlern zu Ackerbauern und Viehzüchtern entwickelt,[1] wuchsen jedoch nie über eine Million Menschen an, so daß der Wald das dominierende Element in diesen Gebieten blieb. Zur Zeit des Tacitus wäre also im Bereich der „Germania" noch niemand auf die Idee gekommen, daß man diese Wälder schonen müsse, um sie vor dem Schicksal jener Wälder zu bewahren, die im Mittelmeerraum bereits weitgehend der Axt zum Opfer gefallen waren. Während es dort zu ersten Erosions- und Verkarstungsschäden kam, blieb also im Norden das Landschaftsbild weiterhin von riesigen Waldgebieten bestimmt.

Daran änderte sich auch in den folgenden Jahrhunderten nicht viel. Dort, wo überhaupt Menschen wohnten und nicht Wildnis herrschte, war der Wald entweder „Gemeineigentum" der dörflichen Anwohner oder Privatbesitz einzelner, „freier" Großbauern.[2] Genutzt wurde er vor allem zur Jagd, zur Entnahme von Bau- und Brennholz, zur Sommerweide der Kühe sowie zur Eichel- und Bucheckernmast der Schweine. Obwohl dies kein besonders sorgsamer Umgang mit den Wäldern war, blieben diese

---

[1] Vgl. Tacitus: *Germania*. Hrsg. von Manfred Fuhrmann, Stuttgart 1986, S. 6, 20.

[2] Vgl. Christian Ludwig Stieglitz: *Geschichtliche Darstellung der Eigentumsverhältnisse an Wald und Jagd in Deutschland von den ältesten Zeiten bis zur Ausbildung der Landeshoheit*, Leipzig 1832, S. 5, 8.

Eingriffe in die Natur, wegen der geringen Bevölkerungszahl, dennoch so geringfügig, daß sie nicht zu einer Zerstörung der Wälder beitrugen. Und auch die Rodungen, die im 4. Jahrhundert im Zuge der Völkerwanderung erfolgten, änderten nur wenig an der Dominanz der Wälder und dem Wildnischarakter weiter Landstriche.

Ein Wandel im Verhältnis zum Wald setzte erst im Mittelalter ein. Die allmählich ansteigende Bevölkerungszahl sowie die Entstehung der Städte mit ihrem großen Holzbedarf, führten vor allem vom 11. zum 13. Jahrhundert zu ausgedehnten Rodungen, die sogar vor manchen bisher gemiedenen Mittelgebirgsgegenden nicht Halt machten.[3] Durch diese Umwandlungsprozesse stiegen die übriggebliebenen Wälder selbstverständlich an Wert. Und zwar gehörten diese Wälder erst der königlichen Zentralgewalt, die sich im frühen Mittelalter den Gesamtbesitz der herrenlosen Wälder angeeignet hatte, gingen dann jedoch durch Belehnungen und Schenkungen zusehends in die Hände der kleineren Territorialherren, also der Herzöge, Grafen und Reichsritter, aber auch der Bischöfe und Reichsabteien über, so daß der Waldbesitz der dörflichen Gemeinden und der freien Einzelbauern immer kleiner wurde. Seit dem 15. Jahrhundert gab es daher keinen „besitzlosen Wald" mehr.[4] Überall setzte sich die „Landeshoheit" der jeweiligen Territorialherren durch.[5] Um sich nicht im Besitz ihrer Wälder beeinträchtigen zu lassen, erließen diese neuen, sich zu Gründern von Dynastien wandelnden Territorialherren schon zu Beginn des 15. Jahrhunderts zahlreiche Rodungsverbote, was zur Gesundung der bestehenden Wälder beitrug. Außerdem setzte aufgrund der Pestepidemien gegen Ende dieses Jahrhunderts, durch die in bestimmten Gebieten große Teile der Bauernbevölkerung ausgerottet wurden, eine merkliche Rückverwaldung der

---

[3] Vgl. Friedrich Knauer: *Der Niedergang unserer Tier- und Pflanzenwelt. Eine Mahn- und Werbeschrift im Sinne moderner Naturschutzbestrebung*, Leipzig 1912, S. 83f.; Heinrich Rubner: *Forstgeschichte im Zeitalter der industriellen Revolution*, Berlin 1967, S. 27ff.; Alfred Barthelmess: *Wald – Umwelt des Menschen. Dokumente zu einer Problemgeschichte von Naturschutz, Landschaftspflege und Humanökologie*, Freiburg–München 1972, S. 28f.
[4] Barthelmess: *Wald*, S. 38.
[5] Vgl. Stieglitz: *Geschichtliche Darstellung*, S. 212.

dortigen Ländereien ein. Selbst als im 16. Jahrhundert ein sprunghaftes Anwachsen der Städte, eine Ausweitung vieler holzverarbeitender Handwerkerzünfte, vor allem der Schreiner, Zimmerleute, Wagenbauer, Gerber, Seifensieder, Glasbläser usw. sowie ein drastischer Ausbau der bestehenden Salinen, Eisenhütten und Bergwerke erfolgte, die nicht nur Rohholz, sondern auch Holzkohle und Pottasche benötigten, führte das zwar zu steigenden Holzpreisen, aber noch immer nicht zu einer Holzknappheit, die den Menschen die Augen über den fortschreitenden Raubbau an der Natur geöffnet hätte.

Zu ersten Forstverordnungen, die sich mit „Waldverwüstungen" und „drohender Holznot" befaßten, bei denen freilich auch die Sorge der Fürsten um ihre „Jagdgründe und Masteinnahmen" Pate gestanden haben dürfte,[6] kam es erst im Übergang vom 16. zum 17. Jahrhundert. Diese Warnungen hätten sich sicher wesentlich verschärft, wenn es nicht im 17. Jahrhundert zum Dreißigjährigen Krieg gekommen wäre, der die Bauernbevölkerung nochmals so stark dezimierte (in manchen Gegenden bis zu 80 Prozent), daß, wie zur Zeit der Pest, eine neue Rückverwaldung weiter Landstriche einsetzte. Ein an französischen Vorbildern geschultes Wirtschaftsdenken, das wegen seiner ausschließlich gewinneinträglichen Tendenz allgemein als Merkantilismus und Physiokratismus bezeichnet wurde,[7] entwickelte sich daher in Deutschland erst um die Wende vom 17. zum 18. Jahrhundert.

Der damit verbundene Eingriff in das Waldwesen ging weitgehend auf das steigende Repräsentationsbedürfnis der Fürsten zurück. Durch eine vermehrte Bautätigkeit, aufwendige Jagden sowie einen pompösen Lebensstil eiferte diese Kaste immer stärker dem Leitbild des französischen Königs, als des Inbegriffs eines absolutistischen Herrschers, nach. Als eine der wichtigsten Geldquellen bei diesem Bemühen erwies sich der Waldbesitz der deutschen Territorialherren, die seit dem Dreißigjährigen Krieg über ein Drittel der deutschen Wälder ihr eigen nannten. Aus diesen Wäldern wurde daher in der Folgezeit durch eine intensivierte Forstwirtschaft – nach dem Vorbilde Jean-Baptiste Colberts – so

---

[6] Barthelmess: *Wald*, S. 39f.
[7] Ebd., S. 42.

viel herausgewirtschaftet wie nur möglich. Im Zuge dieser fiskalischen Ausbeutung der Wälder stellten die deutschen Landesherren sowohl kameralistisch ausgebildete niedere Adlige als auch Vertreter der gehobenen Bourgeoisie in ihren Dienst, um an die Stelle des weitgehend naturwüchsigen Umgangs mit den Wäldern eine staatlich kontrollierte, merkantilistische Forstwirtschaft zu setzen. Theoretisch wurde diese Absicht durch Bücher wie *Sylvicultura oeconomica* (1713) von Hans von Carlowitz und *Grundsätze der Forstökonomie* (1757) von Gottfried Moser unterstützt, die sich für eine Waldwirtschaft aussprachen, die allein auf „Gewinn, Nutzung und Erhaltung" basiert, welche der Endzweck jeder „wirtschaftlichen Einrichtung und Maßregel" seien.[8]

Demzufolge wurden seit der Mitte des 18. Jahrhunderts die nur langsam nachwachsenden Eichen- und Buchenwälder, die sich bisher durch Versamung selbst erneuert hatten, immer stärker durch schnellwachsende Fichten- und Tannenanpflanzungen ersetzt. So ordnete etwa Friedrich II. von Preußen 1764 an, anstelle der „ungeordneten" Nutzung der älteren Laubwälder, die zu langsam wüchsen, „Waldschläge mit siebzigjährigem Umtrieb", also Fichtenwälder, anzulegen.[9] Ähnliche Verfügungen erließ Joseph II. in Österreich, der neben dem fürstlichen Merkantilismus ebenfalls einen wissenschaftlich fundierten Physiokratismus in der Forstwirtschaft einzuführen versuchte, um so die Einnahmen aus der Holzgewinnung zu steigern. Wie in der Landwirtschaft wurden demnach von nun an auch die Forsten im „Großflächen-Reihenanbau" angelegt,[10] was zu einer fortschreitenden „Mechanisierung" der gesamten Holzwirtschaft führte.[11]

Die Konsequenzen dieser gesteigerten Nutzungstendenzen, nämlich die Wälder nur noch unter dem Gesichtspunkt der Holzerzeugung zu sehen, waren beträchtlich. Alles, was diesem Zweck entgegenstand, mußte nach diesem Zeitpunkt aus den Forsten entfernt werden. So wurden zwischen 1750 und 1780 in den mitteleuropäischen Wäldern nicht nur alle „Bären, Luchse und

---

[8] Zit. in Rubner: *Forstgeschichte*, S. 65.
[9] Ebd., S. 69.
[10] Hans Leibundgut: „Vorwort" zu Josef Nikolaus Köstler: *Wald – Mensch – Kultur. Ausgewählte Aufsätze*, Hamburg–Berlin 1967, S. 7.
[11] Köstler: *Wald – Mensch – Kultur*, S. 76.

Wölfe" abgeschossen,[12] sondern auch in vielen Wäldern das Unterholz entfernt und das alte Laub zur Viehstreu in den Ställen verwendet. Das Ergebnis waren äußerlich wohlgeordnete, aber ästhetisch verschandelte Wälder, die trotz ihrer Überbeanspruchung den steigenden Holzbedarf schon gegen Ende des 18. Jahrhunderts nicht mehr stillen konnten. Schließlich brauchten nicht nur die Herrschenden immer mehr Holz; auch die Wohlstandsansprüche und damit die Holzansprüche der deutschen Bevölkerung, die inzwischen auf 20 Millionen Menschen angewachsen war, stiegen unaufhaltsam. Und so setzte um 1800, da sich Holz wegen seines immensen Gewichts schwer aus fernen Ländern importieren ließ, in Mitteleuropa eine ausgesprochene „Holzkrise" ein, der man durch eine immer schnellere Ausbeutung der Wälder entgegenzutreten versuchte.[13]

Nach diesem Zeitpunkt war ohnehin kein Halten mehr. Im gleichen Maße, wie der Merkantilismus und Physiokratismus im Laufe des 19. Jahrhunderts der kapitalistischen Marktwirtschaft Platz machen mußten, wurden auch die Wälder immer stärker von den sich kapitalisierenden Schichten, das heißt der ökonomisch aufsteigenden Bourgeoisie in Anspruch genommen. Die Bourgeoisie, noch stärker an kurzfristigen Gewinnen interessiert als die feudalen Waldbesitzer, die sich wenigstens durch ihr Traditionsbewußtsein und ihre Jagdlust mit „ihren" Wäldern verbunden fühlten, betrachtete den Besitz oder die Verarbeitung von Holz nur noch als Kapitalangelegenheit. Sie beschleunigte daher die Beseitigung der älteren Eichenwälder, die sich auf natürliche Weise, also durch Besamung, selbst erneuerten, durch schnellwachsende Fichten- und Tannenwälder. Das Ergebnis waren waldähnliche Monokulturen, die sowohl zu einer drastischen Verminderung der früher dort lebenden Tiere und Pflanzen als auch zu einer allmählichen Auspowerung des Bodens beitrugen. Doch nicht allein die mechanische Anbauweise, auch das bürgerliche Bedürfnis nach Landaufenthalten mit obligaten Waldspaziergän-

---

[12] Vgl. Henry Makowsky und Bernhard Buderath: *Die Natur dem Menschen untertan. Ökologie im Spiegel der Landschaftsmalerei*, München 1983, S. 132.
[13] Vgl. Joachim Radkau: Holzverknappung und Krisenbewußtsein im 18. Jahrhundert. In: *Geschichte und Gesellschaft 9*, 1983, S. 513–543.

gen und Picnics in den wenigen übriggebliebenen Wildnisgebieten oder Laubwäldern trug zu einer weiteren Verschandelung des Landschaftsbildes bei. Das gleiche tat die immer intensiver operierende Landwirtschaft mit ihrer „Verkoppelung" der Ackerstreifen zu Großflächen und der damit verbundenen Beseitigung von Hecken und kleinen Waldstücken.

Zu weiteren Waldverwüstungen führte die Tatsache, daß die Eisenhütten, zumindest bis in die zweite Jahrhunderthälfte, Unmengen von Holzkohle und die Glashütten Unmengen von aus Holz gewonnener Pottasche benötigten. Als der Holzkohlebedarf durch die Einführung des Bessemer-Verfahrens und auch der Brennholzbedarf durch die Umstellung auf Kohlefeuerung allmählich zurückgingen, stieg dennoch das Bedürfnis nach Holz im Zuge der steigenden Industrialisierung, das heißt durch den Bedarf an Holzschwellen für Schienen, Holzstollen für die Bergwerke, Holzzellulose für die Papierherstellung sowie großen Masten für die Stromversorgung, unaufhaltsam an.[14] Schließlich war die deutsche Bevölkerung bis 1870 auf 40 Millionen Menschen angewachsen. Allein die Staatsforsten mußten daher ihre Erträge zwischen 1850 und 1870 um 50 Prozent steigern,[15] um mit dem steigenden Holzbedarf einigermaßen Schritt zu halten. Was mit den Wäldern geschah, als die deutsche Bevölkerung nach 1900 auf 60 Millionen und nach 1933 auf 80 Millionen anwuchs, läßt sich leicht ausmalen. Bereits um 1900 war der deutsche Holzbedarf nicht mehr mit eigenen Erträgen zu decken, sondern mußte durch immer größere Importe gedeckt werden – ansonsten hätte es in Deutschland schon um 1930 kaum noch Wälder gegeben. Doch lassen wir solche Konsequenzen für einen Moment auf sich beruhen und setzen wir uns erst einmal mit den ideologischen und ästhetischen Reaktionen auf diesen Abholzungs- und Verödungsprozeß auseinander.

Daß dieser Prozeß gravierende Auswirkungen auf das Aussehen der deutschen Landschaft hatte und die intensivierte Land- und Forstwirtschaft fast einer „Vergewaltigung" gleichkam, blieb vielen Deutschen nicht verborgen. Allerdings reagierten sie dar-

---

[14] Vgl. Barthelmess: *Wald*, S. 35.
[15] Vgl. Rubner: *Forstgeschichte*, S. 141.

auf auf höchst verschiedene Weise. Die Mehrheit der im 19. Jahrhundert allmählich zur Herrschaft aufsteigenden bürgerlichen Klasse bedauerte zwar diesen Verschandelungs- und Verwüstungsprozeß, versuchte aber – im Sinne ihrer eigenen Wohlstandsbedürfnisse, die nur durch eine intensivierte Ausplünderung der Natur zu stillen waren – über ihn hinwegzusehen. Sie entwickelte daher eine Fülle höchst widerspruchsvoller Legitimationsstrategien, um diesem Prozeß einen „positiven" Anstrich zu geben. Statt wie manche der späteren Kritiker dieser Entwicklung von Verschandelung, Verwüstung oder Vergewaltigung zu sprechen, gebrauchte sie lieber Schlagwörter wie faustische Umwandlung der Natur zur Produktivkraft, technischer Fortschritt, Wohlstandssteigerung, Arbeitsbeschaffung, Akzelerierung der wirtschaftlichen Expansionsrate – oder berief sich auf die unausweichlichen „Sachzwänge" innerhalb der sogenannten Modernisierungsschübe der industriellen Revolution, die jeder, der nicht in die „Steinzeit" zurückfallen wolle, notwendigerweise hinnehmen müsse.[16] Vor allem die mit dem Manchester-Liberalismus sympathisierenden Schichten, denen es nur auf persönliche Durchsetzung und Selbstrealisierung ankam, die also die frühbürgerliche Emanzipationsparole „Freiheit, Gleichheit, Brüderlichkeit" auf eine absolut gesetzte „Freiheit" verkürzten,[17] hatten für eine mögliche Brüderlichkeit oder auch nur Rücksichtnahme auf die Natur schon um die Mitte des 19. Jahrhunderts nicht viel übrig. Sie begrüßten daher lediglich den technischen Fortschritt, der ihnen zu Reichtum, Wohlstand und Freizügigkeit verhalf, während ihnen die in ihrem Auftrag und zu ihrem Nutzen erfolgende Zernichtung der deutschen Landschaft – als Städtern oder Großstädtern – relativ gleichgültig blieb. Es gab unter diesen Fortschrittsbewußten sogar „Realisten", die es lächerlich fanden, angesichts des Verlusts der Wälder in sentimentale Klagen auszubrechen. So schrieb Wilhelm Pfeil, ein Vertreter der staatlichen Forstverwaltung, be-

---

[16] Vgl. Jost Hermand: *Grüne Utopien in Deutschland. Zur Geschichte des ökologischen Bewußtseins*, Frankfurt/Main 1991, S. 12 ff.
[17] Vgl. meinen Aufsatz: Liberté – Egalité – Fraternité. Die Postulate einer unvollendeten Revolution. In: *Freiheit, Gleichheit, Brüderlichkeit. 200 Jahre französische Revolution in Deutschland*. Hrsg. von Gerhard Bott, Nürnberg 1989, S. 31–41.

reits 1834 mit realistischer Einsicht in die Folgen derartiger Prozesse: „Das materielle Bedürfnis gestattet immer weniger, dem Sinn für das Schöne in der Waldwirtschaft Raum zu geben."[18] Noch schärfer wurden solche Äußerungen im späten 19. und frühen 20. Jahrhundert. Ja, einer dieser „Realisten" schrieb noch jüngst im Hinblick auf die Abholzung der deutschen Wälder, denen man nicht nachtrauern solle:[19]

> Die Vögel haben längst gelernt, Fernsehantennen als Ersatz für Äste zu nehmen. Warum sollte es da den Menschen nicht gelingen, etwa die Hochspannungsmasten, mit deren Hilfe der Strom von den Kernkraftwerken zu den Verbrauchern transportiert wird, ebenso als ‚Wälder' zu erleben wie einst die jetzt absterbenden Bäume?

Doch zum Glück gab es neben der Mehrheit der fortschrittsbetonten Bourgeoisie seit der zweiten Hälfte des 18. Jahrhunderts auch eine kritische Minderheit, die dem rein auf Kriterien wie Bereicherung, Wohlstand und Freizügigkeit basierenden Fortschrittsdenken der Oberklassen mit eher bedächtigen, die Natur schonenden Konzepten entgegentrat und sich im Rahmen solcher Vorstellungen – unter ästhetischen, humanistischen, romantischen, nationalen, sozialistischen oder ökologischen Gesichtspunkten – für eine entschiedene Erhaltung, wenn nicht gar Ausweitung der von der rücksichtslosen „Verwirtschaftung" bedrohten Restwälder einsetzte. Neben einem echten Zorn über die fortschreitende Verhunzung der Natur kamen bei diesen Gegenreaktionen allerdings auch oberflächliche Sentiments zum Durchbruch, in denen sich zwar eine unleugbare Naturschwärmerei manifestierte, die jedoch nur selten bis zu den konkreten Ursachen der unaufhaltsamen Ausplünderung der Natur, nämlich der rapiden Bevölkerungsvermehrung und steigenden Wohlstandsansprüche, vordrangen. Selbst viele der an dieser Entwicklung Kritischen hielten letztlich an einem Weltbild fest, das den Begriff „Brüderlichkeit" zwar auf andere Menschen, vielleicht sogar auf „höherstehende" Tiere wie Pferde, Hunde und Katzen, aber nicht

---

[18] Zit. in Makowsky und Buderath: *Die Natur*, S. 126.
[19] Rolf Peter Sieferle: Entstehung und Zerstörung der Landschaft. In: *Landschaft*. Hrsg. von Manfred Smuda, Frankfurt/Main 1989, S. 259f.

auf die Gesamtheit der Natur ausdehnte und daher im Bereich eines vorökologischen Denkens befangen blieb.

Gegen Ende des 18. Jahrhunderts dominierten im Bereich dieser kritischen Stimmen vor allem jene, die sich auf Rousseau beriefen, das heißt sich im Sinne seiner Parole „Returnez à la nature" oder der Clarens-Idylle seiner *Nouvelle Héloise* (1761) zu einer Existenzform bekannten, die sich von allen höfischen oder städtischen Entartungen distanziert und wieder im vollen Einklang mit der Natur zu leben versucht. Dieses Ideal findet sich in vielen deutschen Naturstaat-Utopien zwischen 1780 und 1795, in denen jene „Waldbrüder" auftreten, die in bescheidenen Laubhütten wohnen und – wie die Geßner-Schwärmer und Mitglieder des „Göttinger Hains" – die adligen und großbürgerlichen Wohlstandsansprüche ihrer Zeit entschieden von sich weisen.[20] Doch diese Gesinnung wurde von der politischen, ökonomischen und sozialen Entwicklung schnell überrollt. Als die Gironde 1794 die rousseauistischen Gleichmacher aus der jakobinischen Führungsschicht aufs Schafott schickte und im Sinne der Wirtschaftstheorien eines Adam Smith jenen Prozeß in Gang setzte, der nicht nur in Frankreich, sondern später auch in Deutschland die „Befreiung in den Kapitalismus" einleitete, wurden solche Naturstaat-Ideale schnell obsolet.

Selbst jene Autoren, die als „Humanisten" gegen diesen Prozeß anzuschreiben versuchten, kehrten daher nach 1800 nicht wieder zu den rousseauistischen Naturkonzepten zurück, sondern versuchten Natur und Fortschritt auf eine „höhere" Weise miteinander zu verbinden oder vor der industriellen Revolution in noch „grün" gebliebene Gebiete auszuweichen. Das belegen wohl am besten die Schriften von Johann Wolfgang Goethe und Alexander von Humboldt, in denen zwar voller Trauer auf ehemalige italienisch-antike oder südamerikanische Naturparadiese, die dem Fortschritt zum Opfer gefallen sind, zurückgeblickt, aber nicht mehr zum Kampf gegen die unheildrohende Entwicklung aufgerufen wird. So beschränkte sich Goethe in seinen *Wahlverwandt-*

---

[20] Vgl. hierzu meinen Aufsatz: Simplex teutonicus. Bescheidenheitspostulate in der deutschen Literatur zwischen 1750 und 1815. In: J. H.: *Im Wettlauf mit der Zeit. Anstöße zu einer ökologiebewußten Ästhetik*, Berlin 1991, S. 1–28.

schaften (1809) auf den abgeschlossenen Bereich des adligen Parks, während er in seinen *Wanderjahren* (1821) seine utopische Gesellschaft, um der unaufhaltsam heraufziehenden Industrialisierung zu entgehen, am Schluß ins waldreiche Amerika aufbrechen läßt.[21]

Man sage nicht, daß diese Stimmen nur die Luft bewegten. Schon zu Anfang des 19. Jahrhunderts gab es einige Naturfreunde, die nicht nur redeten oder schrieben, sondern ihre Ideen auch in die Tat umzusetzen versuchten. Ein Beispiel dafür ist jenes „Landesverschönerungs"-Konzept, das vor allem mit dem Namen Johann Michael Gustav Vorherr verknüpft ist, der 1817 im *Monatsblatt für Bauwesen und Landesverschönerung* erklärte, daß die „Hauptbestimmung" der Gegenwart darin bestehe, den Menschen – nach den Landschaftsverschandelungen der Vergangenheit – wieder in ein ästhetisch-befriedigendes Verhältnis zur Natur zu setzen.[22] Ähnliche Forderungen trug Jonathan Schuderoff 1825 in seinem Buch *Für Landesverschönerung* vor, das in dem Satz kulminierte: „Ganz Deutschland ein großer Garten sei unsere Losung."[23] Aufgrund solcher Postulate etablierte sich in Berlin ein „Verein zur Beförderung des Gartenbaus in den preußischen Staaten", zu dessen Gründern Alexander von Humboldt, Ernst Moritz Arndt und Hermann Fürst von Pückler-Muskau gehörten. Er setzte sich die Aufgabe, die Menschen durch neue Bepflanzungen „in der Landschaft wieder heimisch zu machen", wie Peter Joseph Lenné 1826 in seiner Schrift *Über Trift- und Feldpflanzungen* schrieb.[24] Im Zuge solcher Proklamationen wurden in Preußen in den folgenden Jahren die Ränder vieler Landstraßen mit Bäumen bepflanzt und eine Fülle neuer Parks angelegt, bei denen meist das Ideal des Englischen Gartens Pate stand. Am eifrigsten setzte sich hierfür Lenné ein, der am liebsten die gesamte Spree- und Havellandschaft in einen großen Landschaftspark verwandelt hätte. Aber solche Großprojekte konnte sich nur ein Fürst von Pückler-

---

[21] Vgl. ebd.: Freiheit in der Bindung. Goethes grüne Weltfrömmigkeit, S. 29–52.
[22] *Monatsblatt für Bauwesen und Landesverschönerung*, 1817, S. 705.
[23] Jonathan Schuderoff: *Für Landesverschönerung*, Berlin 1825, S. 64.
[24] Peter Joseph Lenné: *Über Trift- und Feldpflanzungen*, Berlin 1826, Bd. 2, S. 304.

Muskau leisten, dessen weiträumige Parks in Muskau und Branitz weltberühmt wurden. Zugegeben, alle diese Schriften und Aktivitäten haben in ihrem humanistischen Grundzug einen deutlich anthropozentrischen Charakter, das heißt betrachten Natur als zu schonende „Umwelt" für den Menschen, statt sie auch in ihrem Eigenwert hochzuschätzen und zu erhalten. Doch mehr hat auch die für ihre Verliebtheit in den deutschen Wald so oft gepriesene Romantik nicht zu bieten.[25] Viele ihrer Vertreter lehnten zwar alles Artifizielle, Unnatürliche, Rationalistische, Anorganische, Mechanistische, worin sie den Ungeist des 18. Jahrhunderts oder der modernen Welt schlechthin erblickten, rundweg ab und bevorzugten statt dessen Mystisches, Märchenhaftes, Phantastisches, Irrationales, aber ohne daß dabei eine spezifisch naturschonende Komponente deutlich würde. Immer wieder werden in ihren Liedern und Romanen jene Wälder und Auen besungen, in denen es von uralten Bäumen, blühenden Blumen und wilden Tieren nur so wimmelt; dennoch bleibt auch in ihnen, trotz der nachdrücklich herausgestrichenen Naturherrlichkeit, stets die Perspektive des Anthropozentrismus erhalten. Auch in der Romantik ist der Wald fast ausschließlich für den Menschen da, das heißt bildet eine stimmungsvolle Folie für empfindsame, schwärmerische Gemüter, die in die berühmte „Waldeinsamkeit" flüchten, um den Geheimnissen ihrer eigenen Seele auf die Spur zu kommen oder Waldgeistern wie Zwergen, Riesen, Kobolden oder Nymphen zu begegnen. Und zwar wird dabei oft – wie in Gotthilf Heinrich Schuberts *Ansichten von der Nachtseite der Naturwissenschaft* (1808) – irgendeine magische Urzeit der Menschheit beschworen, in der noch nicht „der Geist des Menschen die Natur, sondern diese den Geist des Menschen bestimmt" habe. Erst seitdem sich der Mensch als Sieger über die „Natur" aufspiele, heißt es hier, habe er begonnen, „die Erde, welche vorhin anzubauen heiliges Gesetz war, zu zerstören". Und damit sei an die Stelle einer gläubigen „Natur-

---

[25] Vgl. hierzu allgemein Rolf Peter Sieferle: *Fortschrittsfeinde? Opposition gegen Technik und Industrie von der Romantik bis zur Gegenwart*, München 1984, S. 48ff. – Wie unkonkret viele Romantiker in ihrem Verhältnis zur Natur blieben, zeigt Frank Rainer Max: *Der „Wald der Welt". Das Werk Fouqués*, Bonn 1980.

andacht" eine „glaubenslose Naturwissenschaft" getreten, der ein oberflächlicher, weil mechanischer Materialismus zugrunde liege.[26] Welche Folgerungen daraus für den Schutz der Natur und vor allem der Wälder zu ziehen seien, erfährt man leider in diesem Buch nicht. Das gleiche gilt für die Schriften eines romantischen Naturphilosophen wie Friedrich Wilhelm Schelling, die zwar die Natur – in pantheistisch-spinozistischer Absicht – als geheimnisvolle Quelle alles Lebendigen anpreisen, aber ansonsten völlig unkonkret und somit unverbindlich bleiben.

Noch verschwommener, ja verblasener wirkt fast alles, was die bürgerlich-liberalen Autoren des 19. Jahrhunderts zum Schutze der Wälder vorbrachten. Obwohl sie sich im Rahmen der sich ökonomisch bereichernden und sozial aufsteigenden bürgerlichen Klasse zum Teil als intellektuelle Außenseiter fühlten, waren auch sie keineswegs gewillt, die neuerrungenen Freiheiten wie auch den technischen Komfort, welche der bürgerlichen Klasse insgesamt zugute kamen, durch eine zu scharfe Kritik in Frage zu stellen. Und so meldeten sich auch in diesem Lager, das sich sonst auf seinen kritischen Charakter so viel zugute hielt, im Hinblick auf die Verschandelung oder Abholzung der deutschen Wälder, die Rauchschwaden der Fabriken oder den hektisch angekurbelten Straßen- und Eisenbahnbau nur sehr wenige und zudem recht zaghafte Stimmen zu Wort. Die Intellektuellen sahen zwar, wie immer mehr Hecken und Gehölze der Flurbereinigung zum Opfer fielen, wie fast alle größeren Flüsse gestaut oder kanalisiert wurden, wie Feuchtgebiete trockengelegt und wie von den Forstverwaltungen die noch bestehenden Wälder in gleichmäßige Parzellen eingeteilt wurden, das heißt wie fast die gesamte Landschaft einer geradlinigen „Geometrie" unterworfen wurde,[27] in der sich ein rein utalitaristisches Prinzip manifestierte – und doch taten sie nur wenig dagegen. Wie die anderen Angehörigen des Mittelstands betrachteten auch sie die übriggebliebenen Naturschönheiten, wenn sie sie überhaupt wahrnahmen, vornehmlich als Tummelplätze ihrer Selbstentfaltung, als touristische Erholungs- und

---

[26] Gotthilf Heinrich Schubert: *Ansichten von der Nachtseite der Naturwissenschaft*, Dresden 1908, S. 4 ff.
[27] Sieferle: *Fortschrittsfeinde*, S. 250 f.

Abenteuergebiete, wo sie in Form von Hotels und Restaurants, die sich gern „Waldeslust" nannten, den gleichen Luxus erwarteten, der ihnen auch in den Großstädten geboten wurde.

Im Gegensatz zu den neureichen Schichten, die keinerlei Skrupel hatten, die gesteigerte Wohlstandsgier und die individuelle Rücksichtslosigkeit als die beiden wichtigsten Motoren des „Fortschritts" hinzustellen, meldeten einige dieser Autoren wenigstens in ihren Romanen eine gewisse Reservatio mentalis gegenüber der Naturausplünderung an und entwarfen Zukunftsbilder, in denen auch die „grünen" Aspekte wieder stärker berücksichtigt werden. So schildert etwa Theodor Hertzka, der bekannte „Freiland"-Theoretiker, in seinem sozialpolitischen Science-Fiction-Roman *Entrückt in die Zukunft* (1895) eine Welt, in der man die Tropen fast ausschließlich zur Nahrungserzeugung nutzt, die Menschen in den angenehmen subtropischen Gebieten ansiedelt und die Wälder Nord- und Mitteleuropas, also auch ganz Deutschlands, „den großen Massen zahmen wie wilden Getiers" überläßt. Das klingt zum Teil recht verlockend, erweist sich jedoch bei näherem Zusehen als ebenso anthropozentrisch wie alle liberalen Zukunftsentwürfe. Dafür spricht, daß die Menschen in dieser Utopie in rastloser Neugier ständig unterwegs sind und im Sommer in „ungezählten Millionen" in den Norden, bis nach Norwegen und Schottland, ausschwärmen, da sie selbst in den sogenannten Wildnisgebieten nur einen „großen Lustgarten und Lustwald" sehen, der allein zu ihrer Vergnügung dient.[28]

Ähnliche Widersprüche lagen ihren sonstigen Aktivitäten zugrunde, die aufgrund ihrer subjektiv-liberalen Grundtendenz nie ins Gesamtgesellschaftliche vorstießen. Zwar hingen die Liberalen auch hier zum Teil edlen Träumen an, drangen jedoch in ihrer Kritik selten bis zur Wurzel allen Übels, nämlich der unablässigen Steigerung der wirtschaftlichen Expansionsrate vor, welche die Voraussetzung für jedes marktwirtschaftlich organisierte System bildet. Ihre Reformvorschläge, mit denen sie – auf der Ebene des Tier-, Pflanzen- und Landschaftsschutzes – ihr Scherflein zur Schonung der Natur beizutragen hofften, behielten deshalb meist einen privaten Charakter und liefen weitgehend auf eine dem

---

[28] Theodor Hertzka: *Entrückt in die Zukunft*, Berlin 1895, S. 35.

Menschen angemessenere Integration von Stadt und Land hinaus. Sie wollten die Tiere und Pflanzen nicht um ihrer selbst willen schützen, sondern mit der Erhaltung der Tiere und Pflanzen etwas zur Verschönerung und Belebung ihrer eigenen „Umwelt" beitragen. Wie schon die Vertreter der Landschaftsverschönerungsvereine des frühen 19. Jahrhunderts sahen auch die Liberalen der zweiten Jahrhunderthälfte in einer idealen Natur vornehmlich einen Garten des Menschen, der allein ihren Zwecksetzungen dient. Und so drangen sie weniger auf die Rettung der letzten Wildnisgebiete in Form naturschützender Nationalparks als auf die Anlage wohldurchdachter Gartenstädte, in denen sich das gehobene Bürgertum den Luxus leisten konnte, neben ihren Stadtwohnungen auch mit großen Gärten ausgestattete Landhäuser – wie in Berlin-Schlachtensee – zu besitzen.

Wesentlich schärfer protestierten dagegen manche der national-gesinnten Autoren des 19. Jahrhunderts gegen die Vergewaltigung der Natur. Von vorbildlicher Bedeutung war dafür das Wirken eines Nationaldemokraten wie Ernst Moritz Arndt, der sich nicht nur für die Aufhebung der Leibeigenschaft, sondern auch für die Erhaltung, ja Ausweitung der deutschen Wälder einsetzte. Er schrieb bereits 1815 in seiner Zeitschrift *Der Wächter:*

> In manchen Landschaften Deutschlands hat man in den letzten zwanzig bis dreißig Jahren sehen können, wie der heilloseste und ruchloseste Unfug mit edlen Bäumen und Wäldern getrieben ist und ganze Forsten ausgehauen und ganze Bezirke entblößt sind, weil der einzelne Besitzer mit der Natur auf das willkürlichste schalten und walten kann. Was kümmert es den, der Geld bedarf und in zehn Jahren zu verbrauchen gedenkt, wovon sein Urenkel noch zehren sollte, ob er eine öde und Menschen künftig wenig erfreuliche, ja Menschen kaum brauchbare Erde hinterläßt? Er will leben, und sie mögen auch sehen, wie sie es machen. Dies ist der Anspruch, womit die meisten Jetztlebenden unbequeme Fragen ihres Gewissens abweisen, das zuweilen an eine Zukunft erinnert, die sein soll, wie eine Vergangenheit gewesen ist.

Voller Wut auf diese Zustände nannte Arndt seine eigene Zeit die „saturnische", die in „bodenloser Unmäßigkeit und Gierigkeit sich selbst verschlinge und auffresse". Am schärfsten ging er hierbei mit jenen „Herren" ins Gericht, die sich bei der Umwandlung von Natur in „Fabrikdörfer" hinter dem „leidigen Wort *Einträglichkeit* versteckten", statt auch die „*Zuträglichkeit*" für andere Menschen zu bedenken. Auf diese Äußerungen ließ Arndt eine kleine „grüne" Utopie folgen, in der er eine Zukunft anvisierte, in der Deutschland erneut ein tacitäisches „Land der Wälder" sein werde. Besonders die Berge, erklärte er, müßten wieder durchgehend bewaldet sein. Aber auch in den Ebenen solle man alle anderthalb Meilen einen Waldstreifen anlegen, um dem Boden den nötigen Schutz vor austrocknenden Winden zu bieten. Erst wenn an die Stelle des „verwerflichen Egoismus" ein nationaler Gemeinsinn trete, heißt es zusammenfassend, werde Deutschland wieder „fruchtbar und schön", wieder „lebens- und verehrenswert" sein.[29]

Ebenso energisch wandte sich Wilhelm Heinrich Riehl in seiner vierbändigen *Naturgeschichte des deutschen Volkes als Grundlage einer deutschen Sozialpolitik* (1851–69) unter nationaler Perspektive gegen den zunehmenden Raubbau an der Natur. Riehl war der festen Überzeugung, daß eine weitere Industrialisierung und Verstädterung zwangsläufig zu einer totalen „Entartung" der deutschen Landschaft führen würde. Es sei eine „Sache des wahren Fortschritts", schrieb er daher 1857 mit antikapitalistischer Tendenz, nicht nur für eine ungeschmälerte Beibehaltung des „Ackerlandes", sondern auch und vor allem für ein „Recht auf Wildnis" einzutreten,[30] um so Deutschland vor jener allgemeinen Landschaftsverwüstung zu bewahren, die im Zuge der fortschreitenden Modernisierung in allen Ländern des Westens um sich greife. Unter Berufung auf solche Thesen traten in den achtziger und neunziger Jahren immer wieder Vertreter einer „völkischen" Opposition zum offiziellen Wilhelminismus und seiner forcierten Industrialisierungsprogramme auf, die mehr und mehr Menschen zwängen, die waldreichen, aber armen Bauerngebiete zu verlassen und in den „Asphaltwüsten und Zementgebirgen" der Groß-

---

[29] Ernst Moritz Arndt: Ein Wort über die Pflegung und Erhaltung der Forsten und Bauern im Sinne einer höheren, d. h. menschlichen Gesetzgebung. In: *Der Wächter*, 1815, S. 384 ff.
[30] Johann Heinrich Riehl: *Land und Leute*, 4. Aufl., Stuttgart 1857, S. 56.

städte, deren Bevölkerung zwischen 1871 und 1914 von 2 auf 14 Millionen anstieg, ein entseeltes, wenn nicht gar entmenschtes Dasein zu fristen.[31]

Um dieser Tendenz so scharf wie möglich entgegenzutreten, schrieb Ernst Rudorff zwei Aufsätze, die er 1897 unter dem Titel *Heimatschutz* in den *Grenzboten* publizierte und die 1901 unter dem gleichen Titel auch als Buch herauskamen. Die von Riehl gefeierte „Wildnis", heißt es hier, gebe es inzwischen nicht mehr. Überall habe sich seitdem in Deutschland das „kahle Prinzip der geraden Linie und des Rechtecks" durchgesetzt, so daß die meisten Wälder und Feldmarken wie „nationalökonomische Rechenexempel" aussähen. Überall lege man der Natur ein „Joch abstrakter Nutzungssysteme" auf, um sie zum eigenen Gewinn und Vergnügen „bis zum letzten Tropfen auszupressen". Und so werde sie – wie alles andere – mehr und mehr in „Kapital" umgesetzt und damit zur „Ware" herabgewürdigt.[32] Ebenso nachdrücklich wandten sich 1901 Paul Schultze-Naumburg in seiner Schrift *Die Gestaltung der Landschaft durch den Menschen* und 1904 Hugo Conwentz in seinem Buch *Die Gefährdung der Naturdenkmäler und Vorschläge zu ihrer Erhaltung* gegen die Bedrohung der deutschen Dörfer und Wälder durch den vernichtenden Zugriff der Industrie, den sie sowohl aus ästhetischen als auch aus ökonomischen und völkischen Gründen ablehnten.

Als daher 1904 in Dresden der Bund Heimatschutz gegründet wurde, spielten in ihm – neben bekannten Autoren wie Peter Rosegger, Wilhelm Bölsche und Friedrich Lienhard – vor allem Ernst Rudorff und Paul Schultze-Naumburg eine führende Rolle. Die Aufgabe dieses Bundes sollte darin bestehen, die „deutsche Heimat in ihrer natürlichen und geschichtlich gewordenen Eigenart" zu schützen und zugleich für die „Rettung der einheimischen Tier- und Pflanzenwelt" einzutreten.[33] Carl Johann Fuchs sagte daher in einem seiner Grundsatzreferate vor allem dem alle „Natur-

---

[31] Richard Hamann und Jost Hermand: *Stilkunst um 1900*, Berlin 1967, S. 364f.

[32] Ernst Rudorff: *Heimatschutz*, 2. Aufl., Leipzig 1901, S. 12, 31. – Vgl. hierzu auch Walther Schoenichen: *Naturschutz – Heimatschutz. Ihre Begründung durch Ernst Rudorff, Hugo Conwentz und ihre Vorläufer*, Stuttgart 1954.

[33] *Mitteilungen des Bundes Heimatschutz*, 1904–5, S. 1.

schönheiten zerstörenden Kapitalismus" den Kampf an.³⁴ Mit ähnlicher Schärfe traten Adolf Bartels und Hermann Löns den „kapitalistischen" Naturverhunzern entgegen, die mit Hilfe des Staats zu einer immer „grauenhafteren Verschandelung der deutschen Landschaft" beitrügen.³⁵ Leider verdeckten sie den „grünen" Kern ihrer ideologischen Invektiven gern mit nationalistischen oder gar rassistischen Konzepten, die in den zwanziger Jahren zum deutschen Faschismus überleiteten, den sowohl Bartels als auch Schultze-Naumburg nachdrücklich unterstützt haben. Dennoch weisen ihre Werke zum Teil ein der Gesamtgesellschaft verpflichtetes, wenn auch ins Chauvinistische depraviertes Gewissen auf, das auch positive Züge enthält. Jedenfalls heben sie sich in ihrer naturerhaltenden Tendenz wohltuend von jener bürgerlich-liberalen Ideologie um 1900 ab, die – im Zuge der gewaltig angeheizten Hochkonjunktur, durch die Deutschland, nach den USA, zur zweitstärksten Industriemacht der Welt aufstieg – fast ausschließlich auf solipsistischer Subjektivität, konsumistischer Bedürfnissteigerung und sinnlos schweifender Mobilität beruhte.

Doch von zentraler Bedeutung sind für uns heute an sich nur jene hoffnungslos Vereinzelten oder kleinen Gruppen, die im 19. und frühen 20. Jahrhundert aus wahrhaft ökologischen Gründen gegen die Abholzung der Wälder protestierten. Schließlich bleibt auch bei den regionalistischen oder nationalistischen Heimatschützern stets eine deutlich anthropozentrische Perspektive erhalten. Sie wollten die Wälder erhalten, um sich in ihrem Schönheitssinn und Traditionsbewußtsein zu stärken, nicht weil sie von einem Respekt vor allen anderen lebenden Wesen ausgingen. Ihr Bestreben basierte also nicht auf dem Postulat des Holistischen, sondern auf dem Stolz auf die herkömmliche deutsche Wesensart, die sie auch in der deutschen Landschaft mit ihrem in Gefahr geratenen Waldbestand gespiegelt sahen. Kurz: sie dachten vornehmlich stammesbetont oder völkisch, aber nicht in einem weiteren Sinne sozial.

Da ein zutiefst ökologisches Denken, das auf dem Prinzip der

---

³⁴ Zit. in Sieferle: *Fortschrittsfeinde*, S. 255.
³⁵ Zit. in Walther Schoenichen: *Naturschutz – Heimatschutz*, Stuttgart 1934, S. 179.

Solidarität beruht, in einer nationalen oder marktwirtschaftlich strukturierten Konkurrenzgesellschaft stets dünn gesät ist, lassen sich hierfür viel weniger Beispiele erbringen. Erste Modelle eines solchen Denkens boten die Naturanschauungen Goethes, die sich einerseits, wie die Schlußabschnitte des *Faust II,* gegen die Verfreiheitlichungstendenzen innerhalb des sich entwickelnden Kapitalismus wandten, andererseits alle bloß romantischen Naturschwärmereien verwarfen und für eine „grüne Weltfrömmigkeit" eintraten, die – trotz vieler spezifisch humanistischer Elemente – keinen Gegensatz zwischen Organischem und Unorganischem kennt und auf spinozistisch-pantheistische Weise stets einen Respekt vor der Natur in ihrer Gesamtheit im Auge behält.[36] Doch dieser Aspekt in Goethes Denken wurde im 19. Jahrhundert kaum aufgegriffen, ja selbst seine in ihrem rastlosen Tätigkeitsdrang negativ gemeinte Faust-Figur ins Positive umgefälscht. Ebensowenig wurden die von Alexander von Humboldt in seinen *Ansichten der Natur* (1808) herausgearbeiteten Ideen zur Interdependenz des Geographischen, Geologischen, Meteorologischen und Biologischen beherzigt. Und auch seine mit hohem Ethos abgefaßten Beschreibungen südamerikanischer Wälder, in denen der „frevelnde Mensch" noch kein Unheil angerichtet habe,[37] wurden nicht als Warnungen, sondern als „Meisterwerke deutscher Prosa" gelesen.

In der zweiten Hälfte des 19. Jahrhunderts waren es hauptsächlich Biologen, höhere Forstbeamte und Politiker, welche sich gegen die streng reglementierte Waldausbeutung wandten. Unter den Biologen zeichnete sich in dieser Hinsicht vor allem Ernst Haeckel aus, der 1866 in seinem Buch *Generelle Morphologie der Organismen* den Begriff „Ökologie" prägte und sich für eine stärkere Rücksichtnahme auf die „Wechselbeziehungen aller Organismen" innerhalb eines bestimmten Biotops aussprach.[38] Ähnliche Erwägungen finden sich bei dem Forstwissenschaftler Karl Gayer, der 1880 in seinem Buch *Waldbau* als erster ein auf „wis-

---

[36] Vgl. hierzu meinen Aufsatz: Freiheit in der Bindung, S. 45 ff.
[37] Alexander von Humboldt: *Ansichten der Natur,* Nördlingen 1986, S. 9.
[38] Ernst Haeckel: *Generelle Morphologie der Organismen,* Berlin 1966, S. 282.
– Vgl. hierzu auch Ludwig Trepl: *Geschichte der Ökologie vom 17. Jahrhundert bis zur Gegenwart,* Frankfurt/Main 1987, S. 113 f.

senschaftlicher Basis ruhendes ökologisches Denken" in die Waldwirtschaft einführte und im Gegensatz zu den verödenden Reihenanpflanzungen von Fichten und Kiefern den behutsam gepflegten Mischwald mit seiner Artenvielfalt als das eigentliche Ideal einer naturgemäßen Waldpflege bezeichnete.[39] Unter den Politikern waren es vornehmlich Linke wie Emil Adolf Roßmäßler, der Vorläufer Lassalles im Leipziger Arbeiterverein, und Wilhelm Liebknecht von der SPD, welche die Schutzfunktion des Waldes für die gesamte Natur betonten und sich gegen den „Raubbau" an den Wäldern sowie die damit verbundenen „Devastationen" wandten.[40] Ebenso kritisch setzte sich August Bebel in seinem Buch *Die Frau und der Sozialismus* (1879) mit diesen Problemen auseinander. Statt in „kapitalistischer Ausbeutung des Grund und Bodens" jene „planlosen Waldrodungen" fortzusetzen, die sich höchst „ungünstig" auf die „Feuchtigkeit des Landes und damit Fruchtbarkeit des Bodens" auswirkten, riet auch er zu Schonung und langfristiger Planung, was sich allerdings nur durch eine Überführung der Wälder in Gemeinbesitz erreichen lasse. Ein besonderes Augenmerk richtete er dabei auf die Speicherung von Wasser durch große Waldflächen, um so eine die gesamte Natur belebende Regenbildung zu fördern.[41]

Leider wurden diese Thesen von der SPD nicht so tatkräftig unterstützt, wie sich Bebel das wünschte. Vor allem nach 1900 schloß sich die Mehrheit der Partei einem revisionistischen Kurs an, der sich – unter Nichtberücksichtigung der steigenden Naturausplünderung – vor allem auf die Gewinnbeteiligung an der hochkonjunkturellen Industrie konzentrierte. Die einzigen Gruppen innerhalb der SPD, die sich vor dem Ersten Weltkrieg gegen das Abholzen der Wälder wie auch die Kanalisierung der Flüsse und den Abbau der Hochmoore wandten, waren die „Naturfreunde". Um sich diesen Entwicklungen wirksam entgegenstellen zu können, setzten sie sich für die Anlage großer „Natur- und Nationalparks" sowie den Schutz der Wildpflanzen und Wildtiere ein und gründeten in den Alpen und im Schwarzwald sogar „Bergwach-

---

[39] Vgl. Köstler: *Wald – Mensch – Kultur*, S. 25, 315.
[40] *Reichstagsprotokolle*, 9. Mai 1933, Bd. MCXIX, S. 452.
[41] August Bebel: *Die Frau und der Sozialismus*, Stuttgart 1913, S. 397.

ten" gegen die Zerstörung von Fauna und Flora.[42] Doch besonders effektiv waren auch die Schutz- und Schonparolen der „Naturfreunde" nicht. Das gleiche gilt für Linkssektierer und Anarchisten der zwanziger Jahre wie Paul Robien, Leberecht Migge und andere Siedlungskommunarden, die sich gegen die unablässige Ausbreitung der Industrie wandten und für eine Rückverwaldung der deutschen Landschaft eintraten.[43] Auch sie wurden von SPD und KPD wie auch von der Mehrheit der Bevölkerung kaum beachtet oder gar als spinnerte Vagabunden belächelt.

Was sonst in dieser Zeit an waldschonenden Konzepten vorgebracht wurde, hatte meist eine rein anthropozentrische Perspektive, das heißt betrachtete den Wald als Erholungsgebiet der städtischen und industriellen Ballungsgebiete. Das gleiche gilt für jene Schonparolen, welche der „grüne Flügel" der NSDAP in den dreißiger Jahren aufstellte.[44] Auch er redete zwar von der Erhaltung der Wälder, rückte jedoch dabei meist die nationale Komponente in den Vordergrund. Daran änderten auch die Warnungen eines Ludwig Klages, das ins Mythische tendierende Geraune eines Martin Heidegger oder ein Buch wie *Gesunde und kranke Landschaft* (1942) von Ehrenfried Pfeiffer nichts. Eine wahrhaft ökologische Perspektive machte sich in solchen Äußerungen erst wieder in den fünfziger Jahren bemerkbar. Damals klagten nicht nur überzeugte Christen wie Hans Sedlmayr oder Zukunftsforscher wie Robert Jungk, sondern auch ökologisch-holistisch orientierte Romanciers in aller Offenheit die fortschreitende Zerstörung der Natur an. Zu den wichtigsten Werken der letzten Gruppe gehören die Romane *Vineta. Ein Gegenwartsroman aus zukünftiger Sicht* (1955) von Hans Albrecht Moser und *Der Tanz mit dem Teufel* (1958) von Günther Schwab, die sich auf utopische oder dystopische Weise mit dem

---

[42] Vgl. Hans Peter Schmitz: Naturschutz – Landschaftsschutz – Umweltschutz. Der Touristenverein „Die Naturfreunde" als ökologisches Frühwarnsystem der Arbeiterbewegung. In: *Mit uns zieht die neue Zeit. Die Naturfreunde. Die Geschichte eines alternativen Verbandes in der Arbeiterbewegung*. Hrsg. von Jochen Zimmer, Köln 1984, S. 184 ff.

[43] Vgl. Ulrich Linse: *Ökopax und Anarchie. Die Geschichte der ökologischen Bewegungen in Deutschland*, München 1986, S. 76 ff.

[44] Vgl. Walther Schoenichen: *Naturschutz im Dritten Reich*, Berlin 1934, und Anna Bramwell: *Ecology in the 20th Century*, New Haven 1989, S. 200 f.

Verschwinden der durchwaldeten Natur im Rahmen moderner Industriegesellschaften auseinandersetzen.

Kommen wir zu Folgerungen. Trotz all dieser noblen Proteste, ob nun aus rousseauistischer, humanistischer, romantischer, liberaler, nationaler, sozialistischer oder ökologischer Sicht, hat sich der Zustand der mitteleuropäischen Wälder seit dem 18. Jahrhundert nicht verbessert, sondern ständig verschlimmert. Was wir heute in Deutschland, Österreich und der Schweiz vor Augen haben, ist daher eine zerschnittene, zersiedelte, verdrahtete, von Straßen durchzogene, mit Schildern verstellte, verlärmte, verdreckte, verhäßlichte, kurz: vergewaltigte Natur, in der auch die übriggebliebenen Wälder jeden Eigenwert eingebüßt haben und lediglich im Dienste der hektisch angekurbelten materiellen Produktion stehen. Im Zuge einer ständigen Bevölkerungsvermehrung, die von Seiten des Staats und der Kirchen sogar noch gefördert wird, und zugleich einer ebenso intensiven Bedürfnisweckung, die der Akzelerierung der industriellen Zuwachsrate dienen soll, ohne die ein marktwirtschaftlich strukturiertes Gesellschaftssystem einer krisenhaften Stagnation verfällt, scheint hier alles – aufgrund der Verseuchung der Böden, der Verpestung der Luft und der Verdreckung des Wassers – dem Selbstmord durch rücksichtslose Überbevölkerung und ebenso rücksichtslose Konsumerweiterung entgegenzueilen.

Bei diesem Gang der Entwicklung, wie bei allen ähnlich gearteten Entwicklungen, bewahrheitet sich wieder einmal die Maxime, daß es letztlich nicht die schönen Worte sind, mit denen sich solche Prozesse aufhalten lassen. Falls man den Punkt der „Irreversibilität", das heißt der Verschmutzung von Boden, Luft und Wasser, der, wie viele Naturwissenschaftler befürchten, schon in 35 bis 40 Jahren eintreten könnte, noch etwas hinausschieben will, müßten sich die Regierungen von Industriestaaten wie der Bundesrepublik Deutschland, und zwar unter der Maxime „Weniger Menschen, weniger verbrauchen", möglichst umgehend zu drastischen, ja drakonischen bevölkerungs- und umsatzvermindernden Einschränkungen entschließen. Doch wie lassen sich solche Maßnahmen realpolitisch in die Wege leiten? Sicher nicht nur mit wohlgemeinten, aber ineffektiven Appellen an das Gewissen der Gesamtbevölkerung. Dies hat bereits Carl Friedrich von Weizsäcker erkannt, der 1988 erklärte, daß uns nur eine „demokratische Askese" vor den heraufziehenden Gefahren bewahren könne. Da jedoch dieser Aufforderung, wie er betrübt zugeben mußte, höchstwahrscheinlich niemand folgen würde, werde die Welt notwendig untergehen.[45] Ja, Dennis Meadows, der Verfasser des Buchs *Limits of Growth* von 1971, sagte ein Jahr später, als man ihn fragte, warum er im Hinblick auf den wirtschaftlichen Akzelerationskurs der hochindustrialisierten Länder nicht mehr als Warner auftrete: „Es hat keinen Sinn mehr, mit einem Selbstmörder zu argumentieren, wenn er bereits aus dem Fenster gesprungen ist."[46]

Eine Hoffnung auf unser aller Überleben, also der Pflanzen, der Tiere *und* der Menschen, könnte daher nur entstehen, wenn an die Stelle der herrschenden Marktwirtschaft eine sich zahlenmäßig ständig verkleinernde und damit die Natur respektierende Bescheidenheitsgesellschaft treten würde. Wer dagegen weiterhin „liberal" denkt, das heißt sich mit bloßen Appellen begnügt, statt auch auf eine Änderung der Besitz- und Geburtenverhältnisse zu dringen, verdammt sich von vornherein zur Ohnmacht. Was wir heutzutage brauchten, wäre nicht mehr Freiheit, sondern mehr Planung, viel Planung sogar. Statt staatlicherseits die gesamte Planungsenergie in den weiteren Ausbau der Straßen, Flugplätze und neuen Industriestandorte zu stecken, müßte die staatliche Planung endlich auch naturerhaltende und bevölkerungspolitische Aspekte ins Auge fassen. All dies sollten längst keine Privatangelegenheiten mehr sein. Im Sinne eines neuen kollektiven Eigentumsbegriffs müßten immer mehr Menschen zu der Einsicht gezwungen werden, daß ihr Baby auch mein Baby und ihr Baum auch mein Baum ist. Im letzten Bericht des „Club of Rome" von 1991 hieß es darum provozierend, daß – angesichts der auf uns zukommenden ökologischen Katastrophen – die auf liberalen Eigentumsbegriffen basierende Demokratie zwangsläufig obsolet geworden sei. Wer sich dieser Einsicht verschließt und weiterhin lediglich subjektiv-liberal, statt kollektiv-sozialbewußt denkt,

---

[45] Carl Friedrich von Weizsäcker: Demokratische Askese. In: *Stern*, 1988, Nr. 33, S. 50f.
[46] Ein Interview mit Dennis Meadows. In: *Spiegel*, 1989, Nr. 29, S. 118.

wird nicht mehr lange zu leben haben. Es sollte deshalb das Ziel aller „grünen" Parteien der Welt sein, nicht nur den großen wie auch kleinen Land- und Fabrikbesitzern irgendwelche „umweltverbessernden" Teilkompromisse abzuringen, sondern das Besitz- und damit das ungezügelte Ausbeutungsrecht überhaupt in Frage zu stellen.

Michael Niedermeier

Natur – Ökonomie – Sexualität.
Philanthropen zwischen Paradies und Plantage
1770–1810

Modernisierung und Natursehnsucht

In den siebziger Jahren des 18. Jahrhunderts wurden auch in Deutschland zunehmend die Weichen in Richtung ökonomischer Modernisierung gestellt. Nach Vorbildern der französischen, holländischen und vor allem englischen Aufklärung bemühten sich viele physiokratisch gesinnte Landbesitzer, Domänenverwalter und einzelne fortschrittlich eingestellte Fürsten, wie der Markgraf Karl Friedrich von Baden, Franz von Anhalt-Dessau und Karl August von Weimar, die Agrarwirtschaft endlich nach vernünftigen, effektiven, rationalen Grundsätzen umzugestalten. Angesichts der Hungersnöte, die durch Agrarkrisen und großen Bevölkerungszuwachs entstanden waren, setzte plötzlich eine regelrechte Modernisierungswut ein. Wegen ihrer Bücher über Kleezucht, Stallfütterung, Viehpockenimpfung, Kunstdüngung, Zerschlagung unproduktiver Domänengüter und Abschaffung der Dreifelderwirtschaft avancierten daher Autoren wie Johann August Schlettwein und Johann Christian Schubert geradezu über Nacht zu Lieblingsschriftstellern des gebildeten Adels und Bürgertums. Die gleichen Schichten besuchten Musterbauern wie Kleinjogg, Meyer, Gysin, Furler und Sprüngli oder ließen sich von wissenschaftlich versierten Landpredigern in der Bienen- und Obstzucht unterrichten.[1] Wie in der Schweiz entstanden zugleich zahlreiche

---

[1] Vgl. hierzu die Beiträge von Fritz Martini und Günther Franz in: *Das evangelische Pfarrhaus*. Hrsg. von Martin Greiffenhagen, Zürich 1984, S. 127–148; 277–294.

Agrarökonomische Gesellschaften.² Eine davon, die Philanthropische Gesellschaft in Straßburg, die 1779 gegründet wurde, setzte sich die „Beförderung der Glückseligkeit aller Stände und des Flores aller nützlichen Wissenschaften und Nahrungszweige" zum Ziel, das heißt wollte wie die Physiokraten Verbesserungen in der Landwirtschaft mit der Erziehung und Aufklärung aller Stände verbinden.³

Schon durch die merkantilistische Wirtschaftspolitik waren seit dem 17., besonders aber dem 18. Jahrhundert, überall durch künstliche Kanäle Verkehrsverbindungen geschaffen worden, welche den Handel verbesserten, Flüsse sicher und schiffbar machten, große Feuchtgebiete trockenlegten und der agrarischen Produktion nutzbar werden ließen.⁴ Vor allem die Forstwirtschaft, traditionell ein Schwerpunkt fürstlicher und grundherrlicher Aufmerksamkeit, hatte sich seit dem Ende des dreißigjährigen Krieges zu einem wesentlichen merkantilistischen Wirtschaftsfaktor entwickelt. Aufwendige fürstliche Bautätigkeit, aber auch die sprunghaft angestiegene Nachfrage nach Bauholz in Handel (wie dem Holländerholz), in Handwerk und Gewerbe (Köhlerei, Glasmacherei, Seifensiederei, Salzsiederei, Tuchfärberei), im Montanbereich und beginnenden Industriewesen sowie der steigende Bedarf als Heizmaterial hatte nicht nur in England und Frankreich zu einer drastischen Holzverknappung geführt. Ängstliche Stimmen sprachen in diesem Zusammenhang sogar schon von einem drohenden Ende des Industriewesens.⁵ Auch in Deutschland wurde, je nach wirtschaftlicher und verkehrstechnischer Anbindung freilich regional sehr unterschiedlich, daher in

---

² Vgl. zu den Ökonomischen Gesellschaften Richard van Dülmen: *Die Gesellschaft der Aufklärer. Zur bürgerlichen Emanzipation und aufklärerischer Kultur in Deutschland*, Frankfurt a. M. 1986, S. 152 ff.

³ Johann Christian Schmohl: Fragment aus der Lebensgeschichte eines Elsaßer Wiedertäufers. In: *Sammlung von Aufsätzen verschiedener Verfasser, besonders für Freunde der Cameralwissenschaften und der Staatswirthschaft*, Leipzig 1781, S. 59.

⁴ Vgl. Michael Niedermeier und Clemens Alexander Wimmer: Das Spiel mit dem Wasser. Künstlerische Wasserverwendung in der Neuzeit. In: *Stadtbauwelt* 82, 1991, Heft 36, S. 1876 ff.

⁵ Vgl. *Handbuch der Wirtschafts- und Sozialgeschichte*. Hrsg. von Hermann Aubin und Wolfgang Zorn, Bd. 1, Stuttgart 1971, S. 520.

jenen Jahren ein dramatischer Holzmangel diskutiert. Diese von den Forst- und Kameralbeamten vorgebrachte Klage reflektierte nicht nur den realen, zum Teil katastrophalen Zustand der Wälder, sondern stellte zugleich ihre bessere wirtschaftliche Verwertbarkeit gegen die Interessen der bäuerlichen Bevölkerung in den Mittelpunkt.[6] Im Auftrage ihrer meist adligen Besitzer wandelten deshalb Botaniker und Forstfachleute den Wald, der bis dato im wesentlichen sich selbst, das heißt den natürlichen Kreisläufen, überlassen war, in einen Zucht- und Ökonomiebereich um, der nur nach Maßstäben der Effektivität und Nutzbarkeit bewirtschaftet wurde. An die Stelle der Eichen- und Buchenwälder des 16. und 17. Jahrhunderts, die neben der Holzversorgung auch zur Fütterung des Wildes und der Waldweidung der Schweine und des Großviehs gedient hatten, traten so – vor allem aus wirtschaftlichen Erwägungen – geradlinig gepflanzte gleichaltrige, schnellwachsende Fichten-, Tannen- und Kiefernforste.

Die bäuerliche Bevölkerung stellte sich dem dominanten Verwertungsdenken kritisch entgegen und verhielt sich wesentlich traditionsbewußter und wertkonservativer. Für sie behielt der Wald etwas Unbeherrschbares, Wildes, zugleich Schützendes und Magisches, weshalb sie sich einer rein wirtschaftlichen Nutzung widersetzte.[7] Deshalb mußte ihnen die private Aneignung des Waldes durch die Fürsten, das heißt die Aufhebung des Gemeineigentums, als Teil absolutistischer Repression erscheinen.

Ebenso entschieden setzten sich manche der land- und forstwirtschaftlichen Modernisierer im Sinne Rousseaus, Popes, Shaftesburys, Gessners oder Hirschfelds für die Erhaltung der noch unberührten, nun idyllisierten Landschaft ein. Natürliche Land-

---

[6] Joachim Radkau: Holzverknappung und Krisenbewußtsein im 18. Jahrhundert. In: *Geschichte und Gesellschaft* 9, 1983, S. 515–543; Ders.: Zur angeblichen Energiekrise des 18. Jahrhunderts. Revisionistische Betrachtungen über die Holznot. In: *Vierteljahresschrift für Sozial- und Wirtschaftsgeschichte* 73, 1986, S. 1–37. Ders.: Warum wurde die Gefährdung der Natur durch den Menschen nicht rechtzeitig erkannt. Naturkult und Angst vor Holznot um 1800. In: *Ökologische Probleme im kulturellen Wandel*. Hrsg. von Hermann Lübbe und Elisabeth Ströker, Paderborn/München 1986, 47–78.
[7] Vgl. Joachim Allmann: *Der Wald in der frühen Neuzeit. Eine mentalitäts- und sozialgeschichtliche Untersuchung am Beispiel des Pfälzer Raumes 1500–1800*, Berlin 1989, S. 287 ff.

schaft und Landwirtschaft bildeten für sie keine bewußt empfundenen Gegensätze, sondern waren noch Teil eines von den Aufklärern gedachten Harmoniezustandes zwischen Mensch und Natur.[8] Daher wurde es zu einer regelrechten Mode, lange Fußwanderungen durch die neu zu entdeckende Natur zu unternehmen und bewußt auf die als lärmend und städtisch empfundenen Kutschen zu verzichten. Kein Wunder, daß auch die lange Tradition der Lobpreisung des einfachen Landlebens eines Hesiod, Tibull, Ovid oder Virgil in diesem Umkreis eine bisher ungekannte Renaissance erlebte und gegen das Stadtleben ausgespielt wurde, das man als ungesund, hektisch, zerstörerisch und unsozial empfand.[9]

Damit einhergehend entstanden in Deutschland nach englischem Vorbild, aber oft mit eigenen libertären und egalitären Utopiesehnsüchten aufgeladene Gärten.[10] Diese Gärten, sie wurden häufig mit dem „Paradies", „Garten Eden", „Elysium" oder „Arkadien" verglichen oder gar so genannt, zielten nicht nur auf die Einbettung des Menschen in die Natur mit Hilfe von kathartischen und naturreligiösen Gartenprogrammen ab, sondern gingen zugleich Hand in Hand mit der Einfühlung in Bäume, Pflanzen, Tiere und Insekten sowie der Mitempfindung der Leiden, die ihnen auf dem Weg über das Beschneiden, Einsperren und Ausrotten durch die Hand fürstlicher Diener oder die Werkzeuge herrschaftlicher Gärtner drohten.[11] Empfindsame Gärten wurden übrigens in Deutschland nicht nur von reichen Fürsten und Landedelleuten angelegt, die „unwiderstehliche Lust nach dem Land- und Gartenleben" (Goethe) ergriff sogar breite Bürgerschichten. Eine wichtige Forderung hierbei war, daß der Park keinerlei Zäune oder Mauern haben dürfe, sondern jedermann offen ste-

---

[8] Vgl. Rolf Peter Sieferle: Höfische und bürgerliche Natur. In: *Ökologische Probleme im kulturellen Wandel*. Hrsg. von Hermann Lübbe und Elisabeth Ströker, S. 96ff.
[9] Vgl. Anke-Marie Lohmeier: *Beatus ille. Studien zum Lob des Landlebens in absolutistischer Zeit*, Heidelberg 1981.
[10] Vgl. für England: Lucius Burckhardt: Natur und Garten im Klassizismus. In: *Der Monat* 15, Heft 17, 1963, S. 45ff.
[11] Vgl. zum Paganismus sowie zum Baum-, Stein- und Pflanzen-Kult der Darmstädter Empfindsamen meinen Aufsatz: „Ökologische Emigration". Naturkult und Epochenverständnis in der deutschen Literatur um 1800. In: *Jahrbuch des Wiener Goethevereins* 92/93, 1988/89, S. 209–223.

hen müsse. Ja, manche der aufklärerischen Anlagen sahen darin ihre vornehmste erzieherische Aufgabe.[12] Daß Bäume als Künder der Freiheit gepflanzt wurden, galt – spätestens seit dem Zeitpunkt, als die amerikanischen Kolonisten mit Hilfe von Ulmen, Pinien, Tulpenpappeln und Eichen einen „ewigen Frieden" mit den Indianern geschlossen und später ihren revolutionären Unabhängigkeitswillen dokumentiert hatten – als Ausdruck eines antiaristokratischen Aufbegehrens.[13] In den Parks, Tugendhainen und jakobinischen Festplätzen der Französischen Revolution wurden deshalb die Bäume fast zu Altären einer neuen Naturreligion. Der Unterschied zwischen künstlerischem Landschaftsentwurf und natürlicher Landschaft verschwand dadurch oft bis zur Unkenntlichkeit. Der idyllisch-utopische Paradiesgedanke mit seinen auf Freiheit, Gleichheit und Brüderlichkeit mit allen Menschen sowie der gesamten Natur zielenden Idealen, seinen kulturellen wie „ökologischen"[14] Verheißungen wurde demzufolge eine erlebbare und ergehbare Realität, wenn nicht gar eine provokante allgegenwärtige Herausforderung.[15]

Der Gang in die Landschaft, in den Wald, die Einfühlung in die Natur und das Lernen von ihr galt somit bald als wesentlicher Bestandteil aufgeklärten Lebens. Von Hallers *Alpen* bis Goethes *Werther*, vom Betrachten der Pflanzen und Tiere mit den Augen eines interessierten Laien, klassifizierenden Botanikers, Malers, Poeten bis zum empfindsamen Einfühlen in die Pflanzen und Tiere reichte die Bandbreite der Naturbetrachtung in der Aufklä-

---

[12] Vgl. mein Buch: *Das Ende der Idylle. Zeitbezug, Symbolik, ‚Gartenrevolution' in Goethes Roman „Die Wahlverwandtschaften",* Frankfurt a. M. 1992, S. 138 ff., 145 ff.
[13] Vgl. Arthur M. Schlesinger: Liberty Tree: A Genealogy. In: *The New England Quarterly* 25, 1952, S. 435–458.
[14] Obgleich der Begriff Ökologie erst in der zweiten Hälfte des 19. Jahrhunderts geprägt wurde und ursprünglich nicht unproblematische biologistische Implikationen hatte, möchte ich auf ihn nicht verzichten. Ich verwende ihn, um ein nicht ausschließlich vom Menschen her und vor allem nicht von Verwertungsprinzipien her definiertes Naturverhalten zu beschreiben.
[15] Vgl. Hans-Christian und Elke Harten: *Die Versöhnung mit der Natur. Gärten, Freiheitsbäume, republikanische Wälder, heilige Berge und Tugendparks in der Französischen Revolution,* Reinbeck 1989; Stephen Daniels: The political iconography of woodland in later Georgian England. In: *The iconography of Landscape.* Hrsg. von Denis Cosgrove und Stephen Daniels, Cambridge 1988, S. 52 ff.

rung. Genau hier aber begannen sich Mitte der siebziger Jahre die aufgeklärten Geister zu scheiden. Ein Teil der jungen, um 1740–50 geborenen Generation zog sich zunehmend in die Einsamkeit der Naturlandschaft zurück, schwärmte in der Bodmer-Klopstock-Nachfolge für ihre Größe und wurde von ihrer Vielfalt und Erhabenheit tief erschüttert. Gleichzeitig aber erörterten sie, wie die Stürmer und Dränger des Straßburger und Frankfurter Kreises, begeistert die neuen ökonomischen Theorien der französischen und deutschen Physiokraten, lasen vereinzelt sogar schon Adam Smith und entwarfen Projekte, mit denen sie die sozio-ökonomische Situation im Forst- und Landwesen verbessern wollten. Lenz zum Beispiel vertrat in seinem *Landprediger* (1777) Ansichten, die ökonomisch durchaus effizient waren. Doch kurz darauf zog er sich einsiedlerhaft, das höfische Weimar fliehend, als „Waldbruder" in eine Laubhütte bei Berka zurück. Dasselbe gilt für Jung-Stilling, der 1778 an der Kameral-Akademie in Lautern „Landwirtschaft, Technologie, Handlungswissenschaft, Forstwissenschaft und Vieharzney" lehrte und auch viele Bücher über solche Themen schrieb,[16] jedoch angesichts der Naturschönheit der Wälder stets in religiöse Andachten verfiel. Richtig betriebene Land- und Forstwirtschaft galten diesen jungen Leuten noch nicht als zerstörerischer Eingriff in die Naturkreisläufe. Im Gegenteil, sie fühlten sich in ihrem agrarischen Wirken eher als Teil der Naturheilkräfte.[17] Empfindsamkeit für die Natur sowie ökonomische Nutzung der Natur schlossen sich daher für sie keineswegs aus.

Viele der meist älteren, stärker der Vernunfttradition Wolffscher Prägung verhafteten Aufklärer reagierten auf das exaltierte Naturgefühl dieser als „Genies" bezeichneten Stürmer und Dränger recht allergisch. Wohl am schärfsten stießen die Vertreter dieser beiden Richtungen 1776/77 am berühmten Philanthropinum in Dessau zusammen. In der Folge gingen daher die pädagogischen, ökonomischen, ökologischen und sexualerzieherischen Konzepte innerhalb der Aufklärung weit auseinander.

---

[16] Vgl. Heinrich Jung-Stilling: *Versuch eines Lehrbuchs der Forstwissenschaft*, 2 Bde., Mannheim 1781 f.

[17] Zur Ambivalenz des Naturbegriffs, der hier nicht diskutiert werden kann, vgl. etwa Heinrich Schippers: „Natur". In: *Geschichtliche Grundbegriffe*, Bd. 4, Stutttgart 1978, S. 217 ff.

Der Kampf zwischen den empfindsamen „Genies" und den „rationalen" Aufklärern am Philanthropinum in Dessau

Die Popularphilosophie, die Ästhetik und Pädagogik der deutschen Aufklärung, besonders der Philanthropen, hatten an der Debatte, wie man sich zur belebten und unbelebten Natur, nämlich mitfühlend und/oder rational-wirtschaftlich, verhalten solle, einen nicht zu unterschätzenden Anteil. Die Philanthropen gaben bekanntlich mit ihrem Erziehungsprogramm Eckwerte für bürgerliche Tugenden wie Pünktlichkeit, Leistungsstreben, Ordnung, Arbeitsamkeit, praktische Weltaneignung, körperliche Ertüchtigung, Sexualbeherrschung usw. vor, die teilweise bis ins 20. Jahrhundert bürgerliche (und DDR-sozialistische) Erziehungsnormen mitgeprägt haben.

Unbekannt aber blieben weitestgehend jene Tendenzen utopischen Denkens, egalitäre und libertäre Lebens- und Erziehungsentwürfe sowie Ansätze zu einem ganzheitlich-„ökologischem" Bewußtsein, die innerhalb der philanthropischen Bewegung selbst zu Kontroversen und scharfen Auseinandersetzungen führten. Die Frage danach, welche Richtung die Aufklärung nehmen sollte, spielte dabei eine zentrale Rolle. Die aufklärerischen Menschenfreunde hatten auf ihre Fahnen geschrieben, die jungen Menschen zur Natürlichkeit zu erziehen. Fern der großen Städte, in ländlicher, naturnaher Einfachheit wollten sie sie zu ungezwungenen, „unpolicierten" Menschen bilden, die, ausgestattet mit fortschrittlichem Wissen und praktischen Fähigkeiten, in einer modernen Welt bestehen könnten. Ob und wie sie den Weg zu ihrer Glückseligkeit finden sollten, blieb im Spannungsfeld von hausväterlicher Ökonomik und sentimentalischer Natursehnsucht noch unentschieden.

Das erste Philanthropinum in Deutschland wurde 1774 im Auftrage des Fürsten Franz von Dessau gegründet. Der Fürst, der nach seiner Amtsübernahme England und Italien besucht und dabei unter anderen Rousseau und Winckelmann kennengelernt hatte, ging in diesen Jahren im Kreis aufklärerischer Beamter daran, moderne Ökonomie und aufgeklärte Politik mit sentimentalischer Arkadiensehnsucht zu verschmelzen. Allmählich erwuchs daraus der Versuch, sein gesamtes Land in einen großen

Landschaftsgarten zu verwandeln. Er dachte daran, mit Hilfe von schöner Natur und geschmackvoller Architektur einen Empfindungs-, Erziehungs- und Erfahrungsraum zu schaffen, in dem sich die Ideale der Antike und die Errungenschaften der modernen Welt harmonisch ineinander verbänden.[18] Durch physiokratisch gesinnte Agrarexperten wie den Pächter und Kammerrat Johann Gottfried Holtzhausen auf Gröbzig, der mit seinen Verbündeten Schlettwein und Schubart von Kleefeld zu den Pionieren der Effektivierung und Kapitalisierung der Landwirtschaft in Deutschland gehörte, und nicht zuletzt auch durch den Fürsten und seine Beamten wurde Anhalt-Dessau zu einem Vorreiter im Bereich der Verbesserung von Landwirtschaft, Forstwirtschaft und Obstanbau in Deutschland. Friedrich von Matthisson, der selbst kurzzeitig als Lehrer am Philanthropinum tätig war, beschrieb die suggestive Wirkung der „Landesverschönerung" Anhalt-Dessaus mit den Worten, daß hier „jeder fromme Wünscher eines gleichmäßig verbreiteten Gesammtwohls, im reichen Culturstande des Bodens, welcher ursprünglich der großen Mutter der Dinge nur wenig zu danken hat, und besonders in den häufigen Pflanzungen des mannigfaltigsten Strauch- und Baumwerks, überall den Finger des Genius der Menschlichkeit erkennt, und der Freund des Althertums, bey Erblickung der in Felder und Hainen zerstreuten Tempel, Denkmähler und Bildsäulen, in die schönen Tage der Griechen zurück versetzt" werde.[19] Auch Goethe erhob den Dessauer Fürsten im Rückblick von *Dichtung und Wahrheit* neben Winckelmann zum Helden der heranwachsenden jungen Generation, weil er den Traum von einem „grünen" Goldenen Zeitalter in der Gegenwart tatsächlich zu verwirklichen versucht habe:[20]

> Jung, wohl- und edeldenkend, hatte er sich auf seinen Reisen und sonst recht wünschenswert erwiesen. [...] Die Anlage eines damals einzigen Parks, der Geschmack zur Baukunst, welchen von Erd-

---

[18] Vgl. Erhard Hirsch: Bildung und Erziehung zur bürgerlichen Kultur. In: *Wissenschaftliche Zeitschrift der Universität Halle*, Reihe G, 27, 1978, H. 6, S. 51–73.

[19] Friedrich von Matthisson: *Erinnerungen*, Wien 1815, S. 245f.

[20] *Dichtung und Wahrheit*. In Goethe: *Poetische Werke* (Berliner Ausgabe), Berlin und Weimar 1960ff., Bd. 13, S. 661ff.

mannsdorff durch seine Tätigkeit unterstützte, alles sprach zugunsten eines Fürsten, der, indem er den übrigen [Fürsten] vorleuchtete, Dienern und Untertanen ein Goldenes Zeitalter versprach.

Dieses versprochene Goldene Zeitalter sollte sich jedoch nicht auf den schönen Schein beschränken, wie es in späteren deutschen Landesverschönerungsversuchen oft der Fall war. Es schloß neben der Entwicklung einer modernen Landwirtschaft, soziale Reformen, wie etwa in der Armenversorgung, der medizinischen Betreuung und dem Schulwesen, mit ein. Der verbindende Gedanke, ein ganzes Land in einen großen Landschaftsgarten zu verwandeln, erzeugte also durchaus egalitäre und libertäre Erwartungen.[21] Im Landschaftsgarten sollte sich der Mensch frei von ständischen Beschränkungen bewegen können, wie August Rode, Carl August Böttiger oder Johann Gottlieb Böttger übereinstimmend bezeugten, und so Begegnungsstätte aller Stände werden.[22] „Man könnte gleichsam das ganze Land einen englischen Garten nennen",[23] schrieb ein Besucher begeistert in sein Tagebuch.

Ästhetisch-erzieherisches Ziel der aufklärerischen Gartenkunst in Deutschland war es auch, in dieser schönen Naturlandschaft den Menschen die Harmonie der Schöpfung stärker empfinden zu lassen und dadurch moralisch-sittlich zu läutern. Der Gärtner und der Pädagoge wurden dabei zeitüblich nicht nur bildlich und sprachlich miteinander verglichen.[24] In Anknüpfung an Comenius entstammten bekannte Schlüsselbegriffe der aufklärerischen Pädagogik wie Pflanzschule, Treibhaus, Schul- oder Kindergarten[25] nicht zufällig dem gärtnerischen Bereich. Umgekehrt entlieh sich der Gärtner Begriffe aus den Nachbargefilden, man denke nur an

---

[21] Vgl. Siegmar Gerndt: *Idealisierte Natur. Die literarische Kontroverse um den Landschaftsgarten des 18. und frühen 19. Jahrhunderts in Deutschland*, Stuttgart 1981, S. 116.
[22] Vgl. Michael Niedermeier: Anhalt-Dessau als kulturelles und literarisches Zentrum um 1780. In: *Dessau-Wörlitz-Beiträge*. Hrsg. von Thomas Höhle und Erhard Hirsch. Dessau 1994. (In Vorbereitung).
[23] Zit. nach: *Der Dessau-Wörlitzer Kulturkreis*. Hrsg. von Johannes Pforte und Hartmut Ross, Wörlitz 1965, S. 124.
[24] Vgl. etwa Sophie la Roche: *Pomona für Teuschlands Töchter*, 1783, S. 683ff.
[25] Obgleich Fröbel meint, daß er den Begriff bei einem Spaziergang im Wald gefunden habe, war er schon weit früher gebräuchlich. Vgl. J. Justin Bertuch: Kindergarten. In: *Allgemeines Teutsches Garten-Magazin* 6, 1809, Tafel 1.

Erziehung der Bäume,[26] Nursery sowie Samen-, Pflanz- oder Baumschule.[27] Wie der aufgeklärte und empfindsame Gartenfreund das Beschneiden der Bäume und Sträucher, das Abzirkeln von Alleen und das Anlegen von künstlichen Wasserspielen als Ausdruck von Herrscherlaunen ansah, die nicht nur die Menschen, sondern auch die Natur der absolutistischen Willkür unterwerfen, so lehnte auch der philanthropische Erzieher das Nachgeäffte, Gekünstelte und Zurechtgestutzte der bisherigen Erziehungspraxis als französisch-aristokratisch entschieden ab. Natur, Natürlichkeit und Kosmopolitismus waren für den aufgeklärten Gartenliebhaber und den Erzieher gleich verbindlich.

Es war also kein Zufall, daß das erste Philanthropinum Deutschlands in Dessau, dem Zentrum deutscher Gartenutopie, gegründet wurde. Interessanterweise stießen in dieser Anstalt zwei aufklärerische Gruppierungen aufeinander, die das, was sie jeweils unter Natürlichkeit verstanden, recht unterschiedlich ausdeuteten. Schon anläßlich des öffentlichen Examens vom 13. bis 15. Mai 1776, zu dem Johann Bernhard Basedow großsprecherisch alle „Vormünder der Menschheit" eingeladen hatte, kam es zu Streitigkeiten. Am Institut formierten sich darauf zwei Parteien, die, stellvertretend für die „Genies" und die „rationalen" Aufklärer im übrigen Deutschland, die Positionskämpfe ausfochten. Begeistert waren von der philanthropischen Erziehungsidee nicht nur Philosophen wie Kant in Königsberg, der sich von dieser Erziehungsart und speziell dem Dessauer Institut geradezu eine „Revolution"[28] der Gesellschaft versprach, auch andere Aufklärer

---

[26] Johann Moritz Luden: *Abhandlung von der Baumzucht, und zwar wie man junge Bäume erziehen und alte Bäume wieder jung machen könne*, Göttingen 1772; Decombe: *Ausführliche Abhandlung von den Pfirsich-Bäumen, ihre Erziehung und Pflanzung*, Nürnberg 1789; F. G. Leonardi: *Ueber die Erziehung und Pflanzung der Pappeln überhaupt und der Carolinischen und Canadischen insbesondere*, Leipzig 1798.
[27] Vgl. z. B. J. G. Salzmann: *Allgemeines deutsches Gartenbuch, oder vollständiger Unterricht in der Behandlung des Küchen-, Blumen- und Obstgartens; theils aus eigener Erfahrung, theils nach den besten Gartenschriften bearbeitet*, München und Leipzig 1819, S. 174.
[28] Aufsätze, das Philanthropinum betreffend. In: *Kant's gesammelte Schriften*. Hrsg. von der Preußischen Akademie der Wissenschaften. Bd. 2, Berlin 1905, S. 449. Vgl. auch A. Pinloche: *Geschichte des Philanthropinismus*, Leipzig 1896, S. 21.

äußerten sich höchst positiv über die Dessauer Erziehungsexperimente.

Für die „rationalen" Aufklärer der Friedrich-Nicolai-Richtung trat der Magdeburger Probst und Pädagoge Gotthilf Sebastian Rötger auf. Wie der Berliner Aufklärerpapst Nicolai war auch er 1776 unter den Besuchern des Philanthropinums gewesen. Als er beobachtete, wie ungezwungen, ja „antiautoritär" die jungen Burschen auf einem Waldspaziergang mit dem Junglehrer Johann Friedrich Simon umsprangen, äußerte er Bedenken gegen ein zu großes „Unabhängigkeitsgefühl", das den Kindern hier vermittelt würde. Hier würde ihnen, wie er erklärte, eine „wünschenswerthe Idealwelt" vorgespielt, die ihrem künftigen Leben als „Bürgern einer Monarchie" entgegenstehe.[29] Bei Rötger und seiner Richtung blieb also das ehemals absolutistische Denkmodell, daß zur Aufrechterhaltung der spröden „natürlichen" Harmonie immer die ordnende Hand von Oben benötigt werde, mit dem aufklärerischen Vernunftsdenken und der Leidenschafts- und Triebabwehr verbunden.

Ganz ähnlich klingt das Argument des Stürmer und Drängers und Goethe-Schwagers Johann Georg Schlosser in Isaak Iselins Zeitschrift *Ephemeriden der Menschheit*. Schlosser, ein Anhänger des patriarchalisch-idyllischen Landlebens, formulierte seine Kritik aber aus einer genau entgegengesetzten Richtung. In einer Welt der Sklaven, der Unterdrückung, der Demütigung und Deformation, aus der er nur Anhalt-Dessau und Baden ausklammerte, wäre es problematisch, die Kinder zu natürlichen Menschen erziehen zu wollen. Ein „Werther", so seine pessimistische Prognose, müsse in einer solchen Welt notwendigerweise scheitern:[30]

> Wo Menschenwert gezogen werden soll, muß Menschenwert geschätzt werden. Eure Schüler werden bald in der Welt zugrund gehen oder genötigt sein, euern Unterricht, eure Übungen alle zu entwöhnen und zu werden wie der andern einer.

---

[29] [Gotthilf Sebastian Rötger]: *Briefe eines ganz unpartheyischen Kosmopoliten über das Dessauische Philanthropin*, Leipzig 1776, S. 22, 61 ff.

[30] Herrn Hofrat Schlossers Schreiben an Herrn Ratschreiber Iselin über Philanthropinen (1776). Zit. nach Isaak Iselin: *Pädagogische Schriften nebst einem pädagogischen Briefwechsel mit Johann Caspar Lavater und Johann Georg Schlosser*. Hrsg. von Hugo Göring, Langensalza 1882, S. 297.

Johann Gottfried Herder hatte offenbar die marionettenhaften Vorführungen des „Wunderkindes" Emelie Basedow bei jenem Examen vor Augen, als er über das Dessauer Institut urteilte. Er griff auf die damals ungemein beliebten Bilder des Treibhauses und des beschnittenen Baumes zurück, um die Kastration der natürlichen Anlagen zugunsten von künstlich gezüchteten Leistungen zu verdeutlichen. Über Johann Bernhard Basedow, den „Pontifex maximus" schrieb er am 24. August 1776 an Hamann:[31]

> Mir kommt alles erschrecklich vor wie ein Treibhaus, oder vielmehr wie ein Stall voll Menschlicher Gänse. Als neulich mein Schwager-Jäger hier war, erzählte er von einer neuen Methode, Eichenwälder in 10 Jahren zu machen, wie sie sonst nur in 50 oder 100 würden, daß man den jungen Eichen unter der Erde die Herzwurzel nehme, so schieße über der Erde Alles in Stamm u. Äste – das ganze Arcanum des Basedowschen Planes liegt glaub ich darinn u. Ihm, den ich persönlich kenne, möcht' ich keine Kälber zu erziehen geben, geschweig Menschen.

Hinter dieser scharfen Äußerung steht die entschiedene „ökologische" Auffassung, daß man weder Wälder noch Tiere oder Menschen, die doch alle Naturgeschöpfe seien und den gleichen Respekt verdienten, aufgrund von wirtschaftlichen oder leistungsfördernden Erwägungen beschneiden und künstlich manipulieren dürfe. So wie die künstliche, in diesen Jahren anvisierte Verkürzung des „Holzumtriebs" der einzelnen Forst-„Schläge" auf siebzig Jahre oder die durch künstliche Treibhausbedingungen erreichten synthetischen Zuchterfolge widernatürlich wären, genauso widerwärtig sei die Degradierung der Kinder zu Rechen-, Latein- oder Spielmaschinen.

In die gleiche Richtung gingen die Vorbehalte von Jakob Michael Reinhold Lenz, der eine Einladung, an das Philanthropinum als Schriftsteller zu kommen, zur Bestürzung seiner Straßburger Freunde abgelehnt hatte. Er schien den Verdacht zu haben, daß man am Philanthropinum nur nützliche, poesiefeindliche Puppen drechselte, denen alles Menschlich-Natürliche abgeschnitten würde. Er hatte ja gerade mit seinem *Hofmeister*-Drama gezeigt,

---

[31] Herder an Hamann, 24. August 1776. In Johann Gottfried Herder: *Briefe. Gesamtausgabe.* Hrsg. von Karl-Heinz Hahn, Bd. 3, Weimar 1978, S. 293f.

wie ein falsches Erziehungskonzept und eine ständisch-unnatürliche Lebensführung, die auf die natürlichen, kreatürlichen Bedürfnisse keine Rücksicht nimmt, letztlich zur Selbstkastration führten.

Interessanterweise war dieser Gegensatz den Protagonisten am Philanthropinum anfänglich selbst noch gar nicht bewußt. Wie die anderen jungen oder etwas älteren „Genies", das heißt Herder, Goethe, Lenz, Lerse, Klinger, Jung-Stilling, Schlosser, Merck usw., die gerade dabei waren oder daran gingen, ihre hochfliegenden Veränderungspläne in der Staatsverwaltung, Kameralistik, in universitärer Lehre, Pädagogik oder beim Militär in die Praxis umzusetzen, war auch eine Gruppe junger Straßburger an das Philanthropinum gekommen. Isaak Iselin, ihr väterlicher Freund, der mit ihnen die Begeisterung für das Landleben, die Landwirtschaft, den Physiokratismus und das Erziehungswesen teilte, ihrer Hitzköpfigkeit sowie ihrem teilweise exzentrischen Auftreten zwar freundlich, jedoch oft ratlos gegenüberstand, hatte, statt selbst zu kommen, die Straßburger Junglehrer Johann Friedrich Simon und Johann Schweighäuser nach Dessau geschickt. Als Ausdruck des um ihn gescharten Jünglingsbundes hatte er 1775 deren Schrift *Philanthropische Ansichten redlicher Jünglinge ihren denkenden und fühlenden Mitmenschen zur Erwägung übergeben durch Isaak Iselin* publiziert.[32]

Die hier ungenannten Autoren waren der berühmt-berüchtigte Kraft- und Naturapostel Christoph Kaufmann und seine Freunde Johann Ehrmann, Johann Friedrich Simon und Johann Schweighäuser, die diese Schrift schon in Straßburg verfaßt hatten. An dieser kleinen Schrift wird bereits deutlich, daß die Jugendfreunde eine ganz eigene Gruppenkultur kreierten. Sie schrieben nicht nur ihre Bücher gemeinsam, sie verzichteten auch bewußt darauf, als einzelne den Ruhm als Schriftsteller zu ernten. Sie verstanden ihre pädagogische Arbeit als altruistischen Dienst an der Menschheit, dem man nur mit einer neuen Lebensweise und Lebenskultur gerecht werden könne. Sie bildeten einen Bruder- und Freundschaftsbund, der es sich zum Ziel setzte, gemeinsam mit ihren

---

[32] Vgl. hierzu Ulrich im Hoof: *Isaak Iselin und die Spätaufklärung*, Bern und München 1967, S. 166 ff.

späteren Frauen gleichberechtigt zu leben, zu lernen, zu wirken zum Nutzen der „ganzen Menschheit", auf persönliches Eigentum weitestgehend zu verzichten und aus einer gemeinsamen Kasse zu wirtschaften. Diese neue Kultur des Lehrer- und Menschseins kam mit der Zeit dem Kommunegedanke immer näher.

Am Philanthropinum schlossen Simon und Schweighäuser, die auf ihre Mitbrüder Ehrmann und Kaufmann sehnsüchtig warteten, nach anfänglichen Unstimmigkeiten zunächst auch Wolke und den erheblich älteren Basedow in ihren Kreis der Verbrüderung ein. Von Anfang an mußten sie als Vollehrer arbeiten, obgleich sie sich eigentlich erst ausbilden lassen wollten, um dann später mit ihren Freunden ein eigenes Institut zu gründen. Die Konflikte waren also schon vorgeprägt, spätestens als der Nicolai-Vertraute Joachim Heinrich Campe nach jenem Examen als Direktor an das Institut kam und zudem mit Johann Ehrmann und Johann Jakob Mochel zwei weitere junge Elsässer, mit Johann Christian Schmohl und Wilhelm Gottlieb Becker zwei andere Jünglinge mit dem Schwung und Selbstbewußtsein der „Genies" zum Bruderbund gestoßen waren.

Das Basedowsche Institut litt ständig unter Lehrermangel und nahm, nachdem Lenz abgelehnt hatte, mit Johann Heinrich Campe einen Mann als „Educationsrat" auf, der ganz andere Auffassungen von philanthropischer Erziehung hatte als die erwähnten Junglehrer, die mit Abstand die meisten Lehraufgaben zu erfüllen hatten, während Basedow überhaupt keinen Unterricht gab. Campe waren die „Genies" mit ihrer Empfindsamkeit, ihrem Anspruchsdenken und ihrer sittlichen Freizügigkeit schon bald zuwider. Nicht nur, daß er wie auch Basedow sehr empfindlich darauf reagierte, daß Carl August, Herder, Christoph Kaufmann, Goethe, aber auch Wieland und Lavater nicht zu dem Examen erschienen waren, und danach, wie Schlosser, Kritik übten. Campe paßte die ganze Richtung nicht. In einem Brief vom 20. November 1776 an Friedrich Nicolai ließ er seinem Unmut freien Lauf:[33]

---

[33] Zit. nach Jacob Leyser: *Joachim Heinrich Campe. Ein Lebensbild aus dem Zeitalter der Aufklärung*, Braunschweig 1877, Bd. 1, S. 28f.

Die Parthei der Genies, die von Tage zu Tage mächtiger wird, hat ihm [Basedow] theils aus Empfindlichkeit über nicht beantwortete Briefe, theils aus anderen Ursachen entgegengearbeitet und wird ihm auch ferner entgegen arbeiten. Diese Herren hatten nämlich eine ähnliche Unternehmung im Sinne und hatten mit auf die verbrüderten Jugendfreunde gerechnet, welche sich bei uns engagiert haben. Sie schickten sie nach Dessau, bloß um zu schauen und zu lernen: Und siehe, sie machten sich, da ihnen die Sache gefiel, in der Unschuld ihres Herzens verbindlich. Daher der Zorn! Daher der Wunsch, das Dessau'sche Institut zu zernichten, um die Trümmer davon zu ihrem eigenen Vorhaben anzuwenden. Diese Absicht dauert jetzt noch fort und wir sind verloren, wenn die Gegenpartei der Berliner Wasserphilosophen und Christusstürmer (wie sie in der Sprache der Genies genannt werden) nicht das Ihrige thun, uns zu retten. Es ist unglaublich, mit welcher herzlichen Verachtung diese Herren von dieser ihrer Gegenparthei sprechen. Spalding, Teller, Sack, Sulzer, Mendelssohn, Nicolai, Engel, Eberhardt, Zolikofer, Plattner, etc. sind ihnen schwache Köpfe, ohne Hirn, ohne Kraft usw., die sie mit einem einzigen Hauch umblasen wollen. Sie haben Fürsten an ihrer Spitze, schmieden Gesetzbücher und wollen in kurzem alles, was unten stand, nach oben kehren. Kurz, alles ist in einer entsetzlichen Gährung und das Philanthropinum wird das erste Brandopfer sein, welches dem Götzen Genie geschlachtet werden soll.

Eine Eigenheit der Straßburger scheint Campe neben ihrer empfindsamen Haltung besonders gestört zu haben, das war ihre sexuelle Freizügigkeit. Das Verhältnis zur Natur umfaßte eben nicht nur die Beziehung zur äußeren Natur, es spiegelte sich auch im Umgang mit der Sexualität und dem menschlichen Körper als einem Ausdruck der inneren Natur wider. Offensichtlich waren die Elsässer hierbei wesentlich unorthodoxer als ihre eher prüden, aus dem Protestantismus, Pietismus und Calvinismus kommenden Kollegen. Bezeichnenderweise fing Simon auch gleich ein amouröses Abenteuer mit der Base des auf Tugend, Sittenstrenge und Triebbeherrschung fixierten Joachim Heinrich Campe an. Basedows Gehilfe und Hilfslehrer Friedrich August Benzler berichtete dann auch pikiert über das ungezwungene Auftreten von Simon und Campes Base, die in aller Öffentlichkeit, und, was besonders verachtenswert sei, vor den Zöglingen, Zärtlichkeiten austauschten.³⁴ Das schlimmste, was passieren könne, – so die Auffassung von Campe – sei, daß bei den Jugendlichen durch schlechtes Vorbild sexuelle Gelüste geweckt würden. Daß sie diese dann auch durch eine „unnatürliche Selbstbefleckung" zu befriedigen suchten, lag auf der Hand.

Ärzte von europäischem Ansehen wie Simon André Tissot und Johann Georg Zimmermann hatten aus medizinischer Hinsicht vor den katastrophalen Folgen der Masturbation für die Gesundheit gewarnt. Sie gingen davon aus, daß dem Körper dadurch lebenswichtige Säfte entzogen würden. Sucht zur Einsamkeit, Hypochondrie, Melancholie, Schwachsinn, Zeugungsunfähigkeit und schließlich der Tod seien die logische Folge. Campe war von einem panischen Exorzismus ergriffen und meinte hinter dem Laster der Selbstbefriedigung eine Zivilisationskrankheit von verheerenden Ausmaßen zu entdecken, der man mit allen Mitteln entgegenwirken müsse. Zustimmend zitierte er den Träger eines Infibulationsrings, um so den Gefahren der „Wollust" zu entgehen.³⁵

> Ich habe [...] dieselbe Operation, aber auf eine viel bequemere Weise in der Folge an vielen jungen Leuten ausgeübt. [...] Ich selbst habe meinen Ring nun schon 15 Jahre getragen, und habe noch bis diesen Tag alle Ursache Gott zu danken, daß er mich dies Mittel meine Unschuld, meine Gemüthsruhe zu sichern, finden ließ. [...] Was ich übrigens bedaure, ist, daß dieses allersicherste Mittel nur bei der einen Hälfte unserer Jugend, nemlich den Knaben, aber nicht bei Kindern des andern Geschlechts eine Anwendung leidet.

Später hat Campe auch seine Zöglinge damit gepeinigt.

Aufklärerische Erziehung, wie sie Basedow, aber teilweise noch entschiedener Campe, Salzmann, Rötger, Villaume und andere in der Wolffschen Tradition übereinstimmend verstanden, wollte zwar auch sexuell aufklären, sollte aber vornehmlich darauf

---

[34] Erwähnt bei Bruno Stehle: *Der Philanthropismus und das Elsass*, Straßburg 1913, S. 40.

[35] Kommentar zu J. F. Oest: Versuch der Beantwortung der pädagogischen Frage. In: *Allgemeine Revision des gesammelten Schul- und Erziehungswesens, von einer Gesellschaft practischer Erzieher.* Hrsg. von Johann Heinrich Campe, Wolfenbüttel 1785–1792, Band 6, 1787, S. 222f.

ausgerichtet sein, die Sinne und Leidenschaften zu dämpfen, zu zügeln und zu domestizieren.[36] Der Pädagoge habe wie der Gärtner mit scharfer Hacke das Ungeziefer, das die Wurzeln der Bäume zerfresse, gnadenlos auszurotten. Als beliebte Titelvignette taucht daher in den Anti-Onanie-Büchern des Philanthropen Christian Gotthilf Salzmann und des Arztes Samuel Gottlieb Vogel die Allegorie des gesunden Waldes auf, welcher nur, falls er mit entschiedener Hand geschützt und gehegt werde, wachse und gedeihe. So gesehen, seien der Pädagoge und der Gärtner notwendige Helfer der Natur. Nur durch ihr aufmerksames und tätiges Schaffen stelle sich die natürliche Harmonie erst her. Ohne sie wäre eine moralische, gesundheitliche und ökologische „Verwüstung" die notwendige Folge.

Ein Mensch, der seine Gefühle nicht der Vernunft unterwerfe, wurde gefolgert, komme mit den Realitäten unweigerlich in Konflikt, verfalle in Melancholie, einer Art Geistes- und Gefühlskrankheit, die in extremster Form im Selbstmord münde. Es gehe nicht nur, so Campe, um die Ausbildung aller natürlichen Anlagen im Menschen. Man müsse die Jungen und Mädchen, erklärte er später seiner Tochter, auch an ihre jeweiligen bürgerlichen Rollen gewöhnen, so unangenehm, ungerecht und schmerzhaft dies auch sein möge.[37] Wie der Gärtner die geilen Triebe der Bäume abschneiden müsse, damit sie die Kraft der Natur nicht nutzlos vergeudeten und sich dadurch selbst schwächten, solle auch der Erzieher kein empfindsamer Gartenkünstler, sondern ein pflanzender, okulierender, beschneidender Obstgärtner sein.

In den siebziger Jahren, also zu einer Zeit, in der sich die gegensätzlichen Positionen noch nicht völlig verfestigt hatten, führten die Philanthropen die Zöglinge noch gern in die empfindsamen Wörlitzer Gärten, um „Empfindungen über die Schönheiten der Natur in den zarten Seelen zu erregen und zu stärken, den guten Geschmack in der Gärtnerkunst, Baukunst, in der Mahlerey und Bildhauerkunst zu bestimmen und mitzutheilen".[38] Später heißt es

---

[36] Vgl. Walter Hasenzahl: *Vernunft und Leidenschaft in der Erziehung der Philanthropen*, Diss. Giessen (Masch.) 1942.
[37] Joachim Heinrich Campe: *Väterlicher Rath für meine Tochter. Ein Gegenstück zum Theophron*, 2. Aufl., Frankfurt und Leipzig 1801, S. 14.
[38] Das gegenwärtige Gute unsers Instituts. In: *Pädagogische Unterhandlun-*

dann entschieden: „Man bewahre die Jugend vor Einsamkeit und Müßiggang.[...] Graben, Bäume pflanzen, Blumen warten, Mineralien sammeln, Insekten fangen, Pflanzen austrocknen und ordnen und zeichnen",[39] und zwar unter Anleitung eines ständig wachsamen Lehrers, sei ein probates Abwehrmittel gegen die Selbstschändung.

Diese antiempfindsame, die sexuelle Natur im Menschen bekämpfende, unterbindende, beschneidende und kastrierende Auffassung geriet in scharfen Kontrast zu den Überzeugungen der Elsässer und ihrer Mitbrüder. Nicht nur, daß sie sich von den medizinischen, religiösen und pädagogischen Panikmachern nicht einschüchtern ließen, einige von ihnen (wohl vor allem Kaufmann und Simon) trieben die sexuelle Freizügigkeit sogar so weit, daß sie „jeden für einen ‚entmannten Schurken' hielten, der nicht rechts und links, wo [er] hinkäme, den Mädels Kinder machte".[40]

Der Elsässer Johann Jakob Mochel entwickelte noch am Philanthropinum in Dessau, bewußt aufbauend auf Herders *Vom Erkennen und Empfinden der menschlichen Seele,* im Namen der Gruppe ein neues Erziehungsprogramm. Er trat entschieden für die Rehabilitierung der Gefühlskräfte und ihre unbedingte Verknüpfung mit der menschlichen Vernunft ein, ja sah in der Sehnsucht nach Befriedigung der Empfindungen den Grundtrieb des Menschen schlechthin. Diesen dürfe man nicht rigoros eingrenzen, sondern müsse ihn für die Erziehung nutzbar machen. Mochel bekannte sich in seinen Briefen und Aufsätzen, die er während seiner Lehrerzeit in Dessau schrieb, gegen die die Empfindungen und Leidenschaften radikal beschneidenden Intentionen der rationalen Aufklärer und für die „moralische Freyheit" des Individuums. Er nannte die Partei der „rationalen Aufklärer" später gar „Despoten". Im Gegensatz zu Basedows Partei war er insgesamt skeptischer gegenüber den Wirkungspotenzen der Erziehung

---

gen. Hrsg. von dem *Dessauschen-Erziehungsinstitut.* Jg. 1778. Dessau 1778, S. 633f.

[39] J. F. Oest: Versuch einer Beantwortung, in: *Allgemeine Revision,* Bd. 6, S. 133.

[40] Johann Christian Schmohl: *Urne Johann Jakob Mochels ehemaligen Lehrers am Philanthropinum zu Dessau,* Leipzig 1780, S. 234.

allein. Um die „verderbte Welt" zu ändern, so schrieb er in einem vertraulichen Brief ironisch, reiche es nicht, die Menschen durch philanthropische Erziehung sittlich-moralisch zu bessern, so nebenher müsse auch diese Welt verändert werden.[41] Mochel entwickelte dann gemeinsam mit den Brüdern ein Programm eines agrarischen-ländlichen Erziehungsgutes, auf dem republikanische Selbstbestimmung und Gleichheit zwischen den Lehrern herrschen solle. Auch ihre künftigen Frauen sollten dabei mit einbezogen und so eine neue sexuelle Kultur herausgebildet werden. Mutig stellten sich die Brüder gegen die breite Front der Anti-Onanie-Hysteriker und erklärten dreist:[42]

> Wir werden uns nicht viel bemühen, den Geschlechtstrieb in ihnen [den Zöglingen] zu unterdrücken, aber in unaufhörlichen angenehmen Zerstreuungen, Beschäftigungen, mechanischen Arbeiten und Übungen wird er sich auch nie bis zu einer Heftigkeit entwickeln.

Empfindsame Literatur contra nützliche Literatur

An der empfindsamen oder der Sturm-und-Drang-Literatur, wie den *Idyllen*[43] eines Geßner, der *Kindermörderin*[44] des dem Straßburger Kreis angehörenden Heinrich Leopold Wagner, besonders aber an Goethes *Leiden des jungen Werthers* (1774) muß

---

[41] *Extract der das Philanthropinum zu Dessau betreffenden Umstände aus einem Privatschreiben des dortigen Lehrers Mochel an den HofR. Böckmann.* Großherzogliches Familienarchiv Karlsruhe. Faszikel Nr. FA 5, 49. Dokument Nr. 5.

[42] *Einiger vom Dessauer Philanthropin abgegangener Lehrer Gedanken über die wichtigsten Grundsätze der Erziehung und die darauf gegründete Einrichtung einer Erziehungsanstalt,* Leipzig 1779, S. 416f.; Nach Wolke (Pädagogische Unterhandlungen, 1779/80, S. 312) und Schmohl (*Johann Jacob Mochels Reliquien,* Halle 1780) stammt die Schrift von Johann Jakob Mochel und wurde von Simon und Schweighäuser herausgegeben.

[43] Vgl. Gabrielle Bersier: Arcadia Revitalized: The International Appeal of Gessner's *Idylls* in the 18th Century. In Reinhold Grimm and Jost Hermand (Hrsg.): *From the Greeks to the Greens. Images of the Simple Life,* Madison 1989, S. 34–47.

[44] „Genieapostel" Christoph Kaufmann hatte nachweislich am 31. Oktober 1776 dieses Trauerspiel den Philanthropisten vorgelesen. Vgl. Christoph Emanuel Hauber: *Philanthropisches Tagebuch;* Großherzogliches Familienarchiv Karlsruhe. Faszikel Nr. FA 5, 49. Dokument Nr. 6, Blatt 80.

sich am Philanthropinum eine scharfe kontroverse Debatte entzündet haben.

Angedenk der Straßburger und Sesenheimer Zeit hatte Goethe seinen Helden sich vor dem ihn bedrückenden Lebensüberdruß des Stadt- und Bürgerlebens in eine schöne Frühlingslandschaft zurückziehen lassen. Die schöne Natur und ein empfindsamer Garten, von einem „fühlenden Herzen" und nicht von einem „wissenschaftlichen Gärtner"[45] angelegt, nehmen ihn gefangen, ja überwältigen ihn. Wenn er, schreibt Werther, „das Wimmeln der kleinen Welt zwischen Halmen, die unzähligen, unergründlichen Gestalten der Würmchen, der Mückchen näher an meinem Herzen fühle, und fühle die Gegenwart des Allmächtigen, der uns nach seinem Bilde schuf, das Wehen des Allliebenden, der uns in ewiger Wonne schwebend trägt und erhält", dann sei er ganz unfähig, dies alles künstlerisch zu verarbeiten. Werther bezieht hier nicht einfach nur die Landschaft auf sich selbst bzw. spiegelt seine eigenen Empfindungen in ihr ab, sondern stellt die ganze Flora und Fauna als Schöpfungen einer allumfassenden Gott-Natur mit sich auf die gleiche Stufe. Dies korrespondiert für ihn mit den Homerschen Idealbildern ursprünglicher sozialer Einfachheit und Gleichheit, einer patriarchalischen Zeit, in der noch Königstöchter am Brunnen Wasser schöpften und ein König wie Ulysses mit den Schweinehirten wie mit seinesgleichen verkehrte. Ja, Werther kann nur traurig lächeln über den Versuch der Menschen, die sich diese Natur zu unterwerfen trachten, sich in ihren „Häuslein" parasitengleich an sie „annisten" und dann „in ihrem Sinne über die weite Welt" herrschen wollen: „Armer Tor! der du alles so gering achtest, weil du so klein bist." Nur der, welcher mit allen Sinnen in staunender Bescheidenheit die Natur in sich aufnimmt, ja den es drängt, sich geradezu in diese Natur aufzulösen, ein Teil von ihr zu werden, dem offenbare sie sich und nehme ihn als Gleichen unter Gleichen in ihr „Paradies" auf.

Erst in der Konfrontation mit den Menschen und ihren, die diastolische Freiheitssehnsucht einschränkenden religiösen, sittlichen und ständischen Regeln und Geboten, die nicht nur seiner

---

[45] *Goethes Werke.* Hamburger Ausgabe. Hrsg. von Benno von Wiese und Erich Trunz, Band 6, Hamburg 1965, S. 8; folgende Zitate S. 9, 51, 52, 53, 81.

Liebe zu Charlotte gebieten, sondern auch das sich durch Denken und Empfindung zur Natur sich erheben wollende Subjekt zurechtstutzen wollen, verliert Werther diesen Zugang zu einer harmonischen und paradiesisch empfundenen Natur. Angesichts einer so erlebten sozialen Welt erscheint ihm dann erst auch die Naturwelt als ein „ewig verschlingendes, ewig widerkäuendes Ungeheuer", erblickt er in ihr ein immerwährendes Zerstören und Sterben. Erst die Konfrontation mit der „bürgerlichen Gesellschaft" macht Werther fühllos sowohl gegen das Unglück der Menschen, die von Erdbeben oder Sturmfluten verschlungen werden, wie dem der Insekten und Würmer, die er bei jedem Spaziergang zertritt. Das herzlose Fällen der alten Nußbäume wird hier für Goethe – wie auch später im *Faust II* – Symbol für den habgierigen Umgang mit der menschlichen Kreatur und der natürlichen Umwelt, ein Zeichen für den beginnenden bürgerlichen Zerstörungseifer.[46] „Ich, der ich mich vertrauern könnte, wenn so ein paar Bäume in meinem Hofe stünden und einer davon sterbe vor Alter ab, ich muß zusehen." Natürlich ist die Verursacherin des Baumfällens, die neue Pfarrersfrau, jemand, der die „Kennikot, Semler und Michaelis" liest, aber über „Lavaters Schwärmereien" die Achseln zuckt. Schließlich werden die Bäume an den „Meistbietenden" verkauft. Vor Wut ist Werther außer sich und wünscht sich die Macht eines Fürsten, um solchem Baumfrevel zu wehren. Aber er besinnt sich sofort, seine Hoffnung auf den Fürsten als ordnenden Pater familias ebbt wieder ab: „Ja wenn ich Fürst wäre, was kümmerten mich die Bäume in meinem Lande!" Natur ist für den empfindsamen Werther sozial wie ökologisch unteilbar, entweder umfaßt sie alles oder nichts.

Sowohl der *Werther* und andere Werke des Sturm und Drang als auch die empfindsame Literatur mit ihrer Naturverherrlichung spielten innerhalb der aufklärerischen Debatte der Zeit und auch am Philanthropinum eine zentrale Rolle. Die Darstellung von leidenschaftlicher Liebe, des kompromißlosen Insistierens auf dem kreatürlichen und menschlichen Anspruch in Verbindung mit unbedingter subjektiver Glückserfüllung, idyllischer Paradiessehn-

---

[46] Vgl. Jost Hermand: *Grüne Utopien in Deutschland. Zur Geschichte des ökologischen Bewußtseins*, Frankfurt a. M. 1991, S. 57.

sucht und Landleben fanden bei den rationalen Aufklärern zum Teil scharfe Entgegnungen. Für Joachim Heinrich Campe war die Empfindsamkeit wie die Onanie eine „Modekrankheit", ja entsprang den gleichen kranken Wurzeln. Die Empfindsamen, „die Sekte der Genies", mit denen er am Institut täglich zusammen war, nannte er darum die „bösen Menschen" oder 1783 eine „verabscheuungswürdige Klasse von Menschen".[47] Wie andere Vertreter der rationalen Aufklärung trat er dafür ein, die empfindsame Literatur, wenn nicht zu verbieten, so doch dafür zu sorgen, daß sie nicht in Kinder- oder Frauenhände komme. Auch er hatte sich schon 1775 darangesetzt wie Friedrich Nicolai, einen Gegen-Werther zu schreiben. Bei Nicolai war in seiner Gegenschrift von 1775 Werther zu einem erfolgreichen hausväterlichen Musterbauern mutiert, der in aller Gemütsruhe den Zerstörungen seines Obstgartens, die ein empfindsamer Gartenliebhaber durch seine idyllischen Wasserbauten verursacht, zusieht und dann auf einem anderen Gut wieder als Krautbauer neu beginnt. Mit seinem *Robinson,* seinen Reiseschilderungen und seiner didaktischen Kinder- und Jugendliteratur schuf Campe dann in bewußter Abgrenzung von den „Genies" und „Empfindlern" jenen erfolgreichen, die bürgerlichen Tugenden herausstreichenden Literaturkanon, der Natur und Landschaft als einen Ort ansieht, an dem sich bürgerlicher Erfindungsreichtum und praktische Tüchtigkeit beweisen können. Während sein Dessauer Kollege Christian Levin Sander in seiner Robinson-Version den englischen Garten wenigstens als randständige Idylle beibehielt, in die sich ein zivilisationsmüder Engländer zurückzieht,[48] ist bei Campe die Auseinandersetzung mit der Natur vornehmlich praktisch und nützlich. Den Kindern sollen hierbei „alle die Vorbegriffe von Dingen aus dem häuslichen Leben, aus der Natur, und aus dem

---

[47] J. H. Campe: *Theophron oder Der erfahrene Ratgeber für die unerfahrene Jugend,* Braunschweig 1783, S. 211.

[48] *Pädagogische Unterhandlungen. Philanthropisches Lesebuch für die Jugend und ihre Freunde.* Hrsg. von Christian Hinrich Wolke und Johann Jasperson, Dessau, 1779–1783. Interessanterweise ist hier der Teil der Insel, auf die Robinson mit Freitag vor den Kannibalen flieht, von dem vor der Zivilisation geflohenen englischen Gentleman als ein „Paradies", als eine große Parkanlage mit intensiver ökonomischer Nutzung angelegt worden (Vgl. S. 532–559).

weitläufigen Kreise der gemeinen menschlichen Wirksamkeit" unterhaltend vermittelt werden.[49] Robinson ist bei ihm den Wilden überlegen, weil er es versteht, seine Umwelt zu gestalten und zu zivilisieren, das Wilde und Ungezähmte seinem Willen und seinen Bedürfnissen unterzuordnen. Für gefühlvolle Naturbetrachtung hat er keine Zeit, es sei denn, er kann damit geographische oder kulturelle Belehrungen verbinden.

Ganz anders reagierten die Genies auf den *Werther* oder andere empfindsame Literatur. Schon Iselin hatte zu bedenken gegeben, daß seiner Meinung nach die „schönen Wissenschaften" und die „Bildung des Herzens" am Dessauer Institut zu kurz kämen,[50] und Ernst Christian Trapp, der wie auch Mochel oder Ehrmann am Philanthropinum Deutschunterricht gab, hatte als Schullektüre neben Komödien und Tragödien sogar empfindsame Bücher wie *Yorik, Grandison, Clarissa* und den *Werther* empfohlen.[51] Höchstwahrscheinlich wurde also wie über Wagners *Kindermörderin* auch über den *Werther* am Institut mit den Zöglingen gesprochen. Zumindest ein Schüler, der Stiefsohn des Hofrat Deinet[52], der als Werther-Kritiker aufgetreten war, kannte den Roman, lobte ihn und renommierte mit seinen Kenntnissen vor Außenstehenden.[53]

Johann Jakob Mochel verteidigte ebenfalls den *Werther*. Zwar polemisierte er gegen eine falsche Vorbildnahme, wie er sie Christoph Kaufmann vorwarf. Er machte dabei auf das durchaus Gefährdende, Selbstzerstörerische und Problematische in Werthers Unbedingtheit aufmerksam. „Ich fürchte", schrieb er an Mitbruder Kaufmann, „daß es nur allzu gewiß ist, daß wir mit einer solchen feinen und empfindsamen Seele, wie Göthe sie schildert, bey

---

[49] Vgl. hierzu auch Horst Brunner: Kinderbuch und Idylle. Rousseau und die Rezeption des „Robinson Crusoe" im 18. Jahrhundert. In: *Jahrbuch der Jean-Paul-Gesellschaft* 2, 1967, S. 99 ff.
[50] Isaak Iselins Schreiben an Herrn Ulysses von Salis von Marschlins (1775). Zit. nach I. Iselin: *Pädagogische Schriften*, Langensalza 1882, S. 270.
[51] Vgl. F. Pasternak: *Die ästhetische Erziehung bei den Philanthropisten mit Berücksichtigung der ästhetischen Strömungen ihrer Zeit*, Osterwieck 1927, S. 49.
[52] Johann Konrad Deinet, der Herausgeber der *Frankfurter Gelehrten Anzeigen*, hatte sich hier öffentlich von Werther als einem unvernünftigen Menschen distanziert. Vgl. *Der junge Goethe im zeitgenössischen Urteil*. Hrsg. von Peter Müller, Berlin 1969, S. 194.
[53] J. G. Schummel: *Fritz's Reise nach Dessau*. Hrsg. von Alfred Bohnagen, Werdau 1919, S. 74.

solchen Umständen in eine Überspannung der Empfindung hineinstürzen können, aus der wir uns hernach nicht anders als durch Handlungen, die die Natur, das Glück unserer Mitmenschen und unser eignes zerstören, herauswickeln können."⁵⁴ Mochel suchte daher als Pädagoge nach Wegen, die Kräfte des einzelnen in wohltätige Handlungen einmünden zu lassen, die ihrerseits dem Grundtrieb des Menschen nach Befriedigung der Gefühle entsprächen. Trotz dieser von der Pädagogik hergeleiteten Einschränkungen, plädierte er wie alle Stürmer und Dränger für die Autonomie der Kunst und wehrte so die Angriffe der Campe-Nicolai-Richtung ab. In einem vertraulichen Brief an den Hofrat Böckmann in Karlsruhe, in dem er über die Schwächen des Basedowschen Instituts genaue Auskunft gab, kritisierte er die übertriebenen Ansprüche, die sich die Philanthropen gestellt hätten. Man könne die Welt nicht allein durch die Erziehung moralisch läutern, alles Schädliche in der menschlichen Natur wie in der Natur überhaupt ausrotten. Junge Menschen, so seine Überzeugung, würden hauptsächlich durch das Leben geformt. Mochel nahm damit die Herder-Lenz-Kritik auf und plädierte tendenziell eher für ein Werthersches Menschenbild. Er benutzte dazu wieder das Bild der ungezügelt wachsenden Natur, die sich dem ordnenden Gärtner entgegenstelle: „Junge Werther werden wohl schwerlich jemals in einem Philanthropin erzogen, sondern wachsen, wie jedes schädl. (?) Unkraut wild und von selbst auf, wenn sie jemals in der Welt realisirt zu finden seyn sollten."⁵⁵

---

⁵⁴ Fragmente aus M[ochels] und K[aufmanns] Briefwechsel vom Jahre 1775 bis 1777. In: *Johann Jacob Mochels Reliquien verschiedener philosophischer, pädagogischer, poetischer und anderer Aufsätze*. Gesammelt von Johann Christian Schmohl, Halle 1780, S. 151f.
⁵⁵ Extract der das Philanthropinum zu Dessau betreffenden Umstände aus einem Privatschreiben des dortigen Lehrers Mochel an den HofR. Böckmann. Großherzogliches Familienarchiv Karlsruhe. Faszikel Nr. FA 5, 49. Dokument Nr. 5.

Die landwirtschaftliche Erziehungskommune

Kurze Zeit nach der panischen Flucht Campes vor den Genies im Spätsommer 1777 verließen am 20. Oktober des gleichen Jahres auch Simon, Schweighäuser, Schmohl, Mochel und Ehrmann, von allen Zöglingen und Lehrern feierlich begleitet, zu Fuß das Philanthropinum. Wilhelm Gottlieb Becker folgte Anfang 1780 nach. Es war zunehmend zu einer inneren Entfremdung zwischen den „Genies" und den Vertretern der „rationalen" Aufklärung gekommen. Das hing auch damit zusammen, daß der altruistische und egalitäre Bruderbund zwischen Basedow, Wolke und den Junglehrern zerbrochen war. Daran waren vor allem die vieldiskutierten Basedowschen Wutausbrüche und Trinkgelage, durch die es zu regelrechten Prügelszenen gekommen war, sowie die von den empfindsamen Junglehrern scharf kritisierte herzlose und erniedrigende Art Schuld, mit der Basedow seine Frau und seine eigenen Kinder behandelte. Außerdem nahmen sie Basedow die (übrigens von ihrem Mitbruder Kaufmann) entworfenen Anstellungsverträge übel, weil sie sich dadurch wie bürgerliche Beamte, die wie „Miethlinge für Geld und Brod gewisse aufgetragene Geschäfte maschinenmäßig"[56] ausführen mußten, vorkamen.

Obendrein hatten sie inzwischen ein Angebot des Kurfürsten Karl Friedrich von Baden bekommen, der schon seit 1774 die Absicht verfolgte, ein Erziehungsinstitut für seine Enkel zu errichten. In Baden gedachten sie auf einem Landgut, fernab einer Stadt, ein Landphilanthropinum zu gründen, in dem nicht nur die Kinder reicher und zahlungskräftiger Leute erzogen werden sollten. Sie entwarfen in ihrem Buch *Einiger vom Dessauischen Philanthropin abgegangener Lehrer Gedanken über die wichtigsten Grundsätze der Erziehung* den Plan eines Landgutes, das sich durch eine effektive landwirtschaftliche Produktion, die nach den neuesten ökonomischen Erkenntnissen von den beiden kameralistisch geschulten Bauernsöhnen Mochel und Schmohl geleitet, wirtschaftlich im wesentlichen selbst tragen sollte.[57] Was sie auf ihrem sezessioni-

---

[56] Schmohl: *Urne Johann Jakob Mochels*, S. 177.
[57] *Einiger vom Dessauischen Philanthropin abgegangener Lehrer Gedanken über die wichtigsten Grundsätze der Erziehung*, S. 556ff.

stischen Landgut verwirklichen wollten, war eine Erzieherkommune mit einer vom Fürsten gewährten „republikanischen" Verfassung, wo sie gemeinsam mit ihren Frauen und ohne Titel-, Vermögens- und Rangunterschiede als ein Bund gleichgesinnter Freunde zu leben gedachten. Diese „gleichgestimmte" Haltung habe in Dessau gefehlt, so daß die Kinder zwischen Verrohung und Dressur immer in die Extreme getrieben worden seien. Hier auf dem Lande wollten sie die Kinder eben nicht, und auch dies ist eine verdeckte Kritik an den „rationalen" Kollegen, zu „Maschinen" und „Marionetten" umerziehen. An die Stelle von Befehlen und Verboten sollten Liebe und Zuneigung treten. Auch ging es ihnen wesentlich darum, über den engen Kreis der Zöglinge hinauszuwirken. So dachten sie zum Beispiel daran, kluge Bauernkinder in einer „landwirtschaftlichen Weinbau-, Ackerbau- und Baumzuchtschule"[58] zu tüchtigen Landleuten fortzubilden. Die Hälfte ihres Buches ist deshalb – hier sind die Genies ganz Physiokraten – den Methoden der Landwirtschaftsverbesserung gewidmet. Welch hohe Meinung sie von der kulturellen, moralisch-sittlichen Wirkung und der sozialisierenden Kraft der produktiven Landarbeit hatten, wird auch in ihren Äußerungen in Bezug auf die Judenfrage und die Toleranzpolitik in Dessau deutlich. In diesem Punkt gingen sie schon über die physiokratischen Klassiker mit ihrer Einteilung in sterile und produktive Klassen hinaus: „Noch treiben die Juden in Dessau keinen Ackerbau, sind noch keine zunftsmäßigen Handwerker, keine Kaufleute, keine Professoren, keine Hofräthe – sondern immer noch die alten Schächers, die sie waren." Kurze Zeit später stieß Schmohl zum sozial-ökonomischen Kern der Judenfrage vor, wenn er schrieb: „Bürgerrecht und liegendes Eigenthum müssen sie haben, wenn sie dem Staat wahren Vortheil bringen sollen."[59]

In ihrer dickleibigen Programmschrift entwickelte Mochel 1778 das gemeinsame Erziehungsmodell, das, aufbauend auf Herder, neben der Erziehung zur Vernunft gleichberechtigt die Entwicklung der Empfindungsfähigkeit berücksichtigen sollte. Ziel der

---

[58] Ebd., S. 92f.
[59] Schmohl: Kameralistische Reise durch das Fürstenthum Anhalt. In: *Sammlung verschiedener Aufsätze*, S. 399.

Erziehung war für die Junglehrer nicht die Einpassung der jungen Menschen in die „bürgerliche Gesellschaft", sondern deren Glückseligkeit. Glückseligkeit aber, so Mochel, „besteht in einer angenehmen Empfindung, oder vielmehr in einer dauerhaften Reihe derselben, die dem Grade nach desto vollkommener ist, je weniger sie unterbrochen werden".[60] Um dem nahe zu kommen, suchten die jungen Elsässer verbissen nach einer Verbindung zwischen Pädagogik und Befreiung aus den restriktiven bürgerlichen Normen, die das Landleben vermitteln sollte. Dabei wollten sie die Sehnsucht nach Befriedigung der körperlichen und sinnlichen Bedürfnisse zur entscheidenden Triebkraft der Erziehung machen. Für die Junglehrer stand noch vor Bahrdts Versuchen außer Frage, daß hier Mädchen und Jungen gemeinsam erzogen werden müßten. Während etwa Campe vor den Kindern die Nacktheit tabuisierte, meinten die Genies ganz und gar unprüde, daß die Kinder schon früh die Schönheit des menschlichen Körpers entdecken und „schlechterdings auch oft und viel nach nackenden lebendigen Modellen von beyderley Geschlecht zeichnen" sollten. Mochel trat in seinen postum veröffentlichten Aufsätzen zugleich offen für die Rehabilitierung der ehelichen Sexualität und Erotik ein und erklärte die „Wollust des Beyschlafs" der Eheleute und die Zeugung von Kindern „zur mächtigsten Triebfeder der ganzen Moral" und „allerhöchsten Heldentugend". Geschlechtsliebe galt ihm so (wie fast zeitgleich Hamann und dann viel später erst wieder Friedrich Wilhelm Basilius von Ramdohr oder den Romantikern) nicht als ungebändigte Natur und somit als Gefahr der menschlichen Gesellschaft, sondern als höchste Form der Gottesverehrung. Diesen Genuß gelte es zu verfeinern und für die Erziehung zur Moralität nutzbar zu machen. Mochel lehnte deshalb das Verbot und die gewaltsame Ausrottung der Onanie sowie das schamhafte Verstecken des menschlichen Körpers entschieden ab. Durch das Fühlbarmachen des künftigen Genusses der Sexualität in der Ehe, die nur durch gesunde, nicht durch „Selbstbefleckung" „geschwächte" Menschen erfahrbar sei, meinte er, die Jugendlichen von allzu extensiver Masturbation abhalten zu können.

Leider konnten die „Genies" ihre Theorie nicht in der Praxis aus-

---

[60] *Johann Jacob Mochels Reliquien*, S. 40, 44 ff., 233.

probieren. Die Gründe, warum der Markgraf das Angebot wieder aufhob, sind noch unbekannt. Die Programmschrift sucht schon einen anderen aufgeklärten Fürsten als Träger des Instituts. Simon und Schweighäuser versuchten nach Mochels frühem Tod, Teile der Konzeption in Straßburg und Neuwied umzusetzen. Simon wurde übrigens, nachdem er Privatlehrer des jungen Metternich war, später zu einem führenden Jakobiner in Frankreich und Mainz. Der Kommunegedanke, der eine Harmonie von Ökonomie und Natur, von Empfindsamkeit und Vernunft anstrebte, in dem Ansätze hierarchischer, ökonomischer und geschlechtlicher Gleichheit sowie eine positive Setzung sexueller Energien anvisiert wurde, fand dagegen in Deutschland kaum Nachfolger.[61]

Erst ein Jahrzehnt später trat Franz Heinrich Ziegenhagen mit seiner Idee einer Erziehungskommune auf.[62] Ihm, der ebenfalls ein Elsässer war und den sein Weg für kurze Zeit auch ans Philanthropinum nach Dessau geführt hatte, schwebte, wie Chodowieckis bekannter Kupferstich in seiner *Verhältnislehre* zeigt, als Ort seines Erziehungsinstituts ein Landgut vor, auf dem nicht nur die Kinder, wie in griechischen Idyllen, ohne Verklemmung nackt herumtollen und sich sportlich ertüchtigen, sondern auch die Tiere wie in den traditionellen Paradiesvorstellungen ungezügelt auf der Weide herumspringen. In sexueller Beziehung ging er übrigens nicht so weit wie die Genies. Ziegenhagens Versuche fanden bei seinen Zeitgenossen ebensowenig Resonanz wie die auf Abschaffung jeglichen Privateigentums abzielenden sozialutopischen Pläne des Radikal-Rousseauisten Carl Wilhelm Frölich auf seinem Gut Scharfenbrück.[63] Wie bei den Junglehrern und bei Ziegenhagen ist der eigentlich „ökologische" Gedanke, also der eines harmonischen Ausgleichs zwischen Natur und Mensch, eingebettet in ein Konzept, das vor allem die Lebensbe-

---

[61] Von den utopischen und exotischen literarischen Entwürfen etwa eines Carl Ignaz Geiger oder eines Georg Friedrich Rebmanns sei hier einmal abgesehen. Vgl. J. Hermand: *Grüne Utopien in Deutschland*, S. 36f.

[62] Vgl. Gerhard Steiner: *Franz Heinrich Ziegenhagen und seine Verhältnislehre. Ein Beitrag zur Geschichte des utopischen Sozialismus in Deutschland*, Berlin 1962.

[63] Carl Wilhelm Frölich: *Über den Menschen und seine Verhältnisse*. Hrsg. von Gerhard Steiner, Berlin 1960. Vgl. auch Gerhard Steiner: *Der Traum vom Menschenglück*, Berlin 1959.

dingungen der unteren Stände verbessern sollte. Die Verbesserung der ökonomischen Bedingungen und damit die effektivere Nutzung des Bodens mußte für Frölich nicht notwendig im Widerspruch zu den Freiheit und Gleichheit verheißenden Idealen der schönen Natur stehen.

1793 war in der *Berlinischen Monatsschrift* ein Artikel des sächsischen Hausmarschalls Joseph Friedrich zu Racknitz erschienen, in dem dieser für die Rehabilitation des Regelmäßigen, Übersichtlichen und Geordneten in der Gartenkunst eintrat und sich gegen die alleinige enthusiastische Nachahmung einer bewußt unkünstlichen Natur-Landschaft aussprach. Zur Zeit der Revolution im benachbarten Frankreich warb er jovial dafür, daß die städtisch-ständischen und fürstlichen Rechte auf Repräsentation weiterhin legitim seien, da der Europäer doch wesentlich „gesellschaftlicher und kultivierter, als der ungebildete Sohn der Natur in fremden Welttheilen" sei.[64] Gegen einen praktischen Rousseauismus wandte er ein, daß es lächerlich sei, von einem Fürsten zu verlangen, sich keinen Palast mehr bauen zu sollen, dem Städter seine Bequemlichkeit zu rauben und ihm eine unbequeme Hütte auf dem Lande anzuweisen. Als Vorschlag zur Güte empfahl er, daß man ja die Übertreibungen des Französischen Gartens, wie die beliebten Taxuspyramiden und Hecken, beiseite lassen, die Mauern abreißen und „den freien Zugang" erlauben könne.

Diesen kulturellen, ästhetischen und politischen Versuch einer konservativen Rettung des französischen Gartens nahm Frölich sofort in Wielands *Neuen Teutschen Merkur* mit seinen *Gedanken über Gartenkunst* zum Anlaß einer entschiedenen Gegendarstellung. Nicht die Zweckrationalität, so argumentierte er gegen Racknitz, dürfe im Mittelpunkt stehen, sondern die „edlere Vollkommenheit", welche „Nützlichkeit" und „Güte" zu harmonischer „Schönheit" verbinde. Der französischen Gartenkunst warf er vor, daß sie „die Baukunst mit Lineal und Winkelmaas in ein fremdes Gebiet eingeführt" und damit dem Reich der Natur eine rationale Berechenbarkeit aufgezwungen habe. Als Beispiel dafür führte er „Pyramiden von Buchsbaum" sowie Truthähne an, „die den Zorn

---

[64] Gedanken über die regelmäßigen Französischen und sogenannten Englischen Gärten. In: *Berlinische Monatsschrift*, 1. Stück, 1793, S. 72.

nicht auskollern können, [weil] man ihre Natur so unsinnig eingeschnürt hat".[65] Unbeirrt argumentierte er gegen die „verstümmelnde" und „verkrüppelnde" Kunst und erkannte – wie die empfindsamen Genies – den Naturgegenständen menschliche Empfindungen zu. Natur im französischen Garten „trauert", schrieb er, weil sie „kein gemeinschaftliches Band verschwistert hat". Ein schöner Garten solle daher „der verjüngte Maßstab einer schönen Landschaft" sein. Wahre Kunst „kennt die Natur und folgt ihr, nicht dadurch, daß sie diese kopiert; sondern daß sie, vertraut mit ihrem Geiste, genau so verfährt, wie die Natur verfahren haben würde". Schließlich bemühte er als letztes Argument die Empfindung, die er gegen die Vernunft und Selbstverliebtheit des Menschen ins Feld führte:

> Ein einfaches kunstloses Herz ist längst darüber entschieden, welche Scenen der Natur ihm wohl thun oder nicht: und die Schöpfungen unserer Fantasie – sie tragen noch alle die Spur; wie sehr der Mensch in sein Machwerk verliebt ist – werden auch hier, nach wie vor, *die Kultur unserer Gefühle an die Wahrheit verrathen*.

Immer kritischer trat Frölich dann den bürgerlichen Tugenden entgegen, wie sie von den rationalen Philanthropen in der Pädagogik sanktioniert worden waren. Ein „Bürgerlicher" war für ihn nun ein Mensch, der mit dem Gefühl auch den Sinn für die Schönheiten der Natur veroren habe. Frölich hielt deshalb im Umgang mit der Naturlandschaft einen rein kommerziellen Umgang für ganz und gar verwerflich. Deutlicher als die Junglehrer entdeckte er zwanzig Jahre später bereits die verheerenden Auswirkungen einer nur auf Verwertbarkeit ausgerichteten bürgerlichen Naturanschauung. „Ihr seyd alle Kaufleute, treibt mit der Natur Handel, woilt, nein! wollt nicht, müßt immer von ihr bar und blank gewinnen", heißt es 1802 in seinem *Gemälde nach der Natur*. Nur dem Menschen, der sich die Empfindsamkeit des Künstlers bewahre, gestatte die Natur einen Einblick in ihre Geheimnisse. „Aber wie fremde ist diesem Geiste jener kameralistische Blick in

---

[65] C[arl]. W[ilhelm]. Frölich: Gedanken über die Gartenkunst, veranlaßt durch einen Aufsatz des Freiherrn von Racknitz. In: *Der Neue Teutsche Merkur*, 2. Stück, 1793, S. 414. Die folgenden Zitate stehen auf S. 415 und 416.

die Natur, den die bürgerliche Erziehung in uns so frühe schärft. Bringts denn, lohnts denn auch?"⁶⁶

Natur als Privateigentum: Der fürstliche Wald als Feind des Bauernstandes

Interessant für unseren Zusammenhang sind die theoretischen Ableitungen, die der frühere Mitbruder Johann Christian Schmohl nach intensiven persönlichen Kontakten mit Isaak Iselin, dem Lenz-Betreuer Johann Friedrich Oberlin und Johann Heinrich Pestalozzi, ausführlichen Wanderungen durch die Schweiz, das Elsaß, Baden und andere Teile Deutschlands sowie kameralistischen und juristischen Studien in Halle zog. Gerade die Erfahrungen, die er beim Studium der Lebenssituation der unteren Bevölkerungsschichten, in der Diskussion mit Iselin, Oberlin oder Pestalozzi über Wirtschaft und Armenwesen sowie in zähen juristischen Auseinandersetzungen um die Privatisierung der Gemeinheiten und die Einschränkung von Trift, Hutung und Jagd in seinem Heimatländchen Anhalt-Zerbst machen mußte, führten ihn zur Erkenntnis, daß das Übel der schlechten sozialen und wirtschaftlichen Verhältnisse nicht mit einem pädagogischen Landkommunekonzept, durch „ökologische Emigration" in die Naturlandschaft bekämpft werden könne. Schmohl erkannte, daß die sozialen Probleme der Zeit, wie die Hungersnöte, die Landarmut, das Judenproblem und anderes nicht durch Erziehung oder empfindsame Naturutopiekonzepte gelöst werden könnten. Nur eine an der Praxis geschulte, empirisch überprüfte ökonomische Wandlung, eine neue „Reformation", die auch alte soziale Strukturen aufbrechen müsse, könne hier wirkliche Abhilfe schaffen. In unglaublich kurzer Zeit entwickelte er sich aus einem „Genie" mit ausgeprägter Naturempfindsamkeit zu einem der tiefgründigsten Wirtschaftstheoretiker und radikalsten Demokraten und Frühjakobiner in Deutschland.⁶⁷ Noch 1775 veröffent-

---

⁶⁶ C. W. Frölich: *Gemälde nach der Natur*, Berlin 1802, S. 106 und 113.
⁶⁷ Zu Johann Christian Schmohl gibt es bisher nur die kurze Spezialuntersuchung von Philip Merlan: Parva Hamannia (II). Hamann und Schmohl. In: *Journal of History of Ideas* 10/11, 1949/50, S. 567-574. Vgl. neuerdings das kurze Nachwort

lichte er in Klopstockscher Manier Hymnen und Oden, später entschuldigte er sich dann für seine „ökonomische" Sprache, von der er aber hoffte, daß sie von Lesern, die „Sachen lieben" und „denken und empfinden" können, verstanden werde. Schmohl war nicht nur der erste in Deutschland, der das revolutionäre Wirtschaftskonzept von Adam Smith begriffen hatte, sondern auch der erste, der es kämpferisch als Speerspitze für die untersten Stände gegen die Fürstenwillkür, aber auch gegen den bürgerlichen Geschäftsgeist einsetzte. „Ökologisch" wie ökonomisch schloß er sich eng an Adam Smith an, der in der Natur wie in der Ökonomie letztlich eine natürliche Harmonie sah, die keinen Eingriff mehr von Oben benötige. In der Natur und in der Ökonomie stelle sich im Spiel der Kräfte die Glückseligkeit von selbst her. Dieses philosophisch begründete Laissez-faire-Denken, das dann im Wirtschaftsliberalismus zur gnadenlosen Ausbeutung der Natur umgebogen wurde, führte Schmohl zwar weg von einer poetischen mit- und einfühlenden Naturbetrachtung, gab ihm aber ein Verständnis für ökonomische und politische Zusammenhänge, mit denen er gegen die Knechtschaft der Armen ankämpfte und schließlich kompromißlos für Demokratie und Republikanismus eintrat. Mit seiner Abwendung vom Physiokratismus und dessen ökonomischer und philosophischer Hochschätzung der Natur als der einzigen wertproduzierenden Kraft, vollzog Schmohl auch als einer der ersten ganz bewußt die moderne Trennung von Ökonomie und Ökologie. Im Kampf für die unter immer unerträglicher werdende Auspressung leidenden Massen, verlor der Sohn eines anhaltischen Kossäten den Blick für die Unterdrückung der Natur genauso wie den Anspruch auf ganzheitliche Selbstverwirklichung des Menschen in einem harmonisch gesehenen Naturzustand. Die Zusammenhänge zwischen beiden kamen ihm, wie der gesamten linken Bewegung des folgenden Jahrhunderts, nicht mehr in den Blick. Der Kampf für soziale und ökonomische Rechte überlagerte alles andere, denn: „In Europa ist itzt die Sklaverei – nicht namentlich, aber der Sache nach – größer als ehemals."[68]

---

von Reiner Wild. J. C. Schmohl: Über Amerika und Demokratie. (1782), St. Ingbert 1992, S. 97–104.
[68] J.C. Schmohl: Von dem Ursprunge der Knechtschaft in der bürgerlichen Gesellschaft. In: *Berlinische Monatsschrift,* 1783, 1. Band, S. 343.

Schmohl übte nun auch folgerichtig scharfe Kritik an der seiner Meinung nach übertriebenen Empfindsamkeit, der auch er im Jünglingsbund angehangen habe. Auch die Freizügigkeit der Elsässer in sexuellen Dingen verurteilte er jetzt scharf. Er folgte damit der Zeittendenz, die mit Goethes *Triumph der Empfindsamkeit* (1778/79 bzw. 1786) beginnt, Kritik an der empfindsamen Landschaftsgartenkunst wie an empfindsamer Erotik zu üben. Nach praktischen sozialen und ökonomischen Wegen für ein breiteres Volkswohl suchend, kritisierte er die gemeinsame empfindsame Vergangenheit am Philanthropinum. Bei einem späteren Besuch am Philanthropinum in Dessau schrieb er nicht ohne einen Anflug von Trauer rückblickend:[69]

> Denn es ist nicht zu läugnen, daß die Vertraulichkeit zu meiner Zeit zu groß war, und sich mit etwas Empfindsamkeit tingirte. Es ist auch nichts natürlicher als daß die Schärmerey, die zur Zeit der ersten Stiftung im Institut herrschte, wo man in der Sache selbst, im Erziehen, im Umgang mit den Kindern sein einziges Glück fand, nach und nach alles ins gewöhnliche Gleis zurückfalle, wo man pflichtmäßig, wie in andern Schulen für bestimmte Besoldung, bestimmte Geschäfte verrichtet, und wenn nicht weniger, doch auch nicht mehr thut als man schuldig ist.

Mit der Abwendung von der Poesie aber verschwand auch der empfindsame Zugang zur menschlichen Seele wie zur anthropomorph gesehenen Natur. Indem Schmohl seine urchristlichen und patriotischen Vorstellungen der Befreiung der Armen von der Knechtschaft des Adels und des Geldes mit ökonomischer Analyse verband, geriet ihm die Natur als Ganzes kaum mehr in den Blick. Nach wie vor teilte er zwar aus Haß gegen Fürstenwillkür die Ablehnung des französischen Gartens in der Gartenkunst.[70] Die Landschaftsgartenkunst mit ihren libertären, egalitären sowie naturempfindsamen Verheißungen stellte für

---

[69] Schmohl: Kameralistische Reise durch das Fürstenthum Anhalt. In: J. C. Schmohl: *Sammlung von Aufsätzen verschiedener Verfasser besonders für Freunde der Cameralwissenschaften und der Staatswirthschaft*, Leipzig 1781, S. 391 f.
[70] Ebd., S. 412.

ihn kein revolutionäres kulturelles Potential mehr dar. Sie sei etwas für Ästheten und Kunstkenner, könne aber vom kameralistischen Reiseschriftsteller ignoriert werden. Die einzige Idee, die ihm bei einem späteren Besuch des berühmten Vogelherds (Luisium) bei Dessau, eines Parks mit im Großgehege frei herumlaufenden Tieren kam, in dem sie früher als Lehrer oft mit den Zöglingen weilten, war denn auch die, die unnützen Kastanien und Eichen mit Eßkastanien zu pfropfen. Mit der Aufgabe der empfindsamen Naturbetrachtung und der immer wissenschaftlich-sachlicher werdenden Untersuchung der Natur und Landwirtschaft, verlor sich auch das empfindsame Mitgefühl mit den Pflanzen und Tieren, wie es bei den „Genies" symptomatisch gewesen war.

Angesichts der Hungersnöte der Bauern in Anhalt-Zerbst, denen Schmohls ganzes solidarisches Interesse gehörte, engte sich sein Interesse zunehmend auf die ökonomischen Fragen ein. Der Philanthrop wandelte sich somit zunehmend vom Naturfreund zum Menschenfreund. Wenngleich er nun erkannte, daß jede Arbeit wertschöpfend sei, so hielt er doch an der Überzeugung fest, daß das gesamte Staatsgebäude letztlich auf dem Bauernstand fuße. Ihn zu bilden und seine soziale Lage zu verbessern, müsse die erste Aufgabe des Staates sein. In diesem Sinne argumentierte er für eine Zurückdrängung des (fürstlichen) Waldes in Anhalt-Zerbst zugunsten der Ackerbaufläche der Bauern. Er kam so auf den zentralen ökologischen Interessenkonflikt der Zeit zu sprechen.[71] Der Wald des Fürsten, so stellte er kritisch fest, würde einerseits zur nutzlosen Mästung von Tieren für die Jagd mißbraucht. Aber auch nach statistischen Preisberechnungen sei die extensive Holzproduktion im fürstlichen Wald im Gegensatz zum Ackerbau sowohl für die Kammer als auch für den fronenden Bauern unwirtschaftlich. Daher übte er scharfe Kritik an der Forstpolitik im Lande. In seinen *Antiphysiokratischen Briefen* von 1780 entwickelte er als erster in Deutschland das kapitalistische Wertgesetz.[72] Es sei nicht, wie die Physiokraten angenommen hatten,

---

[71] Viele der Schmohlschen Argumente stützen die Ergebnisse von Joachim Allmann: *Der Wald der frühen Neuzeit*, Berlin 1989, S. 129 ff.

[72] Schmohls Studie ist von der wirtschaftshistorischen Forschung wegen der

erläutert er zynisch-triumphierend seinem ehemaligen Lehrer Iselin, die Natur, die alle Werte hervorbringe, die Arbeit allein sei wertschöpfend. „Die Arbeit selbst oder ihr Nutzen bestimmt also ihren Preis, und vom Arbeiter kommen die wahren Befriedigungsmittel menschlicher Bedürfnisse her. Der Arbeiter hat den reinen Ertrag, er mag Bauer oder Handwerker seyn."[73] Schließlich komme es auch nicht darauf an, wie die merkantilistische Wirtschaftsauffassung behaupte, „ob das Geld im Lande bleibt, sondern darauf, wers hat, und wozu es gebraucht wird".[74] Der Sprung von dieser Position bis zur Forderung nach Abschaffung des parasitären Adels ist dann auch nicht mehr weit. Ohne noch auf die Garten-Eden-Idyllik zurückgreifen zu müssen, gaben ihm das Wertgesetz und der Gedanke der produktiven Klasse den demokratischen Schlüssel in die Hand. Eigentlich wäre es vernünftig, daß die Regierung nach Leistung gewählt werden müsse; nicht die Geburt solle darüber bestimmen, wer Fürst sein soll. Wenn jedoch die arbeitenden Menschen die produktive Klasse stellten, seien extensive Forstmaßnahmen um so verachtenswürdiger, je mehr sie dem „Luxus" des Fürsten dienten. Paradigmatisch für die Aufwendungen in der Jagd und damit für den Wald sowie die Tierhaltung für die „schlechten" Fürsten kann das Urteil gelten, das Friedrich Christian Laukhard über Carl II. August von Zweibrükken fällte, der für über vierzehn Millionen Gulden eine Schloßanlage mit Platz für 1000 Pferde und 800 Hunde mit riesigen Gartenanlagen zur Zucht exotischer Pflanzen bauen ließ: „Dieser war bekanntlich ein Freund der Jäger, der Jagdhunde, der Frauenzimmer, der Katzen und der Eulen, aber ein Feind seiner Unter-

---

schwierigen Quellenlage bisher unbeachtet geblieben. Er taucht bisher nur mit seinen hochgeschätzten *Vermischten land- und staatswirtschaftlichen Ideen* (*Deutsches Museum*, 1781, Bd. 1, S. 37–53) auf. Vgl. etwa Kurt Braunreuther: *Die Bedeutung der physiokratischen Bewegung in Deutschland in der zweiten Hälfte des 18. Jahrhunderts. Ein geschichtlich-politökonomischer Beitrag zur „Sturm- und Drang"-Zeit*, Diss. (masch.) Humboldt-Universität Berlin 1955, S. 214ff.

[73] Antiphysiokratische Briefe an Herrn Rathsschreiber Iselin über Mauvillons physiokratische Briefe an Herrn Kriegsrath Dohm. In J. C. Schmohl: *Sammlung von Aufsätzen verschiedener Verfasser*, S. 125.

[74] Kameralistische Reise durch Anhalt. In: Ebd., S. 366.

thanen."[75] Ebenso zugespitzt reagierte Schmohl gegenüber „seinem" Fürsten von Anhalt-Zerbst, den er und seine Regierung, in zunehmendem Maße, aber auch die anderen „schlechten" Fürsten mit ätzender Verachtung überhäufte.[76] Er berief sich dabei auf seinen Bekannten Pestalozzi, der als freier Schweizer alle Deutschen „Fürstenknechte" genannt hatte.

Implizit kam Schmohl so zur Erkenntnis, daß es für den armen Bauern oder armen Handwerker keine „Natur" schlechthin gebe. Sie gehöre stets jemandem. Der Besitzer könne damit den armen Bevölkerungsschichten nützen oder Schaden stiften. Während in Amerika die „unnützen" Ulmen oder Eichen als Freiheitsbäume den selbstbewußten Kampf der mit der Landschaft sich verbunden fühlenden Kolonisten gegen die Bevormundung und Ausbeutung durch das Mutterland England symbolisierten, erschienen sie den Bauern in Anhalt-Zerbst, denen sie den Boden für die Nutzpflanzung entzogen, fast wie „Klassen"-Feinde. „Ein Edelmann im Dorf und eine Eiche im Garten nutzen gleich viel, pflegte mein Vater zu sagen", meinte der Bauernsohn Schmohl, der stolz auf seine widerborstige wendische Abstammung verwies. Daß Holz die Haupteinkunft des Fürstentums sei, war für ihn der „Beweis einer sehr niedrigen Kultur und sehr geringer Bevölkerung". Das ganze Land sei zu zwei Dritteln mit Wald (Eichen, Fichten, Buchen, Birken, Erlen, Rüster- und Dornenbüschen) bedeckt. Wenn trotz der im Vergleich zum Berner Gebiet viermal geringeren Bevölkerung, die Menschen vor Hunger gezwungen seien, russische oder amerikanische Kolonisten zu werden, sei das eine himmelschreiende Schande. Das Holz müsse „forstwissenschaftlich", also intensiv angebaut werden, der Landwirtschaft und dem Obst- und Gemüsebau durch Aufhebung der Gemeinheiten, der Hutung und Trift aufgeholfen werden. Anstatt sich darum zu

---

[75] Friedrich Christian Laukhard: *Leben und Schicksale*, Leipzig 1796, Bd. 2, 3. Teil, S. 447.
[76] Den Fürsten Franz im Nachbarländchen Anhalt-Dessau nahm er davon genauso aus wie den Markgrafen von Baden. Vgl. Brief an Herrn Pstlzz. zu Neuhof bey Brugg im Bernergebiet über den Zustand der Landwirtschaft und des Bauernstandes im Fürstenthum Az. In J. C. Schmohl: *Sammlung von Aufsätzen verschiedener Verfasser*, S. 199–340, hier S. 293. Folgende Zitate auf S. 208, 227, 228, 231, 229.

kümmern, begünstigten der Fürst und die Kammer ausschließlich die Wälder. Das üppig sich vermehrende Waldwild verwüste die Felder, ohne daß sich die Bauern mit Flinte oder Zaun dagegen wehren dürften. Schließlich aber vertriebe der Wald die Bauern: „Die Bäume sind wie Könige und Götter unserer Erde, zwingen die Bauern mit ihren Pflügen dahin zu ziehen, wo sie Platz gemacht haben und lassen sich auf schönem Fruchtland nieder." Die Kammer solle sich ruhig um das Wild und den Wald kümmern. Sie interessiere sich aber für das Wild und die Bäume viel mehr als für den Menschen, die Obstbaumzucht oder die Landwirtschaft.

Zwar stimme es, so argumentierte Schmohl weiter, daß es Holzmangel in Frankreich, im südlichen und westlichen Deutschland gebe, so daß man auf die Anlegung neuer Wälder dränge. Von einem allgemeinen Holznotstand könne aber nicht die Rede sein. Außerdem solle man den „immer greulicheren Flottenbau" einschränken und Häuser aus Stein bauen. Angesichts der falschen Politik des Fürsten vertraute Schmohl von nun an der „Logik" des Marktes. Auch der Wald müsse sich nach Angebot und Nachfrage richten. Extensive Waldwirtschaft, die überwiegend der Jagdleidenschaft des Fürsten diene, sei unproduktiv im Gegensatz zur effektiveren Landwirtschaft. „Es ist ja augenscheinlich, wo viel Wild ist, muß auch viel Wildnis seyn, wo viel Wildnis ist, sind wenig Menschen – denn Menschen fressen kein Gras, wie die F. [Fürsten] doch auch wissen könnten, wenn sie Menschen wären." Es sind also die Lebensbedingungen, die die Bauern zwängen, Feinde der Wildnis zu sein. Wo der Bauer aus der natürlichen Einheit ausgeschlossen werde, da wehre er sich. Die „Unempfindlichkeit" der Fürsten sei dafür verantwortlich. Sie seien schadenfroh und grausam.

Ganz offenbar war die geographische Sicht im 18. Jahrhundert noch wesentlich kleinflächiger als heute. Kleinstaatliches kamerales Denken ließ noch keinen überregionalen ökologischen Blick aufkommen. Die Entfernung zwischen Dessau und Halle ist heute ein Katzensprung, damals trennten beide Städte nicht nur Ländergrenzen. Ökonomisch und ökologisch wurden selbst die winzigsten Fürstentümer und Ländchen noch nicht zusammengedacht. Daß die Salzsiederei in Halle, die viele Jahrhunderte nur mit Holzfeuerung durchgeführt wurde, die Gegend in Richtung Bernburg und Köthen sowie Weißenfels und Leipzig fast völlig kahl und baumlos gefressen habe, empfand Schmohl als sehr furchtbar. Er äußerte sich daher begeistert, als man anfing, die verkarsteten Hügel wieder mit „allerley Waldungen" zu überziehen. Daß man rund um Halle Steinkohlenvorkommen gefunden habe, hielt er für ein „lange noch nicht genug geschätztes Glück". Den Kohlebergbau empfand er als Surrogat für den Brennstoff Holz noch als reinen Segen für Mensch und Natur und noch nicht als ihren Gegner. „Fühlt man diesen Nutzen derselben, so lebhaft; welche Wonne genießt man, indem man die Schachten durchfährt und die dunkeln Hölen tief im Schoos der Erde durchkriecht, obgleich der Schwefeldampf die Lunge beschwert! [...] Was waren wir da nicht glücklich."[77]

Für den Kleinstaat Anhalt-Zerbst hielt er eine extensive Forstwirtschaft politisch, moralisch und ökonomisch für grundfalsch. Er machte dabei auf den Widersinn aufmerksam, daß die Bauern in ihrer Fron Fichten und vor allem Eichen (wegen der Wildfütterung) anpflanzen müßten, andererseits aber gezwungen seien, die Eichen, die von selbst in den Plenterwäldern der Bauern wüchsen, viel zu früh abzuhacken. Überhaupt würden die alten bäuerlichen Rechte, darunter die Waldnutzung, von den Fürsten immer stärker eingeschränkt oder gar ganz abgeschafft. Die Holzbauern seien daher bei weitem die ärmsten innerhalb der Landbevölkerung. Wenn man ihnen nicht erlauben würde, auch andere Waldungen als Eichenwälder zu pflanzen, die sie wegen der Wildfütterung nur mit Erlaubnis der fürstlichen Kammer fällen dürften, müßten sie zwangsläufig verhungern.[78] Solch ein unhaltbarer Zustand, so sein abschließendes, schon dezidiert ökologisches Argument, könne zwar einen plötzlichen Mangel an Bauholz vermeiden, letztlich würde aber durch den geringeren Anwuchs der Nachwelt dauerhafter Schaden zugefügt.

Schmohls solidarischer Blick von unten ließ ihn auch in anderer Beziehung eine andere Haltung als seine philanthropischen Kollegen Campe und Salzmann oder Ärzten wie Vogel einnehmen.

---

[77] Vgl. Kameralistische Reise durch das Fürstenthum Anhalt. In: *Sammlung von Aufsätzen*, S. 367f.
[78] Vgl. Vom Dorf- und Bauernrecht. In: Ebd., S. 424.

Diese rieten nämlich von zu häufigem Fleischgenuß ab. Dies geschah jedoch nicht aus vegetarischen Gründen, wie sie vereinzelt von rousseauistischen Stimmen im Umfeld der französischen Revolution vertreten wurden,[79] sondern weil sie vom Fleischgenuß eine gefährliche sexuell stimulierende Wirkung befürchteten. Im Gegensatz dazu meinte Schmohl, daß Fleisch für den Bauern eine kräftige Nahrung sei.

Er bemühte dafür sogar ein biologisches Argument, daß nämlich Tiger, da sie Fleischfresser wären, stärker als Auerochsen seien. Außerdem sei derjenige, der Fleisch esse, nicht nur kräftiger, sondern auch glücklicher. Schmohl vertrat auch im Hinblick auf den Kaffeegenuß nicht asketische und spartanische Anti-Luxus-Thesen, sondern hielt an Mochels sensualistisch-hedonistischem Konzept fest: „Die Vielheit der Bedürfnisse macht nicht unglücklicher, wenn wir sie befriedigen können."[80]

Philanthropische Gärten und Plantagen

Die Mehrzahl der Philanthropen, die nicht den „Umweg" über die Empfindsamkeit genommen hatten, traten, wie gezeigt, der Natur von Anfang an vornehmlich praktisch gegenüber. Campes „Zurück zur Natur" sah denn auch anders aus als das der empfindsamen Gartenfreunde. Natur an sich war für ihn „wüst". Erst durch die Hand des Gärtners und Landwirts würde sie nützlich und fruchtbar. „Meine Pfirsichbäume", schreibt er im Frühjahr 1779, Monate nach der Flucht aus Dessau, „wohl dreißig an der Zahl, stehen schon seit acht Tagen in voller Blüte. [...] Ich bin jetzt ganz Landwirt, *behaue Bäume,* mache *wüstes* Erdreich urbar, lege Lauben an und bin dabei mit meinem ganzen Hause so gesund, als wir gewesen sind."[81] Das gleiche Erfolgsrezept wandte er

---

[79] Vgl. Jost Hermand: Gehätschelt und gefressen. Das Tier in den Händen der Menschen. In Ders.: *Im Wettlauf mit der Zeit. Anstöße zu einer ökologiebewußten Ästhetik*, Berlin 1992, S. 58.
[80] Brief an Herrn Pstlzz. zu Neuhof. In Schmohl: *Sammlung von Aufsätzen verschiedener Verfasser*, S. 300.
[81] Jacob Leyser: *Joachim Heinrich Campe. Ein Lebensbild aus dem Zeitalter der Aufklärung*, Braunschweig 1877, Bd. 1, S. 44.

für die Erziehung seiner Zöglinge, Hamburger Bürgersöhne, an. Am 1. Juni 1780 heißt es von seinem Grundstück aus dem Billwerder Anschlag am Hammerteich aus in einem Brief an Lessing: „Ich selbst, meine Frau, meine drei Gehilfen und meine zwölf herrlichen Knaben wissen fast nicht mehr, was Krankheit ist, weil wir, soweit der leidige Überlauf von Besuchern und Beschauern aus der feinen Welt – diese Hauptplage meines Lebens – es uns erlaubt, uns immer mehr und mehr in die Grenzen der einfachen Natur zurückzuziehen."[82] Einfache Natur war für Campe kein sentimentalischer Empfindungsraum, sondern Ort praktischer Gesundheitserziehung.

Der Paradiesgarten der empfindsamen Aufklärung hatte die Fruchtbaumzucht und den Gemüsebau aus seinem Allerheiligsten ausgeschlossen. Seit den achtziger Jahren wuchs der Paradies-Gedanke für die geläuterte Aufklärung auch in Deutschland aus dem kathartisch-stimmenden Park allmählich – und von der Ästhetik fast völlig unbemerkt – hinein in einen Obstgarten, eine Baumschule oder ein Gemüsefeld.[83] Schmohl versöhnte sich später mit den rationalen Philanthropen in Dessau gerade deshalb, weil sie nun auf vom Fürsten geschenkten Ackerflächen mit den Zöglingen praktische Landwirtschaft betrieben. Der Verzicht auf landwirtschaftliche Betätigung war ja einer der Punkte gewesen, warum die Junglehrer Dessau verlassen hatten. „Nicht allein wegen der ökonomischen Vortheile, die ihm [dem Philanthropinum] damit zuwachsen müssen, sondern hauptsächlich weil man sie gar vortrefflich muß zur physikalischen, gymnastischen, wissenschaftlichen und moralischen Erziehung benutzen können. Pflügen, und eggen, säen, mähen, harken, dreschen, futterschneiden und das wichtigste Theoretische und Praktische des Ackerbaus sollten die Zöglinge lernen."[84] Nach dem Weggang der „Genies" bauten Campe und Salzmann verstärkt diese ländlich-ökonomische Richtung innerhalb des deutschen Philanthro-

---

[82] Ebd., S. 43.
[83] Vgl. M. Niedermeier: *Das Ende der Idylle*, S. 127 ff.
[84] Kameralistische Reise durch das Fürstenthum Anhalt. In Schmohl: *Sammlung von Aufsätzen*, S. 394.

pismus aus, der in der französischen Variante von Anfang an dominiert hatte.[85]
Christian Gotthilf Salzmann hatte nach seiner Zeit am Dessauer Philanthropin 1784 mit Hilfe des Herzogs Ernst II. von Sachsen-Gotha-Altenburg ein Landphilanthropinum in Schnepfenthal aufgebaut, das den ökonomischen Gartenbau zu einem wesentlichen Teil des Erziehungsprogramms werden ließ. In ländlicher Abgeschiedenheit meinte er, ganz seinem Vorbild Campe nacheifernd, seine Zöglinge, die im Gegensatz zu dem Dessauer Institut nicht nur aus der Oberschicht von Adel und Stadtpatriziertum stammten, von den verheerenden Erscheinungen des menschlichen Elends fernhalten zu können. In verschrobener Treuherzigkeit ging er dabei davon aus, daß den naturnahen ackerbauenden Landvölkern in der Geschichte, ja auch noch bis in die Gegenwart hinein, beispielsweise das Hauptelend der empfindsamen Zeit, die Onanie, völlig unbekannt gewesen sei. Nur das schlechte Vorbild der Städter habe sie gelegentlich auf Abwege gebracht. Die natürliche Unschuld des Landlebens müsse man deshalb nutzen und dürfe die Jugend prinzipiell nur auf dem Lande erziehen. Salzmann entwarf darum für die sexuelle Aufklärung über die Fortpflanzung das Erklärungsmuster Pflanze-Tier-Mensch, das bis in die jüngste Gegenwart tradiert worden ist. Wie die Pflanze und das Tier bedürfe der Zögling, „die zarte Pflanze", gesunder Lebensbedingungen. Sie zu erkennen, sich darüber aufzuklären und sie zu garantieren, sei eine Hauptaufgabe des Erziehers. Der Bereich der sexuellen Leidenschaft, der triebhaften Erregung blieb aus dieser Natursequenz freilich ausgeschlossen. Die sexuelle Natur wurde pflanzenmäßig-unerotisch vermittelt. Sie habe man naturwissenschaftlich-rational zu begreifen, nicht zu empfinden. Sexuelle Energien sollten dabei in körperlicher und nützlicher Tätigkeit sublimiert werden. Sport und Gartenarbeit, lautete Salzmanns Erfolgsrezept, um ein Erziehungsinstitut masturbationsfrei zu bekommen. In seinen Schulemblemen, die dann über den Eingangstüren des Schnepfenthaler Schulgebäudes prangten, stand darum nicht von ungefähr der Spaten im Zentrum. Im Stun-

---

[85] Vgl. Bruno Stehle: *Der Philanthropismus und das Elsass*, Straßburg 1913, S. 12 ff.

denplan waren schon in aller Frühe, noch vor dem Frühstück, Schanzarbeiten vorgesehen.

Jeder Zögling bekam über die gemeinschaftlichen landwirtschaftlichen Arbeiten hinaus ein eigenes Beet hinter dem Schulgebäude zugewiesen, für dessen Pflege er allein verantwortlich war. Jeder Besucher, der das Philanthropinum aufsuchte, mußte einen Obstbaum pflanzen. Einmal im Jahr wurde ein großes Kirschfest in der Obstplantage gefeiert.[86] In der ökonomischen Auseinandersetzung mit der Natur lernten die Zöglinge Tugenden wie Fleiß, Ausdauer, Härte. In der Beschäftigung mit ihr gewöhnten sie sich an Disziplin, Ausdauer und Pünktlichkeit. Alle philanthropischen Regeln und Vorschriften standen in mittelbarer oder unmittelbarer Beziehung zur Vermeidung jeglicher sexueller Erregung. Körperliche Gartenarbeit und sportliche Ertüchtigung auf dem Waldsportplatz sollten die Knaben von dem Laster der „Selbstbefleckung" ablenken. Bildliche Phantasien jeglicher Art, die dazu angeregt sein konnten, die Knaben (bei C. C. André, der 1786 in der Nähe des Salzmannschen Instituts auch ein Mädchenphilanthropin eröffnete, auch die Mädchen) auf dumme Gedanken zu bringen, wurden ausgemerzt. Der Gärtner sollte nicht wie jener auf der Titelvignette zu Salzmanns Anti-Onanie-Buch tatenlos dem „Elend" zuschauen, sondern seine Hacke zur Ausrottung der die Gesundheit untergrabenden Schädlinge einsetzen. Auf Bäume durften die Kinder übrigens nicht klettern, weil ihnen beim Herunterrutschen möglicherweise sexuelle Empfindungen gekommen wären.[87]

Das alles bedeutete freilich nicht, daß neben den Nutz-Plantagen die freie Natur, der Wald, die Wiesen usw., nicht auch eine bedeutende Rolle im moralisch-sittlichen Erziehungskonzept Salzmanns gespielt hätte. Bei der Anlage der landschaftlichen Umgebung, den rund ein Dutzend regelmäßigen Obstplantagen sowie den Gemüsegärten rund um die Schulgebäude herum soll Salzmann übrigens die Unterstützung des Gothaer Hofgärtners

---

[86] Auch Goethe und Schiller sollen bei ihren Besuchen daran teilgenommen haben.

[87] Vgl. Christian Gotthilf Salzmann: *Ueber die heimlichen Sünden der Jugend*, Frankfurt und Leipzig 1786, S. 165.

Wehmeyer bekommen haben, der mit dem Gothaer Park einen der frühsten deutschen Landschaftsgärten angelegt hatte. Ein gewisses empfindsames Element fand aber höchstens in Bezug auf den späteren Waldfriedhof Eingang. Pflanzen, Vögel, Bäume wurden gesehen als Teile der göttlichen Schöpfung wie der Mensch, sie zu kennen, zu nutzen und einordnen zu können, war die Pflicht jedes Zöglings. Besucher waren voll des Lobes über die exzellenten botanischen und zoologischen Kenntnisse der Philanthropisten, priesen die Lehrer und Schüler als „äußerst simple Naturmenschen"[88] und rühmten die „kraftvolle und gesunde Jugend":

> Ich nahm selbst Theil an diesen naturhistorischen Spaziergängen. [...] Sie kannten alle Kräuter und Pflanzen, die ich unzähligemal gesehen, deren Namen und Eigenschaften mir aber unbekannt waren. Sie fanden einige Käfer, wußten genau ihre Merkmale und die Classe zu bestimmen, in welche sie gehörten. Ungern enthalte ich mich hier, die Betrachtungen zu wiederholen, die Hr. Salzmann in der angeführten Schrift vom Nutzen und der Nothwendigkeit des Naturstudiums angestellt hat. Aber mit Freude bemerkte ich den Eindruck und Vortheil, welche guthes Beyspiel auf die zarte Jugend haben.

Über die Schwester von Salzmanns Frau, die bei der Familie großgezogen wurde, heißt es dann bezeichnenderweise: „Sie ist seiner Zucht ganz würdig – ohne je eine Schnürbrust gesehen zu haben, schlank und gerade wie eine Tanne – ein unschuldiges Gesicht und frischer Farbe und Unbefangenheit – immer arbeitsam und geschäftig."[89] Daß der Besucher die Tanne als Vergleich anführt, ist kein Zufall. Die Tanne stand hier für Geradheit und Nützlichkeit; wie die bürgerliche Zeitökonomie den Alltag, so begann dieser Baum gerade den deutschen Wald zu erobern. Eine riesige Salzmann-Tanne stand tatsächlich am Ende der Plantage und war Ort symbolischer Verehrung.

---

[88] *Journal von und für Deutschland* 1, 1784, S. 382, folgende Zitate auf S. 382, 383f., 383; Vgl. auch: J. C. F. GuthsMuths: Ueber Beschädigung der Baumplantagen und über Schulplantagen. In: *Bibliothek der Pädagogischen Literatur*. (Gotha). Jg. 1800, 1. Bd., 2. Stück, S. 105–109.
[89] Ebd., S. 383.

Beim Entwurf des zweiten Philanthropinums in Marschlins 1776 hatte Ulysses von Salis in Verbindung mit Lavater einen Tugendhain in die Schweizer Berglandschaft gebaut.[90] Jeden Sonntag stiegen die Knaben zu den Tempeln der Tugenden wie Fleiß, Gottesliebe, Freundschaft usw. auf, um im Angesicht der erhabenen Größe der Natur und im Sinne von Lavaters schwärmerischer Erbauung religiöse moralisch-sittliche Läuterung zu erfahren. Für Salzmann war solch eine Anlage zehn Jahre später nicht mehr notwendig. Natur war schön und nützlich, sie war Tugendtempel genug. Das empfindsame Einfühlen in die einzelne Kreatur, in die Pflanze, in den Baum taucht bei Salzmann nicht mehr auf. Sie alle sind zwar alle vom gleichen Gott geschaffen, aber doch keine Brüder oder Schwestern des Menschen mehr. Schon mit seinem Büchlein *Predigten für Hypochonder* (1778) hatte er einer solchen empfindsamen Haltung eine klare Absage erteilt. Die rationalen Philanthropen verdammten das rücksichtslose Abholzen der Wälder und forderten zu äußerster Bescheidenheit, Sparsamkeit und sorgsamstem Umgang mit den Resourcen der Natur auf,[91] stigmatisierten jede Form von Tierquälerei und waren überzeugt, daß es „sowol ein Thierrecht wie ein Völkerrecht" gäbe.[92] Das Mitleid mit der Kreatur aber fand für sie die Grenze dort, wo es das Nützlichkeitsprinzip des Menschen tangierte: „Sehet der Mensch ist der Herr der Thiere, und hat ein Recht sie zu tödten, sobald ihr Leben ihm schädlich und ihr Tod ihm nützlich ist."[93] Bernhard Heinrich Blasche, ein Lehrer an Salzmanns Institut, faßte dies zusammen: „Die Thiere sind dem Menschen und seinen Zwecken, in so fern diese moralisch sind, durchaus untergeordnet. Wir sind befugt, sie nur als Mittel zu betrachten, keineswegs aber als Wesen, die sich selbst Zweck wären, zu würdigen, welche Würdigung nur

---

[90] Hans-Rudolf Heyer (*Historische Gärten der Schweiz*. Bern 1980) teilte mir freundlicherweise auf Anfrage mit, daß der Tugendhain noch bis zum Beginn des 19. Jahrhunderts bestanden haben soll.
[91] [Christian Carl André]: *Kleine Wanderungen auch Größere Reisen der weiblichen Zöglinge zu Schnepfenthal, um Natur, Kunst und den Menschen immer besser kennen zu lernen*. Leipzig 1788, S. 104ff.
[92] C. G. Salzmann: *Carl vom Carlsberg oder über das menschliche Elend*. Bd. 6, Leipzig 1788, S. 10.
[93] C. G. Salzmann: *Nachrichten für Kinder aus Schnepfenthal*. Leipzig, 1787, S. 73.

sittlich vernünftigen Wesen zukommen kann."[94] In der Nachfolge der Philanthropen entwickelte sich die naturwissenschaftliche Beschäftigung mit Pflanzen und Tieren zu einem festen Bestandteil des Unterrichts, wurde die praktische Arbeit in Schulgärten und Feldern in die Schulbildung integriert.[95]

Diese Entwicklungen fielen zusammen mit einer generellen Trendwende in Europa. Die Land- und Forstwirtschaft wurde immer mehr nach rationalen Gesichtspunkten gestaltet. Empfindsamkeit für Pflanzen und Tiere verlor im bürgerlichen Bewußtsein, vor allem in der ersten Hälfte des 19. Jahrhunderts, jede Resonanz. Im Gegenteil, für die „aufgeklärten" Garten- und Landbesitzer wurde es nun zur gemeinnützigen Aufgabe, die Natur in einen nützlichen und einen schädlichen Teil zu zerlegen, sie also keineswegs mehr „ökologisch" oder in Goethes Sinn „morphologisch" zusammenzudenken. Und sie unterzogen sich dieser Herausforderung mit allem Eifer. Von den Büchern bzw. Nachauflagen zur Schädlingsvertilgung etwa, die zwischen 1750 und 1850 veröffentlicht worden sind, entfielen nach meinen Erkenntnissen auf die Zeit von 1750 bis 1770 zwei, von 1770 bis 1800 neun, von 1800 bis 1820 dreizehn, von 1830 bis 1850 aber einundachtzig. Als Sprachregelung setzte sich allmählich das euphemistische „Vertilgen" gegen das sachliche „Töten" durch, auch wurden nun die Schmetterlinge, Würmer, Käfer, Spinnen, Raupen, Ameisen und anderen Insekten als „Ungeziefer" und die Marder, Ratten, Mäuse nun als „Feinde" denunziert, die es auszurotten gelte. Dies ging natürlich in eifrig bürgerlicher Weise nicht, ohne zu den mit wissenschaftlicher Akribie auszurottenden Schädlingen noch gleich eine ausführliche „Naturgeschichte" mitzuliefern. Besonders die Zeit der politischen Restauration, des Biedermeier und Vormärz ist daher überreich an Bekämpfungsliteratur. Nachdem in feudaler Zeit aus bekannten Gründen nichts gegen den Wild-

---

[94] B. H. Blasche: Ueber die Behandlung und Benutzung der Thiere in pädgogischer Hinsicht. In: *Bibliothek der Pädagogischen Literatur*, Jg. 1800, 3. Bd., 3. Stück, S. 326.
[95] Vgl. etwa: Johann Gottlieb Fritzsche: *Der Gesellschafter für die Jugend auf ländlichen Spaziergängen*, Dresden, 1801–1810, und Hanns Friedrich Pohl: *Der botanische Kinderfreund, oder botanisches Lehr- und Lesebuch für die Jugend und Pflanzenliebhaber aus allen Ständen*, Leipzig 1797.

fraß unternommen werden durfte, entstand nun im 19. Jahrhundert auf Seiten der Bourgeoisie eine regelrechte Jagdleidenschaft auf die Kleintiere, und zwar in dem aufgeklärten Bewußtsein, sie auf gemeinnützige Weise als Feinde zu bekämpfen. Auch der bürgerliche Gartenbesitzer nahm nun an dem großen Halali auf die großen und kleinen Tiere der Wildnis teil. Angeleitet wurde er dazu durch Bücher wie *Naturgeschichte schädlicher Tiere. Versuch einer naturhistorischen Darstellung der für die Oekonomie, Gärtnerei und Forstwissenschaft wichtigsten schädlichen Thiere Deutschland nebst den zweckmäßigsten Mitteln zu ihrer Vertilgung und Vertreibung* (1836) von Jonathan Carl Zenker, *Die Waldverderber und ihre Feinde* (1841) von J. Th. Chr. Ratzeburg sowie die deutsche Fassung von Verardis *List über List, oder so fängt man Wölfe, Füchse, Marder, Wiesel- und Mäusearten, Maulwürfe etc. leicht und zur großen Belustigung* (1857). Dem braucht wohl kaum etwas hinzugesetzt werden.

Revolutionärer Abschied vom ökologisch-idyllischen Paradies

Auch bei Schmohl wandelte sich, freilich – wie gesehen – aus anderen Beweggründen, die „ökologische" Paradiesesvorstellung eines empfindsamen Werther-Gartens oder eines sentimentalisch-modernen Landschaftsverschönerungsprojekts à la Dessau-Wörlitz immer stärker in das pragmatische Plantagenprojekt eines sorgfältig kalkulierenden Landwirts. Angesichts der florierenden Agrarwirtschaft rund um Halle stellte er jetzt befriedigt fest: „So ein Anblick schmeckt mir süßer, als irrte meine Seele im Garten der reichsten Dichterphantasie."[96] Keinen Ton des empfindsamen Bedauerns ließ er verlauten, als er in seines Vaters Garten an einem Birnbaum herumsägte, um ihn zu neuem Austreiben zu reizen. Ja, er verwandte sogar einst so verhaßte Begriffe, die seit Matthias Claudius „Serenata, im Walde zu singen" aus dem Wortschatz des empfindsamen Gartenfreundes verbannt worden waren. Da ist vom Abhauen „überflüssiger Äste" die Rede, von

---

[96] Kameralistische Reise durch das Fürstenthum Anhalt. In: *Sammlung von Aufsätzen*, S. 363.

der „Ausstockung und Kastrirung der Fliederbäume, die sich eines großen Theils vom Garten bemächtigt hatten, den Graswuchs und selbst Pflaumenbäume erstickten".[97] Schmohl wandte sich aber auch in anderer Hinsicht gegen die Idylliker. Schließlich setzten sich die Idyllendichter und Arkadienfreunde in ihrer empfindelnden Liebe für den Naturzustand entschieden gegen die effektivere (aber tierfeindliche) Stallfütterung ein. Die Ursache ihrer sentimentalischen Naturliebe sah er, wie auch fast zeitgleich Georg Forster,[98] hauptsächlich in ihrer Faulheit und ihrem unindustriösen Gammlertum. „Die Hut und Trift ist ja ihre Mutter und Erhalterin – so bald die Stallfütterung eingeführt würde, müßten sie dem faulen arkadischen Leben entsagen, und statt des Singens und Flötens, pflügen und dreschen, oder ein Handwerk treiben."[99]

Ende des 18. Jahrhunderts und im ersten Viertel des 19. Jahrhunderts setzte in Deutschland die Privatisierung des dörflichen Gemeindebesitzes, der bisher vor allem als Weide genutzt wurde, zugunsten von Obstplantagen ein.[100] Jean-Jacques Rousseau beschuldigte in seinen kultur- und zivilisationskritischen Schriften denjenigen, der den ersten Zaun gebaut habe, verantwortlich dafür zu sein, daß das Paradies verloren ging. Der fortschrittliche Obstbauer sah aber sein Heil nicht mehr in gemeinschaftlichem Landbesitz, sondern eindeutig in der Privatisierung. Johann Volkmann Sickler, der Landpfarrer und bekannteste Obstpropagandist Deutschlands, lobte Sachsen-Weimar und Anhalt-Dessau, weil man hier schon am weitesten vorangeschritten sei und dem großen Obstmangel erfolgreich begegnete. Hatten Vertreter der alten Aufklärungsgeneration ihre Vision auf ein Europa projiziert, das wie ein großer englischer Garten aussehen sollte, so sind Bertuchs Wünsche dann ein paar Jahrzehnte später, nach Krieg und Verwüstung, praktischer und bescheidener: „Möchte doch

---

[97] Ebd., S. 387.
[98] Cook der Entdecker. In Forster: *Sämmtliche Schriften, Tagebücher und Briefe*. Hrsg. von der Akademie der Wissenschaften der DDR, Bd. 5, Berlin 1985, S. 278.
[99] Kameralistische Reise durch das Fürstenthum Anhalt. In Schmohl: *Sammlung von Aufsätzen*, S. 375.
[100] Vgl. Henry Markowsy und Bernhard Buderath: *Die Natur dem Menschen untertan. Ökologie im Spiegel der Landschaftsmalerei*, München 1986, S. 30ff.

diese schöne Erscheinung [die Förderung der Obstkultur durch die Regenten] in mehreren Teutschen, großen und kleinen Staaten, eintreten, so würde Teutschland – das ganz eigentlich für den Obstbau geschaffen ist – bald ein allgemeiner großer Obstgarten Europens werden."[101] Dies äußerte er 1818. Man war also seit vierzig Jahren kaum vom Fleck gekommen.

In Anhalt-Zerbst trieb das Ausbleiben eines eindeutigen fortschrittlichen Privatisierungskonzepts die dörfliche Bevölkerung gegeneinander. Schmohl beschreibt in aller Ausführlichkeit den Prozeß, den er für seinen Vater, den Kossäten aus Pülzig, mit der Gemeinde, vor allem aber mit der Fürstlichen Kammer, beziehungsweise, wie er an Iselin schrieb, „wider den Fürsten selbst" geführt hat. Einige Bauern wollten an ihren alten Triftrechten festhalten und hatten den Zaun des rechtmäßig erworbenen Schmohlschen Obstgartens zerstört, Hunderte von Obstbäumen ausgerissen und so das „Kostbare Garten-Paradies" in Trümmer gelegt. Aufgrund der nachfolgenden Auseinandersetzungen, bei denen es Tote und Verletzte gab, sowie der fast zehnjährigen Gerichtsverhandlungen fiel die ältere Dorfgemeinschaft völlig auseinander. Schließlich wurde nie wirklich entschieden, wie sich auf dem Gemeindeland Obstgärten anlegen ließen, ohne dabei gegen die alten Hut- und Triftrechte zu verstoßen. Als Schmohl mit viel Mühe und Scharfsinn das bestehende Dorf- und Bauernrecht studierte, mußte er feststellen, wie unzureichend die juristische Fachliteratur war. In einer vernichtenden Kritik des Buchs von Ludewig Friederich Gabken *Grundsätze des Dorf- und Bauernrechts* (1780) erklärte er die darin vertretene rousseauistisch-sentimentalische Harmoniebehauptung für unsinnig. Er bemerkte sarkastisch, daß es nie einen friedlichen Naturzustand gegeben habe. Zäune und Mauern habe man immer angelegt, um das Eigentum zu sichern. Es müßten endlich klare, mit der ökonomischen Situation übereinstimmende Bestimmungen erlassen werden, die den Bauern rechtliche Mittel in die Hände geben, sie vor Willkür zu schützen. Um seine Familie und das Dorf vor dem Ruin zu retten,

---

[101] J. J. Bertuch: Erfreuliche Aufmunterung des Teutschen Obst-Baues. In: *Fortsetzung des Allgemeinen Teutschen Garten-Magazins,* Bd. 2, 6. Stück, 1818, S. 247.

begann Schmohl wie ein Anhaltischer Michael Kohlhaas, seinem unfleißigen Fürsten, wie er ihn nannte und seiner jämmerlichen Gerichtsbarkeit Beine zu machen. Er fing wütend an, „endlich mit der Schärfe des Schwertes drein zu schlagen, und Himmel und Hölle darwider in Aufruhr zu bringen. (Mein Schwert", so warf er besänftigend ein, „ist aber eine Feder!)". Gegenüber Iselin schimpfte er gar, daß der Fürst „als ein Unsinniger vom Thron geworfen"[102] gehörte. Der Fall der Privatisierung des Gemeindelandes zum Gartenland wurde für Schmohl zur Entscheidungsfrage.

Mit der Bloßstellung des Fürsten in seinem Buch, mit seiner regelrechten Exekution, die er mit seinem „Schwert", seiner Feder, in aller Öffentlichkeit an ihm vollzog, hatte Schmohl den Rubikon überschritten. Sein Buch *Sammlung von Aufsätzen* wurde 1782 öffentlich auf dem Marktplatz in Zerbst verbrannt, sein Besitz bei Strafe verboten, Schmohl in Halle verhaftet. Ganz offensichtlich mit stillschweigender Billigung der Universitätsleitung und gezielter Hilfe durch seinen ehemaligen Lehrerkollegen am Philanthropin, nämlich Ernst Christian Trapp, konnte er jedoch zur unverhohlenen Freude der aufgeklärten Öffentlichkeit fliehen. Unter Tarnnamen ging er offenbar nach England, sprach unter rätselhaften Umständen mit Henry Laurens, dem im Tower streng verschlossenen Präsidenten des Amerikanischen Kontinentalkongresses. Danach reiste er unter Decknamen in Begleitung seines Schwagers, des Preußischen Hofkapellmeisters Johann Friedrich Reichardt, nach Königsberg und gab hier anonym sein sensationelles Buch *Über Nordamerika und Demokratie* heraus. Johann Georg Hamann, dessen väterliche Freundschaft er erwarb, war von ihm begeistert und unterstützte ihn bei seiner Flucht. In Holland traf er mit John Adams, dem nachmaligen zweiten Präsidenten der USA, zusammen. Bei seiner Überfahrt nach dem von ihm als Paradies der Freiheit und Industriosität gefeierten Amerika soll er Anfang 1784 vor den Bermudas ertrunken sein.

---

[102] J. C. Schmohl an Isaak Iselin, Halle 11. (?) Juni 1780. *Staatsarchiv Basel*, PA 98, Bd. 38, Bll. 111f.

Amerika, du hast es besser?

Schmohl hatte sich nach Amerika aufgemacht, um dort sein ersehntes Paradies zu finden. Er war dabei von einem tiefen religiösen Glauben beseelt, der ihn an die Seite der englischen Quäker, pennsylvanischen Herrnhuter, badischen und elsässischen Wiedertäufer sowie würtembergischen Rappisten stellte. Im wesentlichen waren es aber politische und soziale Gründe, die ihn nach Amerika trieben. Er hoffte, daß sich auf dem neuen Kontinent, wenn erst die unselige Sklaverei abgeschafft sei, eine auf Freiheit, Gleichheit und Brüderlichkeit begründete demokratische Republik, die Lebensraum für alle fleißigen Menschen habe, entwikkeln würde.[103] Sein Amerikabild mit seinen patriarchalischen, ackerbaustaatlichen Hausvateridealen stimmt bis in viele Details mit dem zeitgleich in den *Notes on Virginia* entworfenen von Thomas Jefferson überein. Schließlich huldigten auch viele der Founding Fathers der USA, wie Benjamin Franklin, Henry Laurens, John Hancock, Robert Paine und George Washington, philanthropischen oder freimaurerischen Idealen. Das war vor allem 1776 auf dem II. Kontinental-Kongreß in Philadelphia zum Ausdruck gekommen, auf dem die Revolution ausgerufen wurde und wo, wie John Adams berichtete, eine deutliche Paradieseshoffnung herrschte. Ein Mr. Duffield habe hier Jesajas Verkündigungen eines kommenden Paradieses mit Nord-Amerika verknüpft, das heißt den Abfall vom verachteten Europa und der englischen Krone auch religiös und ideologisch untermauert: „His discourse was a kind of exposition on the thirty-fifth chapter of Isaiah. America was the wilderness and the soldarity place, and he said it would be glad, ‚rejoice and blossom as the rose'".[104]

Gegen die fürstliche und kirchliche Obrigkeit und für ein Leben in urchristlicher und urkommunistischer Bescheidenheit hatten sich deshalb viele Bauern- und Handwerkerfamilien, die den reli-

---

[103] Vgl. J. Ch. Schmohl: *Ueber Nordamerika und Demokratie*, Kopenhagen (in Wirklichkeit: Königsberg) 1782, S. 8; Ders.: Von dem Ursprunge der Knechtschaft in der bürgerlichen Gesellschaft. In: *Berlinische Monatsschrift*, 1783, 1. Band, S. 345.

[104] *Familiar Letters of John Adams and His Wife Abigail Adams, During the Revolution*, New York 1970, S. 65.

giösen Separatisten angehörten, in diesen Jahrzehnten aufgemacht, um in Amerika das gelobte Land zu finden. Sie wollten hier in einem solidarischen Sinne ihrem Heiland Jesus nachleben. In Deutschland sahen sie keine Möglichkeiten dafür. Als sich die vielen Anhänger des württembergischen Webers, Weinpflanzers und Laienpredigers Georg Rapp, der theoretisch übrigens ebenfalls sehr von Herder beeinflußt worden war,[105] ab 1804 in Harmonie (Harmony) und dann in New Harmony and Economy ein urkommunistisches Leben organisierten, richteten sich auch die Augen der nach alternativen Lebensmöglichkeiten Ausschau haltenden deutschen Intellektuellen zusehends auf Amerika.[106] Begeisternd wirkte auf die Besucher wie Karl Bernhard von Sachsen-Weimar-Eisenach oder den Sozialutopisten Robert Owen das harmonische Eingebettetsein des mit üppigen Blumen- und Obstgärten sowie einem naturreligiösen Labyrinthgarten ausgestatteten Orts in die weite Wildnis. Die gemeinsame Arbeit und das gemeinsame Musizieren wurden genauso bewundert wie die Pflege der indianischen Kultstätten in der Nähe von New Harmony. Die Indianer waren für die Rappisten keine Feinde, sondern Gottesgeschöpfe wie die Pflanzen, Bäume und Tiere, die teilhatten an der großen Harmonie. Sich sittlich auf das erwartete Millennium vorzubereiten, schloß die Güte mit allen Kreaturen und der Natur ein.

Henriette Frölich, die Gattin Carl Wilhelm Frölichs, entwarf nach dem gescheiterten Kommuneprojekt in Scharfenbrück in ihrem Roman *Virginia oder die Kolonie von Kentucky* (1820)[107] eine agrarische „grüne" Utopie, in der Männer und Frauen, aus dem nachnapoleonischen Europa geflohen, in „Freiheit und

---

[105] Nach dem Vorbild Herders schrieb er eine religiöse Fassung der „Ideen", indem er den Begriff der Humanität durch Harmonie ersetzte. Herders Gesamtwerk hatte einen Ehrenplatz in der Bibliothek. Vgl. Ross F. Lockridge: *The Labyrinth. A History of the New Harmony Labyrinth*, Westport 1975, S. 8f.

[106] Karl Bernhard von Sachsen-Weimar-Eisenach besuchte 1826 New Harmony, nachdem in vielen Aufsätzen, Büchern und Artikeln davon berichtet worden war. Vgl. *New Harmony as seen by Participants and Travellers*. Hrsg. von Charles Alexandre Lesueur, Philadelphia 1975, part II and III.

[107] Henriette Frölich: *Virginia oder Die Kolonie in Kentucky*. Hrsg. von Gerhard Steiner, Berlin 1963, nachfolgende Zitate auf S. 169, 156, 159, 168, 174, 175, 178, 41, 201.

Gleichheit" in einer autarken, ohne Eigentum und Geld nach modernen ökonomischen Gesichtspunkten organisierten Kommune leben. In ihr verbindet sich für die Europaflüchtlinge die Wildheit und Unberührtheit der freien Natur, der „Urzustand dieses Weltteils", mit der „Einfachheit der Sitten des Goldenen Zeitalters". Sie fürchten weder die wilden Tiere noch die Indianer. Im Gegenteil, sie verehren die sanfte Menschlichkeit der Indianer und überzeugen sie, sich gegen Kuhblattern impfen zu lassen, um gegen jene Pocken immun zu sein, welche ihnen von den Spaniern übertragen wurden. Ja, sie wollen den Indianern sogar in vieler Weise nacheifern. Die Familien der Afroamerikaner, die mit ihnen arbeiten, leben in einem Nachbardorf und sind selbst wohlhabende Gutsbesitzer. Ihr Land in Kentucky gleicht daher „Edens blühendem Garten". Wie ihre empfindsamen philanthropischen Altvordern schließen die Kolonisten in ihre Liebe sogar die Pflanzen mit ein: „Wir umarmten die Pflanzen, umarmten einander, die Busen schlugen hochauf, und Tränen der süßesten Freude träufelten auf die Blumen herab." In diesem Moment absoluter empfindsamer Harmonie mit der Landschaft, den Pflanzen, der ganzen Natur lösen sich alle sozialen und kulturellen Gegensätze für immer auf:

> Selbst die kältesten Deutschen, selbst die ungebildeten Schwarzen teilten diese schwärmerische Freude, sie umarmten einander und umarmten uns. Dieser Augenblick machte uns zu einem Volke, aller Unterschied der Farbe, der Heimat, der Bildung war vernichtet, wir wurden alle Brüder, mit gleichen Rechten und gleichen Pflichten.

Die Kommune wird nach streng demokratischen Grundsätzen aufgebaut, sogar die Frauen haben, wenn auch nur mit einer halben Stimme, Stimmrecht. Die entfremdende Vereinzelung in der Kleinfamilie wird an wichtigen Stellen durchbrochen. Zwar wohnt jede Familie in einem eigenen Haus. Gekocht wird aber in einer Gemeinschaftsküche, gegessen unter Platanenbäumen in der Gemeinschaft. In dem Bildungsinstitut der Kommune werden nicht nur Kinder, sondern auch Frauen und Schwarze unterrichtet, die bisher von der Bildung ausgeschlossen waren. Eine gewisse Geschlechterdifferenzierung der Bildungsinhalte bleibt allerdings bestehen. Insgesamt orientiert sich die Kolonie wie der Goethesche Werther an den Vorbildern der alten Griechen, „wo der dünkelvolle Erdensohn sich noch nicht losgerissen hatte von dem leitenden Bande seiner Mutter Natur". Und wie die Menschen aus Nord und Süd hier auf immer vereint werden, so geschieht es auch mit allen Pflanzen und Bäumen der Welt. Da man autark lebt und nicht nach Geld, Gewinn und größtmöglicher Ausbeutung der Natur strebt, gibt es hier weder Monokulturen noch Riesenplantagen. „Italiens Orangenbäume dürfen dicht neben den deutschen Eichen stehen; die Dattelpalme Asiens und der südliche Kokos verschmähen die Nachbarschaft der nordischen Tanne nicht." Tauben setzen sich vertraulich auf die Schultern der sie versorgenden Zephyrine, die Hähne beenden bei ihrem Anblick ihren Streit. Die Arbeitsteilung erfolgt nach Neigung und Fähigkeiten, Frauen übernehmen auch eigenständige Aufgaben im Produktionsbereich, die ausgefeilte Maschinentechnik dient nur der Erleichterung der Arbeit, nicht der Ausbeutung von Mensch und Natur. Während die Rappisten, die an das Ende der Welt und damit an die Überflüssigkeit der Vermehrung glaubten, auf ihre Sexualität im wesentlichen verzichteten oder in eine naturreligiöse Harmonie sublimierten, pflanzen sich die Kentucky-Kolonisten lustvoll fort. Dabei gehen sie allerdings nicht so weit wie die amerikanischen Kommunen von Fanny Wright und Robert Owen, in denen die freie Liebe praktiziert wurde.[108]

Was diese Menschen- und Naturfreunde jedoch letztendlich nicht aufhalten konnten, war jener American Way, den zuerst die Plantagenbesitzer und Farmer eingeschlagen hatten und dem später alle westwärtsziehenden euro-amerikanischen Immigranten mit Dampfschiffahrt, Eisenbahn und Treck folgten. In der Zeit vor der Revolution galten noch der Liberty Tree und die Wilderness als Embleme des gelobten Lands der Brüderlichkeit, „that Li-

---

[108] Vgl. auch Nicolaus Sombart: Sexuelle Befreiung als utopisches Projekt. In: Vermessene Sexualität. Hrsg. von Alexander Schuller und Nicolaus Heim, Berlin 1987, S. 53–69; Ein englischer Parkbesitzer, Ästhetiker und Literat, nämlich Richard Payne Knight, der die gewollte Freiheit und Ursprünglichkeit der Natur im Landschaftspark mit der Begrüßung der Französischen Revolution und der Forderung nach freier Sexualität verband, sie hier nur genannt. Vgl. Michael Clarke und Nicholas Penny: The Arrogant Connoisseur: Richard Payne Knight 1751–1824, Manchester 1982, S. 50ff.

berty which our Forefathers sought out, and found under Trees and in the Wilderness".[109] Und auch Jeffersons *Declaration of Independence* mit ihrem Freiheitspathos wurde noch offiziell unter einer Ulme in Charleston, South Carolina, proklamiert. Doch schon während der Revolution mischten sich neue Töne in die patriotisch-naturbezogene Rhetorik. Die Freunde von Law and Order und dann die Föderalisten mit ihrem Sedition Act waren der wilden, plebejischen Massen mit ihren „anarchy poles", den „wooden gods of sedition", schnell müde. Schließlich war es ihnen in der Revolution nicht nur um die Freiheit der Person, sondern vor allem auch um die Freiheit des Eigentums gegangen. Noch viele Jahrzehnte währte der verbissene Kampf der Unterschichten gegen die alten und neuen Reichen sowie um die Symbole der Natur und Freiheit, die dann im Parteienkampf der Republikaner und Demokraten immer unwesentlicher wurden.

Jener berühmte patriotische „American Farmer" hatte schon während der Unabhängigkeitskriege 1782 in seinen *Letters* voller Selbstbewußtsein festgestellt, was ein Amerikaner sei, nämlich ein Mensch europäischer Abstammung, der sich Tugenden und Eigenschaften wie „industry, good living, selfishness, litigiousness, country politics, the pride of free men, and religious indifference" angeeignet habe und sich nach und nach das ganze Land untertan mache. Die halbwilden Jäger und Trapper würden daher in Zukunft sicher der Klasse der landbesitzenden Plantageneigner und Farmer weichen müssen.[110]

Auch in jenem Jesajaschen Paradieseszitat, das John Adams 1775 überliefert hat, war so etwas wie ein zivilisatorischer Auftrag enthalten: „No lion shall be there, nor any ravenous beast shall go up thereon."[111] Diesem Auftrag sind alle späteren Kolonisten nur allzu eifrig gefolgt. Sie hielten sich nicht nur Sklaven, was nach der *Bill of Rights* und der *Declaration of Independence* als Vergehen gegen die eigenen Prinzipien gelten mußte, sie rotteten auch die Indianer, die vor und während der Revolution ihre amerikanische

---

[109] Zit. nach Arthur M. Schlesinger: Liberty Tree. A. Genealogy. In: *New England Quarterly* 25, 1952, S. 444.

[110] Vgl. Hector St. John: *Letters from an American Farmer*, London 1782. Neudr. 1912, S. 47 ff.

[111] *Familiar Letters of John Adams and His Wife*, S. 65.

Identität mitbegründet hatten, in einem brutalen Genozid als Wilde aus und mordeten zugleich alle Bisons, um so den letzten Indianern ihre Nahrung zu rauben. Dem „Noble savage", der mit der Natur in verehrender Wechselbeziehung gelebt hatte, zeigten die Nachfahren der Europäer mit ihren schier endlosen Plantagen, wie man sich die Natur untertan macht. Selbst in den Parkanlagen der reichen Farmer dominierte von Anfang an das hierarchische Prinzip der Machtdemonstration. Auch die Hauptstadt Washington, die ab 1792 nach Plänen von Pierre Charles L'Enfant, unter Berücksichtigung von Ideen George Washingtons und Thomas Jeffersons, gebaut wurde, knüpfte wieder an die Achsenführung der alteuropäischen feudalen Repräsentationsarchitektur an. Hier thront das Kapitol über einer als Parklandschaft entworfenen Regierungshauptstadt, während die Natur in Form unbeschnittener Bäume und eingegrenzter Wiesenflächen nur eine untergeordnete Rolle spielt. Die bürgerliche Demokratie ließ im Gegensatz zu den hochfliegenden Plänen ihrer liberalen europäischen Vordenker die Bauwerke autoritär über die Naturlandschaft triumphieren. Auch in Deutschland und England ließen sich im neuen Jahrhundert klagende Stimmen aus dem wertkonservativen Lager hören, die den Zeiten der patriarchalischen „Parksucht" angesichts einer neuen profitorientierten Generation nachtrauerten. Der Revolutionsgegner Edmund Burke hatte schon den Jakobinern vorgeworfen, daß sie anstelle der Harmonie des Helldunkel der Park- und Naturlandschaft die blendende Helle der Vernunft gebracht hätten. Sie seien im Gegensatz zum konservativ-„natürlichen" England wieder zur geometrischen Landschaftsgestaltung zurückgekehrt.[112] Humphry Repton prangerte 1816 die neureichen Whigs an, die im Gegensatz zu den noblen Gentlemen des 18. Jahrhunderts ihre Grundstücke nur zur Gewinnmaximierung verwendeten und jedes soziale Mitgefühl vermissen ließen. Er verglich die neue Besitzergeneration der Landgüter wegen ihres Banausentums voll Verachtung mit den von ihnen wegen ihres Schnellwuchses bevorzugten Nadelbäumen und kritisierte sie wegen ihres unphilanthropischen Verhaltens gegenüber der Dorf-

---

[112] Edmund Burke: *Reflections on the Revolution in France*, London 1790, Reprint Harmondsworth 1979, S. 171.

armut. The „first thing is to secure and shut up the whole by a lofty close pale, to cut down every tree that will sell, and plough every inch that will pay for so doing". Hätten vor zehn Jahren im Garten des alten paternalischen Tory-Besitzers noch alte Laubbäume und Wild das Landschaftsideal bestimmt und Leitern die Vorbeikommenden zum Einsteigen aufgefordert, so trenne heute die verarmten Leute ein großer Palisadenzaun von den ökonomisch genutzten Baumpflanzungen des neureichen Parvenüs.[113] Goethe fürchtete in den zwanziger Jahren, die Zeit gekommen zu sehen, da man aus kommerziellen Gründen beginne, die Landschaftsgärten wieder zu Kartoffelfeldern umzupflügen.[114]

Pierre Samuel Du Pont de Nemours, der französische Philanthrop, Physiokrat und Berater von Karl Friedrich von Baden, traf den gerade zum Präsidenten der Vereinigten Staaten aufgestiegenen Thomas Jefferson – den wohl feinsinnigsten Gartenkünstler und Philosophen seines Kontinents – an der empfindlichsten Stelle, als er ihm schrieb:[115]

> Die Einwohner des Ihnen unterstehenden Landes sehen unrechterweise, das ist wahr – Indianer und Bäume als ihre natürlichen Feinde an, welche mit Feuer und Schwert und *Brandy* ausgerottet werden müssen, um ihr Territorium auszuweiten. Sie sehen sich, sich selbst und ihre Nachkommen als mittelbare Erben all des prächtigen Landes an, das Gott geschaffen hat von Cumberland und vom Ohio bis zum Pazifischen Ozean.

---

[113] H.[umphrey] Repton: *Fragments on the Theory and Practice of Landscape Gardening*, London 1816, S. 192; Vgl. hierzu Stephen Daniels: *The Political Iconography*. In: *The Iconography of Landscape*, 1988, S. 67ff.; Ders.: Humphry Repton and the morality of landscape. In: *Valued Environments: Essays on the Place and Landscape.* Hrsg. von John R. Gold und Jacquelin A. Burgess, London 1982, S. 124–144.

[114] Vgl. Niedermeier: *Das Ende der Idylle*, S. 193.

[115] Du Pont de Nemours an Thomas Jefferson, 17. Oktober 1801. In: *The Correspondence of Jefferson and Du Pont De Nemours*. Hrsg. von Gilbert Chinard, Mayland, Paris, London 1931, S. 32.

Clemens Alexander Wimmer

Die Alpen.
Vom Garten Europas zum Stadion Europas

für Marianne Probst

Warum Schutzversuche so spät und zu spät kamen

Die vom Menschen bewirkte Leidensgeschichte der Natur in allen Aspekten ist besonders deutlich an den Alpen abzulesen. Alpinisten, Natur- und Kunstwissenschaftler haben die Geschichte der Alpenaneignung vielfach beschrieben.[1] Die Geschichte des Alpenschutzes blieb dagegen ungeschrieben, vermutlich weil sie zu spät einsetzte und mehr Mißerfolge als Erfolge zeitigte.

Die Alpenausbeutung begann in der Schweiz. Das bekannteste Beispiel dafür ist der Rigi-Gipfel (Schwyz). Von diesem Berg hat man nicht nur eine großartige Aussicht auf berühmte 2- und 3000er Gipfel, sondern auch auf mehrere beliebte Seen. Im Mittelalter galt der Berg als Herz der Eidgenossenschaft oder gar ganz Europas sowie als von Heiligen bewohnt, denen man Kapellen an den Hängen errichtete.[2] 1742 entstand auch ein Kreuzweg. Die Zahl der Wallfahrer stieg im 18. Jahrhundert auf 12–15 000 Personen jährlich an. Auf dem Gipfel stand damals nichts als ein Kreuz. 1775 bestieg Goethe den Rigi. Zu dieser Zeit mehrten sich allmählich die Touristen, die bis auf den Gipfel wollten und um 1810 die Pilger verdrängten. Dabei begnügte man sich nicht mit

---

[1] Herauszuheben sind Eduard Ziehen: *Die deutsche Schweizbegeisterung in den Jahren 1750–1815*, Frankfurt/Main 1922, Wilhelm Lehner: *Die Eroberung der Alpen*, Zürich 1924, Roy Oppenheim: *Die Entdeckung der Alpen*, Frauenfeld 1974, und Gabriele Seitz: *Wo Europa den Himmel berührt. Die Entdeckung der Alpen*, München 1987.
[2] Albert von Bonstetten 1481. Nach Gustav Peyer: *Geschichte des Reisens in die Schweiz*, Basel 1885.

dem Bergsteigen, sondern richtete, besonders für Frauen, auch Tragsessel- und Pferdetransporte ein. 1816 errichtete ein Einheimischer unter großen Anstrengungen knapp unter dem Gipfel das erste hölzerne Wirtshaus (1816 294 Gäste, 1819 1036, 1827 1489). Später sah man ein gemeinnütziges Projekt darin, dieses Haus durch ein steinernes zu ersetzen, das die Beobachtung der „hehren Natur" noch mehr erleichterte. Mit Hilfe von Spenden konnte daraufhin 1848 das erste steinerne Rigi-Kulm-Haus eröffnet werden. Schon 1854 baute man ein noch größeres daneben. 1870 war der jährliche Touristenstrom auf 40 000 angewachsen. 1871 wurde die erste Bergbahn Europas, von Vitznau bis Rigi-Staffel, 1873 bis Rigi-Kulm (Gipfel, 1735 m) eröffnet. Etwas später führte auch von Arth auf der anderen Bergseite eine Bahn hinauf. Durch die Bahn wurde der Bau des aufwendigsten aller Rigi-Hotels möglich, des 1875 erbauten palastartigen Kulm-Hotels, das allen städtischen Komfort mit Speisesälen, großen Kristallüstern und Goldspiegeln aufwies. Nach Eröffnung der Bahnen stiegen die Besucherzahlen auf 70–100 000.[3]

Die Gegenbewegung kam spät und hatte keinen nachhaltigen Erfolg. 1893 wurde das Alpenrosenpflücken auf dem Rigi verboten. Trotzdem sind die Alpenrosen verschwunden. 1952–55 „säuberte" der Heimatschutz (aus Spendenmitteln) den Gipfel von den Hotels Rigi-Kulm und Regina Montium und den Souvenirständen, und für eine idealistische Straßenbaufirma baute der Heimatschutz-Architekt Max Kopp ein neues Kulm-Hotel, ebenfalls sehr groß, innen wieder mit Parkett, Gold und Silber, aber außen im „unauffälligen" Stil „unserer alten Hospizbauten". Hauptziel war der ungestörte Genuß der Aussicht vom Gipfel auf die Innerschweizer Berge, den das alte Kulmhotel eingeschränkt hatte.[4] Nicht den übermäßigen Tourismus, sondern nur die ästhetischen Manifestationen einer unbeliebten Zeit hatte man beseitigt.

1952 beschloß man für den Gipfel ein Bauverbot „für alle Zeiten", doch schon 1964 wurden auf dem Gipfel zwei riesige Funktürme errichtet. Heute ermöglichen breite Asphaltwege auch Neunzigjährigen den kurzen Aufstieg von der Bahnstation zum

---

[3] Max Thomann: *Das Rigi-Büchlein*, Bassersdorf 1929.
[4] *Heimatschutz*, 1955, S. 86–98.

Gipfel. Kleinkinder tummeln sich und schaffen oberhalb der Baumgrenze selbst im Februar eine Geräuschkulisse wie in einem Freibad im August. Kinderwagen werden auf Kufen geschoben. Die diversen Bahnlinien und das bunte Gewimmel der Menschen an den Rigihängen erinnern, von oben betrachtet, mehr an eine Modelleisenbahnanlage als an eine Berglandschaft.

Die Grundformen menschlichen Verhaltens als Hintergründe solcher Entwicklungen gelten auch den Alpen gegenüber: 1. Praktische Nutzung, 2. emotionale Naturbegeisterung, 3. wissenschaftliche und technische Aneignung, 4. Altruismus, 5. künstlerische Umsetzung, 6. moralische und geistige Reproduktion, 7. Transzendenz. Obgleich jeder Mensch zu jeder dieser Verhaltensweisen befähigt ist, treten, bedingt durch verschiedene gesellschaftliche Zustände, jeweils bestimmte Verhaltensweisen in den einzelnen Entwicklungsperioden in den Vordergrund.

1. Praktische Nutzung

Landwirtschaft

Seit Jahrtausenden haben die Menschen die Alpen durch Rodungen, Holzgewinnung und Einführung der Almwirtschaft sowie des Ackerbaus verändert. Das früheste Verhältnis der Menschen zu den Alpen war rein zweckgebunden. Es blieb bestimmend, bis in die Neuzeit andere Verhältnisse Platz griffen. Trotz dieser erheblichen Rodungen, die nur die obersten Regionen unangetastet ließen, blieb (nach Werner Bätzing) ein ökologisches Gleichgewicht erhalten, und es gab, von einzelnen Unglücksfällen abgesehen, keine Umweltprobleme. Trotz Bevölkerungswachstum und stellenweiser Ausweitung der Käseproduktion für den Export hatten die Bergbauern schon im Mittelalter „ein ökologisches Bewußtsein so weitgehend entwickelt, daß das Problem der Übernutzung erkannt und geregelt werden konnte".[5]

Die Würdigung der Alpen aus anderen als praktischen Gründen, zuerst durch gebildete Schweizer Stadtmenschen, dann durch

---

[5] Werner Bätzing: *Die Alpen*, 4. Aufl., Frankfurt/Main 1988, S. 35.

englische und deutsche Reisende, wurde erst durch Naturentfremdung möglich. Bis zur Neuzeit galten die Stellen als „schön", die besonders fruchtbar, ertragreich oder gut zu bearbeiten waren. Eine Ebene war daher immer schöner als ein Gebirge. Die Ästhetiker aus der Stadt hingegen ignorierten den Gebrauchswert, als sie die Alpen als „schön" entdeckten.[6] Erst wir sehen Schönes in die Natur hinein, sagte Friedrich Theodor Vischer, und Wilhelm Heinrich Riehl schrieb, die Natur würde durch den Selbstbetrug des Beschauers schön.[7]

Die bäuerliche Anschauung verschwand selbstverständlich nicht plötzlich. Der Reiseschriftsteller Johann Georg Keyßler fand noch 1729/31 die Alpen ebenso unschön wie die Mark Brandenburg und die Lüneburger Heide.[8] Bei Zedler 1743 lesen wir, das „Schweitzer Gebürge" wäre wegen der mühsamen Durchquerung dem Kommerz hinderlich und gefährlich, weil Berge herunterstürzten, Bären, Wölfe, Adler und Drachen (sic) dort hausten.[9] 1770 nannte der Pfarrer Füßlin zu Veltheim die Berge nur scheußlich und vermißte in ihnen die Schönheit der Felder, und die meisten Zürcher dachten ähnlich. Nach Hirschfeld hielten noch 1765 viele Auswärtige die Schweiz für eine Wüstenei. Auch Hirschfeld fand die Gebirge selbst „fürchterlich" und pries nur die „milden Striche" der Schweiz.[10]

Neue Wirtschaftsformen

Die Erleichterung des Exportes führte im 19. Jahrhundert zu Aufgabe des Ackerbaus, Umstellungen auf Rinderproduktion, Käserei im Tal statt auf der Alm, Weberei und Stickerei. Horace-Bénédict de Saussure mußte noch jahrelang warten, bis er 1786

---

[6] Bätzing, S. 101 ff.
[7] Friedrich Theodor Vischer: *Ästhetik*, Bd. 2 – Das landschaftliche Auge (1850). In Riehl: Kulturstudien.
[8] Vgl. Ludwig Friedländer: *Über die Entstehung und Entwicklung des Gefühls für das Romantische in der Natur*, Leipzig 1873, S. 13 f.
[9] Schweitzer-Gebürge. In: *Zedlers Universallexikon*, Bd. 36, Leipzig 1743.
[10] Christian Cay Laurenz Hirschfeld: *Theorie der Gartenkunst*, Bd. 1, Leipzig 1779, S. 33.

gegen Geld Einheimische fand, die bereit waren, für ihn einen Weg auf den Montblanc zu finden. In der Folge veranlaßten die Touristen die Bergbewohner mit materiellen Anreizen, sich als Bergführer auszubilden. Tourismus und Industrie ließen schließlich die Bergbauernwirtschaft bedeutungslos werden. Diese neuen Wirtschaftsformen wurden den Alpen nicht gerecht. Heute erleben wir die Zerstörung des von den Bergbauern aufgebauten stabilen Ökosystems. Wirtschaftliche Interessen überflügeln alle anderen Betrachtungsweisen. Die Folgen sind Bevölkerungsexplosion im Tal bei gleichzeitiger Abwanderung in den Hochlagen, Gewässerverbau, Stauseen, zu starke Jagdwildvermehrung, Luft- und Wasserverschmutzung, Waldsterben und Erosion.

Körperliche Gesundung

Die Nutzung von Heilbädern in den Alpen gehört zu den ältesten Nutzungen, die schon in Antike und Mittelalter gebräuchlich waren. Die Körperertüchtigung durch Bergsteigen, die einen Mangel an Bewegung voraussetzt, wurde zunächst selten gewürdigt und blieb eine Nebenerscheinung. Zuerst würdigte Konrad Geßner 1541 das Bergsteigen als ein Mittel, „den Körper auf eine ehrenwerte Weise zu üben" und Muskeln und Nerven zu stärken. Die ästhetisierenden und wissenschaftlichen Bergtouristen des 18. und 19. Jahrhunderts empfanden die körperliche Anstrengung eher als notwendiges Übel. Hirschfeld empfahl 1776 und 1785, im offenen Wagen oder zu Pferde zu reisen, um die Aussicht unbehindert genießen zu können. Nur wenn es nicht anders ging, stieg man aus dem Wagen oder Tragsessel, vom Pferd oder Maulesel. Saussure wagte seine erste Montblanc-Besteigung nur mit 18 Führern, die auch das Gepäck trugen. Die dreiundfünfzigjährige Sophie La Roche ließ sich 1784 im Tragstuhl zum Montblanc bringen, stieg nur zeitweise auf ihre eigenen Füße, „ein Bedienter mit Regenschirm ging hinter mir her".[11] So hatte man Muße, zu empfinden und nachzudenken, was ja der Reisezweck war.

---

[11] *Die Entdeckung der Alpen.* Hrsg. von Richard Weiss, Frauenfeld 1934, S. 149.

Die Sturm- und Drang-Genies gingen dann zu Fuß, etwa Goethe im November 1779 auf den Furka- und Gotthardpaß. Der preußische Arzt Johann Gottfried Ebel empfahl 1793 ausdrücklich, die Schweiz zu Fuß zu erkunden, weil man nur so die Eindrücke gebührend auf sich wirken lassen könnte, und aus Gesundheitsgründen. Das Laufen käme jenen zugute, „die an Verstopfungen, an Schwäche im Unterleibe" leiden, es wäre weniger anstrengend als im Flachland, da alle Muskeln gefordert würden, und die körperliche Tätigkeit führte zu „Munterkeit und Heiterkeit der Seele". Auch Hegel ging zu Fuß. Ebel wunderte sich auch (wie schon Rousseau in der *Neuen Héloïse*), daß der gesundheitliche Wert der Gebirgsluft damals so wenig gewürdigt wurde und empfahl Luftkurorte.[12] Hauptzweck blieb aber auch bei ihm der „reinste, vollkommenste Genuß der Natur".

Erst als die Erschließung um 1875 abgeschlossen war, trat die Lust an der körperlichen Ertüchtigung deutlich in den Vordergrund. Nicht Schönheit, Erhabenheit, Wissenschaft, sondern das Bergsteigen an sich wurde Zweck (Alpinismus). Man verzichtete auf einheimische Führer. Verbesserungen der technischen Ausrüstung minimierten um 1890 die Gefahren. Zur gleichen Zeit kam aus Norwegen das Skilaufen in die Alpen, die inzwischen am meisten verbreitete Form des alpinen Sports, der sich auch alte Menschen und kleine Kinder widmen können. Insbesondere der Sport, schrieb der Arzt August Nolda, „ermöglicht ein vollkommen glückliches Vergessen des Alltäglichen, ein völliges Loslösen vom Beruf". „Nichts lenkt die trüben Gedanken so schnell und nachhaltig ab, nichts stimmt so freudig und heiter, nichts macht so lebensfroh, als wenn man als unbeschränkter Herrscher der Schneewelt auf den flinken Eschenhölzern über Berg und Tal dahinfliegt."[13] Demzufolge bekam die Schweiz zu ihren vielen Beinamen noch den des „Stadions Europas".

---

[12] J. G. Ebel: *Anleitung auf die nützlichste und genußvollste Art in die Schweiz zu reisen*, Zürich 1793, S. 10–19.
[13] In: *Sommer in der Schweiz*. Bürgis illustrierte Reiseführer, 3. Aufl., Zürich 1913, S. 489f.

2. Emotionale Naturbegeisterung (Ästhetik)

Eine nicht zweckgebundene Betrachtung der Alpen schilderte erstmals Petrarca in einem Brief. Der Dichter gab hierin an, daß er im Jahre 1336 den Mont Ventoux (1912 m) am äußersten Westrand der Alpen bestiegen habe und daß vor ihm nur ein Hirte oben gewesen sei.[14]

Wie Petrarcas Hirt werden hier und da auch einige anonyme Außenseiter schon immer Berge erklommen haben. Das Bergsteigen als Selbstzweck blieb aber noch bis ins 18. Jahrhundert Ausnahme. Namhafte Pioniere in dieser Hinsicht waren Antoine de Ville 1492, Leonardo da Vinci 1511, Kaiser Maximilian I. und Konrad Geßner 1541.[15]

Joseph Addison, der die Schweiz 1702 auf der Rückreise von Italien kennengelernt hatte, hielt die von den Bergbauern geschaffene Kulturlandschaft für Natur, so weit entfremdet war er schon von der wahren Natur. Nicht zufällig strebten die Engländer, die auch den Landschaftsgarten erfanden, als erste in die Alpen. Denn sie hatten durch Industrialisierung bereits die größte Distanz zur Natur. Die neuen seelischen Bedürfnisse der Nordländer waren in den Alpen wesentlich besser zu befriedigen als im klassischen Reiseland Italien.

„Der Naturgenuß und die ästhetische Zuwendung zur Natur", sagte Joachim Ritter in seiner Rekoratsrede, „setzen so die Freiheit und die gesellschaftliche Herrschaft über die Natur voraus. Wo die Natur zu der Gewalt wird, die ihre Ketten zerbricht und den Menschen, den Schutzlos Gewordenen, fortreißt, da waltet im Furchtbaren der Schrecken, der blind ist. Freiheit ist Dasein über der gebändigten Natur. Daher kann es Natur als Landschaft [das ist bei Ritter die ästhetisch rezipierte Natur] nur unter der Bedienung der Freiheit auf dem Boden der modernen Gesellschaft geben."[16]

---

[14] Giuseppe Billanovich: Petrarca und der Mont Ventoux. In: *Petrarca*, Darmstadt 1976, S. 444–463.
[15] Vgl. Helmuth Zebhauser: *Frühe Zeugnisse, Die Alpenbegeisterung*. München 1986.
[16] Joachim Ritter: *Landschaft. Zur Funktion des Ästhetischen in der modernen Gesellschaft*, Münster 1963, S. 30.

Das Schöne

Gesucht wurde zunächst das „Schöne". Für diese Kategorie mußten die Berge, wie am Genfer oder Zürcher See, den Hintergrund einer lieblichen Landschaft abgeben, oder man mußte sie von einem Gipfel überblicken können. Addison erläuterte 1712:[17]

> Der menschliche Geist hasset von Natur alles, was einem Zwange ähnlich sieht, und glaubt sich gewissermaßen gefesselt und eingesperrt, wenn sein Gesicht in einem engen Umfang beschränkt, und von allen Seiten durch nahe Mauren oder Berge verkürzt wird. Ein weit ausgedehnter Horizont hingegen ist ein Bild der Freyheit, wo das Auge Raum hat, umherzuschwärmen, durch die Unermeßlichkeit seiner Aussichten auf und nieder zu wandern, und sich unter der Mannichfaltigkeit von Gegenständen, die sich seiner Betrachtung darbiethen, zu verlieren.

Der zwanzigjährige Berner Juristensohn Albrecht von Haller begeisterte sich 1728 in kulturfeindlicher Stimmung an den Alpen (er kam bis auf den Jochpaß, 2215 m), woraus sein erfolgreiches Gedicht erwuchs. Noch nachhaltigeren Auftrieb erhielten die Alpengefühle durch den Genfer Jean-Jacques Rousseau, der auf der St. Petersinsel im Bieler See mit den Bergen in der Ferne am glücklichsten war und das Mittelgebirgsniveau nie verließ. Er lehrte die Empfindsamkeit, menschliches Fühlen auch in die Natur hineinzusehen, ihr eine Seele anzudichten. Auch Goethe verglich 1779 das Wasser des Staubbachfalls mit der menschlichen Seele: „Vom Himmel kommt es, zum Himmel steigt es, und wieder nieder zur Erde muß es..." Und der Berliner Autor Karl Spazier fand 1789, daß der Staubbachfall „das stillere, geräuschlosere, aber doch sichere und große Wirken einer mit sich selbst vertrauten großen Seele auszudrücken" schien.[18]

---

[17] *The Spectator*, Nr. 412. Zit. n. *Auszug des Englischen Zuschauers*, Bd. 6, Berlin 1782, S. 86.
[18] Vgl. Weiss: *Die Entdeckung der Alpen*, S. 200.

Das Erhabene

Erste Andeutungen der in der zweiten Hälfte des 18. Jahrhunderts als „das Erhabene" definierten Kategorie finden wir bei Addison. Er empfand angesichts der fernen Savoyer Alpen „eine angenehme Art von Schauer". Und er war es auch, der den Begriff des Romantischen erstmals auf Naturszenen anwendete.[19]

Rousseau sagte in den *Confessions* angesichts einer Schlucht bei Chambéry, die er 1732 als Zwanzigjähriger erlebte: „Niemals ist eine Landschaft der Ebene, mochte sie noch so schön sein, in meinen Augen so erschienen. Ich verlange Gießbäche, Felsen, Tannen, dunkle Wälder, Berge, rauhe auf- und abführende Pfade und recht fürchterliche Abgründe neben mir." Er gestand, an den Abgründen schwindlig zu werden, „und diesen Taumelzustand habe ich überaus gern, wofern ich mich sicher weiß". Stundenlang stand er weit hinausgebeugt am Geländer, um in den Abgrund zu schauen.[20] Durch ihn wurde die „romantische" Sicht im damaligen Sprachgebrauch populär.

Goethe notierte am Rheinfall bei Schaffhausen 1797: „Sicherheit neben der entsetzlichen Gewalt". Die Nacht am Staubbachfall zu erleben (Karl Spazier 1789) oder ein Gewitter am Montblanc (Sophie la Roche 1784) waren besonders begrüßte „Auftritte auf dem Schauplatz der Natur". Die Wortwahl zeigt, daß die frühen Touristen die Alpen wie ein Theaterstück erlebten. „Und das, was sich vordem gerade gegen eine ästhetische Betrachtung gesperrt hatte, nämlich der bedrohliche und angsteinflößende Charakter dieser Region, wurde jetzt zum besonderen ästhetischen Reiz und Nervenkitzel – allerdings nur auf der Grundlage, daß man bloß zu Besuch war und jederzeit wieder abreisen konnte."[21]

Die Suche nach erhabenen Eindrücken ging nach 1790 so weit, daß man sogar willig auf den Sicherheit gebenden Rahmen verzichtete. Von misanthropischen Gefühlen getrieben, floh der

---
[19] Vgl. Friedländer: *Über die Entstehung*, S. 43.
[20] Rousseau: *Confessions*, 4. Buch. – Vgl. auch Alfred Biese: *Die Entwicklung des Naturgefühls im Mittelalter und in der Neuzeit*, Leipzig 1888, S. 339f.
[21] Bätzing: *Die Alpen*, S. 104.

junge Etienne Pivert de Senancour von Sankt Moritz auf die Berge, schickte seinen Führer ins Tal zurück und wäre fast umgekommen.[22] Auch Matthissons „Alpenwanderer" geht einen solchen Weg, die Via Mala am Hinterrhein. Zunächst kommt er, wenngleich schon auf gefährlichem Pfad, in ein elysisches Tal der Freiheit. Von hier aber geht er zwischen wilden Felsen weiter in die vegetationslosen Höhen der „erzürnten Fluthen" und Gletscher. Ein Unwetter vermehrt die fürchterlichen Eindrücke, und der Wanderer begegnet des „Grabes Schrecken". Dem Erfrieren nahe, gelangt er zum Hospiz auf dem S. Bernadino, dessen Glöckchen und Kreuz von jenseitiger Erlösung künden. Diese Paßstraße nach Italien erinnerte an den freimaurerischen Weg der Prüfungen, den man damals so liebte und auch in Gärten darstellte.[23]

Die „Oberstelle unter den schauerlichen Schauerstücken" der Gotthardstraße war für den württembergischen Naturforscher Gottlieb Konrad Christian Storr die Teufelsbrücke. Daß danach sich wieder liebliche Szenen boten, ließ die Szenenfolge an der Reuß ebenfalls dem Prüfungsweg ähneln. Friederike Brun fand diesen Weg so gut, daß sie ihn gleich zweimal hintereinander ging.

Besonders erhabene Gegenstände neben der Via mala und der Teufelsbrücke waren die Wasserfälle, welche Hauptziele des Alpentourismus wurden. Konnte man hinter den donnernden Fall treten, ohne fortgerissen und naß zu werden, wie Rousseau 1732 bei Chambéry oder die Hotelgäste am Reichenbachfall, so war das Bedürfnis voll befriedigt. „Der besondere Reiz der Alpen" liegt nach Bätzing bis heute „in dem Kontrast zwischen einer Region, in der der Mensch sich behaglich und geborgen fühlt, und einer Region, die den Menschen absolut bedroht."[24]

Nachdem die mittleren Alpenregionen ausgereizt waren, wandten sich 1855–75 Bergsteiger, Maler und Schriftsteller den höchsten Zonen zu. Nur ihr Bewußtsein, daß sie durch Ausdauer und

---

[22] Senancour: *Obermann*, Paris 1804, Lettre VII.
[23] Vgl. C. A. Wimmer und Michael Niedermeier: Hängende Gärten, schaurige Grotten. In: *Anthos* 31, 1992, Nr. 1, S. 32–39.
[24] Bätzing: *Die Alpen*, S. 104.

kluge Planung der Gefahr entgehen werden, konnte ihnen über die todbringende Gegend hinweghelfen. 1868 schwärmte der aus Deutschland geflohene Hermann Alexander von Berlepsch noch einmal: „In die Geheimnisse der verborgenen Gebirgswelt mußt Du hineindringen, in die Einsamkeit der scheinbar verschlossenen Schluchten und Thaltiefen, wo der Kulturtrieb des Menschen ohnmächtig ermattet."[25]

Gefühlsmäßiger Gegenpol zur geordneten Stadtwelt sind die Alpen noch lange geblieben. Doch war 1875 auch die oberste Schicht des Erhabenen ausgereizt. Der Massentourismus hat das Gefühlsleben eingeschränkt. „Der Anblick der Alpen und ihrer machtvollen Gipfel", schreibt Wilhelm Lehner, der gründlichste Historiker des Alpinismus, über die Zeit von 1875–1900, „früher ein großes, eindrucksvolles Erlebnis, wurde nunmehr zur Alltäglichkeit. Bergsteiger schossen wie Pilze aus dem Boden, die Bergbesteigungen häuften sich, die Ehrfurcht vor dem Hochgebirge und seinen gewaltigen Erscheinungen schwand dahin."[26] Die Reichenbachfälle wurden zum Gartenprospekt eines Grandhotels, und mit den kleinsten Kindern kann man von dort einen kurzen Gang hinter den Fall machen, der jedes Schreckens entbehrt. Der Gasteiner Wasserfall wurde durch die flankierenden Hotelbauten geradezu zu einer Stadtparkkaskade. Schon um 1900 fanden es viele Touristen antiquiert, sich von den Bergen irgendwie beeindrucken zu lassen oder gar Blumen zu lieben.[27] Ein untertunnelter und von Flugzeugen überflogener Montblanc ist nicht mehr erhaben.

3. Wissenschaftliche und technische Aneignung

Das Streben nach immer Mehr und Weiter, im Hotelnamen „Excelsior" vollkommen wiedergegeben, ist in erster Linie der Grund für die Zerstörung der Alpen. Derselbe Wissensdurst und

---

[25] Hermann Alexander von Berlepsch: *Die Alpen in Natur- und Lebensbildern*, 4. Aufl. Jena 1871, S. 2.
[26] Lehner: *Die Eroberung der Alpen*, S. 545.
[27] Vgl. F. Montanus: *Die Alpenfahrt der Familie Ekel*, München 1908.

derselbe Machthunger, der fremde Erdteile entdeckte und unterwarf, der später den Luftraum und den Mond eroberte, begegnete den Alpen. Im Bestreben, Raum und Zeit immer leichter zu überwinden, auch um die anderen Verhaltensweisen zu erleichtern, mußten Straßen, Eisenbahnen, Bergbahnen, Luftseilbahnen, Sessellifte, Flughäfen, Tunnel usw. gebaut werden. „Ich dünkte jetzt mir selbst", bemerkte der Zürcher Pfarrer Hans Rudolf Schinz auf einem Gipfel 1763, „Herr der Erde zu sein."[28] Der württembergische Oberst Theodor von Wundt rief beim Bergsteigen: „Hier stehe ich; was könnt ihr mir ungeschlachte Riesen anhaben? Hier in meinem Innern ruht die Kraft und der Sieg über euch."[29]

Durchquerung, Erschließung

Schon im ersten nachchristlichen Jahrhundert begannen die Römer mit der Erschließung der Alpen durch Straßenbau. Bis zum 18. Jahrhundert aber galten die Erschließungsmaßnahmen nur dem schnelleren Durchqueren der Alpen, nicht dem Aufenthalt in den Alpen. Konsul Bonaparte ließ 1801–06 die erste moderne Alpenstraße bauen, über den Simplon. Matthisson, der dem Bau zusah, lobte den „Triumph des mechanischen Genies über die Natur", bedauerte aber das unwürdige Los der Arbeiter.[30] Schinkel staunte 1824 auf der Simplonstraße: „Von dem Vergnügen, auf dem herrlichen Wege das Wildeste und Größte in der Natur wie auf einem Spaziergang zu genießen, läßt sich keine Beschreibung machen."[31] Es folgte 1819–23 der Kanton Graubünden mit der Bernhardin-Straße, und 1820–30 wurde die Gotthardstraße ausgebaut, was Blechen in seinem Gemälde der Teufelsbrücke verewigte.

Nachdem 1848–54 der Bau der Semmeringbahn, die 370 m Höhenunterschied überwand, bewiesen hatte, daß Bergbahnen möglich waren, ging man zügig an die Durchquerung der Alpen mit der

---

[28] Zit. in Weiss: *Die Entdeckung der Alpen*, S. 98f.
[29] Zit. in Al. Dreyer: *Der Alpinismus*, Leipzig 1909, S. 146.
[30] Zit. in Karl Beck: *Deutsche Reisen im Wandel der Jahrhunderte*, Berlin 1936, S. 251.
[31] Zit. in Seitz: *Wo Europa den Himmel berührt*, S. 50.

Eisenbahn. 1857–71 entstand die Mont-Cenis-Bahn, 1867 die Brennerbahn, 1882 die Gotthardbahn. Hierdurch wurde auch die Anreise in die Alpen beträchtlich gefördert.

Nachdem in Amerika 1866–68 eine Zahnradbahn auf den 2097 m hohen Mount Washington gelungen war, folgten auch in den Alpen derartige Touristen-Bahnen, zuerst die Vitznau-Rigi-Bahn, 1879 die Gießbachbahn usw. Am spektakulärsten war die Jungfraubahn, die im ersten Abschnitt 1898 eröffnet wurde und 1912 in 3454 m Höhe am Jungfraujoch mit der höchsten Bahnstation Europas endete. Der seit 1907 geplante Bau einer Matterhornbahn kam nur wegen des ersten Weltkriegs nicht zustande.

Weiterreichende Folgen hatten immer bessere Straßen und Autobahnen, die die Alpen flächendeckend für das Auto erschlossen. 1902 erregte Otto Julius Bierbaum noch großes Aufsehen, als er mit einem Auto über den Gotthard fuhr.[32]

„Die künstlich angelegten Alpenstraßen", resümiert Berlepsch, der die Alpen noch überwiegend als gefährlich sah, „sind Meisterwerke der Baukunst, – Triumphe des menschlichen Verstandes und der eifernsten Ausdauer. Ihre Erbauer [...] haben sich Denkmale durch dieselben errichtet, welche die Pyramiden und Tempelbauten der alten Völker übertreffen."[33] Der Tourismus bringt „höhere Cultur und die Errungenschaften der Gegenwart in abgeschlossene Täler", fand ein anderer Alpenschriftsteller.[34]

Ebel wies 1793 darauf hin, daß die Kutsche den Kontakt des Reisenden zur Landschaft einschränkte. Heute schirmen Leitplanken, Sicherheitsglas und Klimaanlagen den Reisenden von der Landschaft ab, das Verlassen des Automobils oder der Eisenbahn ist nur noch an wenigen Stellen möglich, ebenso das Anhalten zu einer eingehenderen Betrachtung des Landschaftsbildes. Das Streben nach schnellem Fahren ist auf den Schweizer Autobahnen mit Verboten nicht mehr einzuschränken, man stellt deshalb als letzten Versuch Roboter auf, die wie fahnenschwenkende Straßenarbeiter aussehen.

---

[32] Vgl. ebd., S. 66 f.
[33] Berlepsch: *Die Alpen*, S. 109.
[34] Friedrich Umlauft: *Die Alpen*, Wien 1887, S. 480.

Tourismus

Im 18. Jahrhundert begannen nach den Schweizer Stadtbewohnern Engländer, dann Deutsche, die Alpen und speziell die Schweiz um ihrer selbst willen zu bereisen. Der Begriff Tourist entstand um 1750 in England. 1790 hatte die Schweiz bereits Italien den Rang des meistbesuchten Landes Europas abgelaufen.[35]

Das westliche Alpengebiet trat als erstes in den Mittelpunkt des Alpeninteresses. Als Höhepunkte galten im 18. Jahrhundert der Zürcher und Genfer See und das Haupttal des Wallis, der Jura mit dem Neuenburger und Bieler See und dem Birstal, der Vierwaldstätter und Zuger See mit Pilatus und Rigi, der Thuner und Brienzer See, das Rheintal von Chur bis Basel mit dem Rheinfall bei Schaffhausen, die Staubbach- und Reichenbachfälle und der Grindelwaldgletscher.[36] Das Berner Oberland, so der Preuße August Lewald 1839, wäre für das deutsche Gemüt von allen Teilen der Schweiz am ansprechendsten und entzückendsten, die welsche Schweiz weniger „traut und heimisch".[37] Wegen ihrer alpinen Superlative wurde die welsche Schweiz dennoch alsbald Touristenziel. Goethe vermerkte 1779, daß die Savoyer Alpen mit dem Montblanc in Mode kämen.

Später wurden die Ostalpen erschlossen. Der Freiheitskampf Tirols gab einen ideellen Anlaß. Erzherzog Johann liebte die Tiroler Berge, und in Berlin lenkten die Beschreibungen von Lewald 1835 und Eugen von Hartwig 1846 die Aufmerksamkeit auf diese Gegend. Von den Dolomiten (Engländer und Paul Grohmann) und den Berchtesgadener Alpen (Hermann von Barth) nahmen die Bergsteiger erst in den sechziger Jahren des 19. Jahrhunderts Notiz.

Benedikt Pieringer (1801) und Karl Ludwig Viehbeck (1814ff.) gaben erste Ansichtswerke über österreichische Alpen heraus, die wegen der kürzeren Anreise Hauptziel für die Preußen und Ostdeutschen wurden.[38] Bad Gastein und das Salzkammergut mit Bad

---

[35] Vgl. Friedländer: *Über die Entstehung*, S. 30.
[36] Peyer: *Geschichte des Reisens*, S. 168f.
[37] August Lewald: *Das malerische Schweizerland*, Karlsruhe 1839, S. 3.
[38] Christine Schemmann: *Pioniere, Abenteurer und Mäzene. Ostdeutschlands Beitrag zur Eroberung der Alpen*, Leer 1988.

Aussee und Bad Ischl erlebten im 19. Jahrhundert den touristischen Ausbau. Als weiteres österreichisches Zentrum wurde die Steiermark durch die Kammermaler Erzherzog Johanns entdeckt.

Schon in den zwanziger Jahren des 18. Jahrhunderts gab es in Willisau (Kanton Luzern) 20 Wirtshäuser. 1779 baute Charles Blair am Mère de Glace die wohl erste Bergsteiger-Schutzhütte. Auf der Rigi-Kulm entstand 1816 das erste Gasthaus, 1832 das höchste auf dem Faulhorn (2693 m), 1839 auf dem Uetliberg, 1840 in Zermatt usw. Am Gießbachfall wurden 1818 die ersten Spazierwege angelegt und gegen Geld geöffnet, 1846 begannen die Illuminationen des Falls. Das Dorf Interlaken glich in den zwanziger Jahren einer „englischen Kolonie". 1829 war der Alpentourismus bereits so gewachsen, daß ein Buch unter dem Titel *Wanderungen in weniger besuchte Alpengegenden* erschien. Im Lauterbrunnental ging es nach Lewald 1839 zu wie auf einem Pariser Boulevard. In 3000 m Höhe erklangen Romanzen von Bellini und Walzer von Strauß.

Zur Erschließung und Erforschung der Alpen entstand in London 1857 der erste Alpenklub unter John Ball. Er diente einem elitären Kreis zur wissenschaftlichen Kolonialisierung. Es folgten 1862 der Österreichische Alpenklub, 1863 der Schweizer Alpenklub und der Club Alpin Italiano, 1869 der Deutsche Alpenverein, 1875 der Club Alpin Français u. a., die eher für den Tourismus der Allgemeinheit wirkten. Sie widmeten sich dem Bau von Schutzhütten, Höhenwegen mit Markierungen und Wegweisern, der Herausgabe von Zeitschriften und Karten, Ausstellungen, der Unfallversicherung und dem Rettungswesen. 1885 gab es 21 Alpenvereine mit insgesamt 50000 Mitgliedern.[39] Der Schweizer Alpenclub baute in den Jahren 1863–1913 130 Hütten. Dies war der größte Ausgabenposten, gefolgt von der Führerversicherung und der Vereinszeitschrift.[40] Der Deutsche und Österreichische Alpenverein gliederte sich 1910 in 395 Sektionen mit 91000 Mitgliedern und besaß 260 Hütten.

Nach 1955 überschwemmte der Massentourismus die Alpen, ab 1965 auch der Wintersport.

---

[39] Vgl. Umlauft: *Die Alpen*, S. 480.
[40] Vgl. Heinrich Dübi: *Die ersten 50 Jahre des Schweizerischen Alpenclubs*, Bern 1913.

Reiseführer, Kartierung, Erforschung und Erstbesteigungen

Seit 1790 erschien eine Flut von Alpen-Reisebüchern. Die erfolgreichsten Handbücher verfaßten Sulzer 1742, William Coxe 1779, Johann Gottfried Ebel 1793, John Murray 1843, Bädeker 1844, Iwan Tschudi 1855 und Theodor Grieben 1856. Mehrere Werke legten den Schwerpunkt auf den malerischen Aspekt, was sich schon in Titeln wie *Malerische Reise* oder *Neuestes Gemälde* ankündigt, oder waren einfach Bilderbücher. Außerdem gab man den Berggipfeln seit der Renaissance Namen und versuchte, sie auf Karten zu erfassen. 1595 finden wir erstmals den Montblanc auf einer Karte. Der Name Matterhorn folgte 1682. Auch die ersten Bergreisen zu wissenschaftlichen Zwecken fanden im 16. Jahrhundert statt, zunächst zu botanischen Zwecken (Konrad Geßner, Carolus Clusius). Aegidius Tschudi, Sebastian Münster, Johannes Stumpf und Josias Simler verfaßten im gleichen Jahrhundert die ersten Topographien der Schweiz. Das 18. Jahrhundert stand dagegen mehr im Zeichen des emotionalen Alpenerlebnis, dem auch Goethe auf seiner ersten Schweizerreise huldigte. 1779 verband er dagegen, anläßlich seiner zweiten Reise in die Schweiz, seine Alpenschilderung auch mit wissenschaftlichen Beobachtungen. Das gleiche tat 1856 John Ruskin, der in den Alpen nicht nur Kunsttheorien entwickelte, sondern auch geologische Studien trieb. Um 1870 klang dann die große Erforschungswelle ab, und das sportliche Abenteuer in den Alpen trat in den Vordergrund.

Aus der Reihe der Erstbesteigungen seien hier herausgegriffen: 1536 Stockhorn, 1762 Ankogel, 1786 Montblanc, 1800 Großglockner, 1811 Jungfrau, 1812 Finsteraarhorn, 1820 Zugspitze, 1841 Großvenediger. In einer letzten Welle von Kraftakten wurden dann in einem Jahrzehnt auch noch die als unbezwingbar geltenden Gipfel der Schweiz bezwungen: 1857 Eiger, 1860 Blümlisalphorn, 1861 Großschreckhorn und endlich 1865 Matterhorn. Die Jahre 1855 bis 1865 werden deshalb gern als die Goldene Zeit des Alpinismus bezeichnet. Herausragende Figuren waren hier die Engländer John Tyndall und Edward Whymper, der Bezwinger des Matterhorns. Bei Whymper wurde das Bergsteigen zum regelrechten Gipfelstürmen. Seine Vokabeln sind „siegen",

„unterliegen" und „schlagen", wenn er den Wettkampf seiner und einer italienischen Gruppe um die Erklimmung des Matterhorns beschreibt.[41]

4. *Künstlerische Umsetzung*

Wort

In der Zeit der ersten Schweizbegeisterung reisten viele führende Schriftsteller in die Schweiz, so Klopstock 1750, Wieland 1752, Hirschfeld 1765, Goethe 1775, William Beckford 1776, Jakob Michael Reinhold Lenz 1777, William Wordsworth 1790, Matthisson 1787, Friedrich Schlegel 1804, Shelley 1814, Lord Byron 1816 und John Ruskin erstmals 1833. Klopstock fand sich noch nicht veranlaßt, die Berge von nah zu sehen. Goethe fand dort Anregung zur dritten Strophe des Mignon-Liedes (1782–83), zum *Gesang der Geister über den Wassern* und zu seinem Schweizer-Singspiel *Jery und Bätely* (1779). Für Hegel war eine einwöchige Wanderung von Bern über Thun, Interlaken, Lauterbrunnen, Grindelwald, Grimsel, Schöllenen nach Altdorf wegen schlechten Wetters überwiegend enttäuschend.[42] Matthisson blieb dagegen viele Jahre in der Schweiz. Kleists Wunsch, in der Schweiz Bauer zu werden, zerschlug sich wieder. Hingegen entschieden sich Zschokke aus Magdeburg und Ebel aus Züllichau, für immer in der Schweiz zu bleiben.

Die meisten Schriftsteller beschrieben ihre Schweizer Reiseerlebnisse, selbst Iffland, der nur 14 Tage in der Schweiz weilte. Sogar Dichter, die nie in der Schweiz waren, besangen die Alpen. Schiller ließ sich von Goethe beraten, als er 1804 den *Tell* schrieb. Auch Tieck und Immermann schrieben über die Alpen, ohne sie je gesehen zu haben.

---

[41] Edward Whymper: *Berg- und Gletscherfahrten in den Alpen in den Jahren 1860–69*, 2. Aufl., Braunschweig 1892, S. 474–478.
[42] Bericht über eine Alpenwanderung. In: Gesammelte Werke I. Hamburg 1989, S. 381–398.

Malerei

In der Malerei erlebte die Alpendarstellung eine erste Blütezeit während der Renaissance (Dürer, Wolf Huber, Pieter Breughel, Albrecht Altdorfer). Das neu geöffnete „landschaftliche Auge" erfaßte mit einigen Seitenblicken auch die Alpen, bewahrte aber Scheu und Abstand vor ihnen und gab sie nur ausnahmsweise in topographischer Ansicht wieder. Danach erlosch das malerische Interesse an den Alpen bis etwa 1770.

In der Zeit der ersten großen Alpenbegeisterung besuchten wie die Dichter auch die Maler die Gebirge: William Pars 1770, Caspar Wolf 1774, Joseph Vernet 1778, Ludwig Heß 1781, George August Wallis 1788, Joseph Anton Koch 1794, William Turner 1802, Carl Gustav Carus 1821, Ernst Fries 1823, Schinkel 1824 und Ludwig Schnorr von Carolsfeld 1834. Wie die Touristen bevorzugten die meisten Maler die grandiosen Schweizer Alpen, während sie „harmloseren" österreichischen und bayerischen Alpen erst im 19. Jahrhundert entdeckten. Caspar David Friedrich malte 1823 den Watzmann und den Montblanc, ohne sie je gesehen zu haben. Turner benutzte die Alpen weitgehend als Grundlage für seine Katastrophenbilder, wie etwa den Goldauer Bergsturz. Nach der Bezwingung der letzten Alpengipfel endet um 1875 die Entwicklung der Alpenmalerei.

Massenkunst

Der Basler Matthäus Merian brachte erste Kupferstichblätter vom Rheinfall, Grindelwaldgletscher und Vierwaldstätter See heraus. Im 18. Jahrhundert erschienen eigene Kupferstichwerke über die Schweiz, deren künstlerischen Wert Ebel bis auf die von Geßner junior, Ludwig Heß und J. H. Meyer gering schätzte. Heinrich Keller versuchte sich Anfang des 19. Jahrhunderts mit ersten gestochenen Alpenpanoramen aus der Schweiz.

Im 19. Jahrhundert brachten große Stahlstichverleger wie Jenkins und Virtue in London, Lange in Darmstadt und Creutzbauer in Karlsruhe Stahlstichwerke über die Schweiz heraus, wodurch sie vielen Künstlern neue Arbeitsfelder eröffneten. Zu den besten unter diesen gehörten William Bartlett, Samuel Prout, John Harding und Ludwig Rohbock. Vor allem die „klassischen Stellen der Schweiz", wie der Staubbachfall, die Gießbachfälle, der Reichenbachfall und die Aareschlucht, wurden auf Hunderten von Grafikblättern dargestellt. Später wurden für die Touristen auch frappierende Techniken der farbigen Darstellung, wie Mehrtonaquatinta und Farblithographie, entwickelt. Darauf folgten Holzstich- und Fotobände über die Alpen. Schließlich erschienen 1926 *Die Schweiz in der Vogelschau*, 1937 *Unsere Alpen im Raumbild* („mit Plasteostereoskop") und 1940 *Die Schweiz* mit „80 mehrfarbigen Landschaftsbildern nach Kodak- und Agfa-Color-Naturaufnahmen".

Bevorzugt blieben bis heute (in der Alpenfotografie) „solche Stellen, wo man in einem lieblichen Tal um eine Ecke bog und plötzlich mit einem ‚schauderhaften' Abgrund oder einer riesigen Fels- oder Eiswand konfrontiert war. Diese Szene ist im Prinzip immer ähnlich: Im Vordergrund eine ungefährliche, behagliche Stelle, die von einer abweisenden, menschenfeindlichen Region bedroht wird."[43]

Garten

Für Hirschfeld führte die Beschäftigung mit der Gartenkunst zu dem Wunsch, die Schweiz ein zweites Mal zu sehen. Nach ihm war die Schweiz „das erste und einzige Land der malerischen Natur in Europa. Man findet hier die Urquelle aller Bilder und Schönheiten der Natur."[44] Die Schweiz entsprach ganz seinen Forderungen an einen guten Landschaftsgarten: viele unterschiedliche Szenen, verschiedene Empfindungsmodi. Ebel bezeichnete 1793 die Schweiz als „Garten Europas [...], wohin alle Anbeter der Natur pilgern".[45] Friederike Brun sah auf dem Rigi „feinen, dichten Rasen" und „kleine Tannen-Boskette". Neben Theaterausdrücken verwendete sie also Gartenausdrücke. Zschokke beschrieb 1836

---

[43] Vgl. Bätzing: *Die Alpen*, S. 105.
[44] Hirschfeld: *Neue Briefe über die Schweiz*, Kiel 1785, S. 16.
[45] Zit. in Weiss: *Die Entdeckung der Alpen*, S. 219.

den Rigi so: „Die sonst einsamen Alpen gleichen dann einem weiten Lustgarten in der Nähe irgendeiner großen Hauptstadt." Weil man in der Schweiz so bequeme, ungefährliche Reisewege hätte, wäre sie wie ein Garten. „The Playgrounds of Europe" bezeichnete ein 1871 erschienenes Buch von Leslie Stephen die Alpen.

Die anthropozentrische Neigung, die Alpen als Garten zu sehen, führte allmählich zu ihrer Umgestaltung in einen Garten mittels touristischer Aufbereitung. Die Schweizer selbst fühlten sich 1856 veranlaßt, die Rütli-Wiese am Vierwaldstätter See, eines ihrer Nationalheiligtümer, in einen Landschaftsgarten zu verwandeln. Diesen Prozeß sah negativ als erster Ruskin, der 1856 beobachtete, daß das Tal von Chamonix „reißend schnell in eine Art Cremorne-Garten" (Vergnügungspark bei London) verwandelt würde.[46]

Umgekehrt wünschte man, die Schweiz im heimischen Garten zu vergegenwärtigen. Dies geschah zunächst durch den Nachbau Schweizer Chalets, Schweizer Meiereien, felsiger Alpenszenerien mit Wasserfällen in Anlagen (z. B. Berlin-Bellevue um 1790). Ganze Swiss Gardens entstanden in England.

Um 1800 verwarf man diese Schweiz-Nachahmungen. Goethe hatte am Rheinfall „beim Hinabsteigen nach dem flächern Ufer Gedanken über die neumodische Parksucht. Der Natur nachzuhelfen, wenn man schöne Motive hat, ist in jeder Gegend lobenswürdig; aber wie bedenklich es sei, gewisse Imaginationen realisieren zu wollen, da die größten Phänomene der Natur hinter der Idee zurückbleiben". Und er schrieb nach der Gotthardwanderung 1797: „Wenn man einen rechten Park sehen will, so muß man nur vier Wochen in der Schweiz umherziehen, und wenn man Gebäude liebt, so muß man nach Rom gehen. Was wir in Deutschland, ja aller Orten, der Natur und der Kunst abgewinnen wollen, sind alles vergebliche Bemühungen." Auch Ruskin wandte sich 1837 gegen den Bau von Schweizerhäusern außerhalb der Schweiz.[47]

Matthisson und Tieck betonten in der Vorromantik, daß sie bei ihrem Aufbruch in die Berge jeglichen Garten, den französischen

---

[46] John Ruskin: *Ausgewählte Werke*, Bd. 14, Leipzig 1903, S. 429.
[47] Ruskin: *The Poetry of Architecture*, Sunnyside 1893, S. 33–45.

wie den englischen, unter sich ließen, um sich den stärkeren Eindrücken der Natur hinzugeben. 1811 entwickelte Tieck hieraus eine Gartentheorie: Das Erhabene der Natur ließe sich nicht im Park nachbilden; man dürfte deshalb keinen Park im Gebirge anlegen, da er hinter der Natur verschwinden würde. Das von der Kunst geschaffene Schöne aber habe in Parks und Gärten mit Recht seinen Platz, darunter auch kleine natürlich gebildete Wasserfälle.[48]

Dieser Theorie entsprach auch die Darstellung der Alpen im Garten durch importierte Alpenpflanzen. 1829 sammelte der sächsische Graf Hofmannswaldegg bei einem Urlaub in Gastein 2000 Alpenpflanzen in 140 Arten für seinen Garten.[49] 1835 eröffnete Theodor Froebel in Zürich den ersten kontinentalen Handel mit Alpenpflanzen. Das Interesse wuchs schnell. 1846 entstanden Alpenpflanzensammlungen im Zürcher Botanischen Garten durch Eduard Regel und im Wiener Belvederegarten durch Franz Maly, 1850 im Botanischen Garten zu Valeyres-sous-Randes (Waadt) durch Edmond Boissier, in Innsbruck durch Anton Kerner usw. 1851 hieß es, jeder bedeutende Garten hätte eine Alpenpflanzenanlage.[50] Die Akklimatisation der Pflanzen im Flachland machte viele Schwierigkeiten und erforderte ständigen Pflanzennachschub. Henri Correvon, Reginald Farrer und Erich Wocke schreiben die ersten großen Bücher über Alpenpflanzen für den Garten. „Wir Alpinisten lieben sie", schreibt Correvon, „nicht nur weil sie alpin sind, weil sie süße Erinnerungen in uns wachrufen, sondern auch weil sie niedlich, grazil, reizend sind. Sie haben eine Frische wie im Flachland keiner ihrer Schwestern, sie sind fein und leicht, wahrhaft bezaubernd."[51]

---

[48] Ludwig Tieck: *Phantasus* (1811), Einleitung.
[49] Vgl. *Allgemeine Gartenzeitung* 2, 1834, S. 105–108.
[50] Vgl. *Deutsches Magazin für Garten- und Blumenkunde* 4, 1851, S. 168.
[51] Henri Correvon: *Les plantes alpines*, Genf 1885, S. 40f.

5. Moralische und geistige Reproduktion

Konrad Geßner fand, daß Erforschung und Bewunderung der Natur beim Bergsteigen zur „Lust des Geistes" führte. „Denn welche Lust ist es, und, nicht wahr, welches Vergnügen für den ergriffenen Geist, die gewaltigen Massen der Gebirge wie ein Schauspiel zu bewundern und das Haupt gleichsam in die Wolken zu erheben. Ich weiß nicht, wie es zugeht, daß durch diese unbegreiflichen Höhen das Gemüt erschüttert und hingerissen wird zur Betrachtung des erhabenen Baumeisters."[52]

Addison veröffentlichte 1710 eine Vision von der Republik Genf bzw. der Eidgenossenschaft um Bern und Zürich als dem Land der Freiheit. Er träumte, auf einer blühenden Bergwiese in den Alpen zu stehen, der er als Negativbeispiel ein Barockparterre gegenüberstellte.[53] Er sah sich in einem lieblichen Tal, in dem ein Bach mäandriert, die Berggipfel, von denen der Bach kommt, sind in sicherer Ferne im Norden.

In der Folge waren die Alpenbewohner Vorbilder für glücklichen, moralischen Lebenswandel. Große Wirkung erzielte die Schilderung der moralischen Vorzüge der Bergbewohner durch Albrecht von Haller 1729, die in derselben Zeit wie *Robinson Crusoe* und die *Insel Felsenburg* erschien. Auch Goethe fand auf seiner zweiten Schweizreise 1779, daß die Menschen mit zunehmender Entfernung von den Städten besser würden.

Während Haller sich die moralische Besserung nur durch das menschliche Vorbild der Bergbewohner denken konnte, wirkten nach Rousseau die Berge selbst erzieherisch. Sein größtes Glück fand er 1765 auf der Petersinsel, sich nur mit Natur beschäftigend, fern jeder sozialen Bindung und Verantwortung (daß er durch diese Kur nicht besser wurde, bewies sein Leben). Matthisson erkannte 1790, daß die Berghirten keineswegs so glücklich waren, wie sie Haller beschrieb, sondern ebenso unzufrieden wie die Städter.[54] Aber man glaubte an die moralische Wirkung der Al-

---

[52] Zit. in Weiss: *Die Entdeckung der Alpen*, S. 1f.
[53] Vgl. C. A. Wimmer: *Geschichte der Gartentheorie*, Darmstadt 1989, S. 144.
[54] Vgl. Hermann Semming: *Ein Genzianenstrauß. Novellen und Reisebilder aus den Schweizer Alpen*, Leipzig 1885.

pennatur. Es ist dies dieselbe Entwicklung, die der englische Gartentheoretiker Thomas Whately vom emblematischen zum expressiven Landschaftsgarten beschrieb: Jener wirkte moralisch durch menschliche Zutaten wie Gebäude oder Inschriften, dieser durch seine natürlichen Elemente und Formen.[55]

Der Erlanger Philosoph Gustav Claß ging 1879 den Gründen für die Alpenreisen nach. Er fand, daß man nicht mehr Natur suche, sondern Kultur. Ihr hätte die Natur im Urlaub zur Reproduktion zu dienen. Man führe nicht wegen eventueller Gefühlserhebungen oder um Gott zu suchen in die Berge, sondern aus gesundheitlichen, sportlichen Gründen, aus Ehrgeiz oder Eitelkeit. Er empfahl geistige Arbeit als Voraussetzung für eine optimale geistige Nahrung des Alpenurlaubs. Durch wissentliche Dosierung und Vorbereitung würde der Genuß gesteigert und der Urlaub auf diese Weise leichter zum Erfolgserlebnis als der berufliche Alltag.[56]

6. Transzendenz

Die mittelalterliche Furcht vor den Alpen, ausgedrückt in Sagen von Geistern, Drachen, Kobolden, Hexen, Riesen und Zwergen, die unterhalb der heiligen Gipfel ihr Unwesen trieben, stand positiven Empfindungen in den Bergen entgegen. Auf dem Pilatus sollte der Leichnam des Pontius Pilatus in einem See versenkt sein. Wegen der Gefahren, die von dem Spuk ausgingen, war die Besteigung bei Strafe verboten.

Petrarca verwarf das Bergsteigen als sündhaft, da es unnütz sei und vom inneren Gottesdienst ablenke. Wenn er sich hier auf Augustinus berief, so charakterisierte er die mittelalterliche Haltung. Die Berge waren etwas Irdisches, das unter dem Geistigen stand und deshalb nicht mehr als dieses bewundert werden durfte.

Seit der Reformation aber konnten die grandiosen Partien der Alpen ein Ort der Begegnung mit dem Göttlichen sein. In der Natur sah man bereitwillig den Schöpfer. Die Alpen führten zu Gott.

---

[55] Thomas Whateley: *Observations on Modern Gardening*, London 1770.
[56] Gustav Claß: *Über die modernen Alpenreisen*, Heidelberg 1880.

Auch die Wissenschaft von den Alpen diente nach Scheuchzer der „Erkenntnis Gottes aus der Natur". Hirschfeld fühlte sich 1765/67 auf den Bergen „dem Weltgeiste näher". Als Wilhelm Heinse 1780 Gotthard und Furka überstieg, notierte er: „Das Anschauen war das Anschauen Gottes, der Natur ohne Hülle, in ihrer jungfräulichen Gestalt."[57] Die Schweiz wurde zum „Tempel der Natur". Unter den Malern stellten besonders J. A. Koch und C. D. Friedrich die Alpengipfel, zuweilen mit den Emblemen christlicher Betstätten, als Nahtstellen zum Göttlichen dar. Auch gingen viele Geistliche unter die Bergsteiger. Der Gurker Fürstbischof Franz Graf von Salm-Reifferscheidt errichtete 1799/1800 Gipfelkreuze auf dem von ihm erstiegenen Klein- und Großglockner. Im Gefolge des touristischen Bergsteigens wurde die Errichtung von Gipfelkreuzen zur Gewohnheit.[58]

Wenn der Brite Ruskin 1856 in den Bergen die „natürlichen Kathedralen oder Altäre der Erde" sah[59] oder wenn Berlepsch 1860 sein Alpenbuch mit dem Satz begann: „Die Alpen sind eines der großartigsten Zeugnisse von der Majestät der Schöpfungsgewalt", so entsprach das schon nicht mehr dem Gefühl der Mehrheit, die nach Ruskin die Berge „hauptsächlich als Plätze für gymnastische Übungen" ansah. Vergeblich forderte Ruskin, „die Gemütsstimmung zu verstehen suchen, der wir die Gründung des Benediktiner oder Karthäuser Klosters in der dünnen Alpenluft verdanken".

Für den Massentourismus seit 1900 mußten die transzendenten Regungen verlorengehen. „Der Schimmer des Ehrfurchtsvollen, der früher die Gipfel umwob, war bis zum letzten Rest hinweggefegt, die letzten Schleier des Geheimnisvollen wurden in Fetzen gerissen, die Einsamkeit und Stille der Bergwelt waren unwiederbringlich dahin".[60]

---

[57] Zit. in Weiss: *Die Entdeckung der Alpen*, S. 122.
[58] Wilhelm Eppacher: *Berg- und Gipfelkreuze in Tirol*, Innsbruck 1957, S. 62 f.
[59] Ruskin: *Ausgewählte Werke*, Bd. 14, Leipzig 1903, S. 431.
[60] Lehner: *Die Eroberung der Alpen*, S. 567.

7. Schutzversuche

Schutz des Menschen vor den Alpen

Die Alpen galten ursprünglich als Feind des Menschen. Der Altruismus angesichts der Alpen strebte deshalb zunächst nur danach, den Menschen den Alpenbesuch zu erleichtern, den Menschen vor den Alpen zu schützen. Mönche errichteten Hospize auf den Pässen. Man verbot die Besteigung des Pilatus. Pfarrer boten den Touristen Quartier. Die Alpenvereine bauten Schutzhütten. Später wollte man auch Frauen, Alten und Kranken den Zugang ermöglichen. 1808 war Marie Paradis auf dem Montblanc, 1871 Lucy Walker auf dem Matterhorn.

Zu einer Warnung speziell vor der Zerstörung der Alpen gab es noch keinen Anlaß. Schutzversuche waren nicht zu erwarten, da der Tourismus sich auf wenige Gebiete beschränkte und die Auswirkungen auf die Landschaft selbst durch die Veränderung der Wirtschaftsform im 19. Jahrhundert noch keine bedenklichen Ausmaße annahmen. Man konnte sich ruhig dem Glauben hingeben, die Alpen würden in ihrer Größe und Majestät den kleinen Menschen weiterhin aushalten. Heinse hörte den Berggeist sprechen: „Ich bin der Anfang und das Ende. Erkenn in mir die Natur in ihrer unverhüllten Gestalt, zu klar und mächtig und heilig, um von Euch kleinen zu euren Bedürfnissen eingerichtet und verkünstelt und verstellt zu werden. Jedes Element ist ewig wie die Welt und kann weder erschaffen noch vernichtet werden."[61] Selbst die Begründer des Naturschutzes Ernst Rudorff und Hugo Conwentz hatten – vom preußischen Standpunkt aus – keine Bedenken. Rudorff glaubte 1880: „Die Dimensionen der Alpen sind so ungeheure, die Frische ihrer Hochgebirgsnatur ist eine so tiefgründige, daß es schwer halten möchte, sie in der That zu erschöpfen."[62] Conwentz sagte, die großartige Natur des Hochgebirges bedürfe im allgemeinen kaum eines Schutzes vor Menschenhand.[63]

---

[61] Zit. in Annemarie Anger: *Landschaft der Dichter*, Dresden 1958, S. 294 f.
[62] Ernst Rudorff: Über das Verhältniß des modernen Lebens zur Natur. In: *Preußische Jahrbücher* 45, 1880, S. 266.
[63] Hugo Conwentz: *Schutz der natürlichen Landschaft, vornehmlich in Bayern*, Berlin 1907, S. 45.

Schutz der Bergbewohner vor den Touristen

Kritik an den Folgen des Tourismus richtete sich zunächst gegen das Verderben der Sitten der Bergbewohner. Der Berner Beat Ludwig von Muralt beklagte dies schon 1725.[64] Die Einheimischen würden durch die Touristen geldgierig gemacht, zu Bettelei, erhöhten Preisen und Erpressung verführt (so auch Hegel). Nur wenige sahen ein, daß durch den Tourismus die Bergbevölkerung nicht mehr von der Natur, sondern nur noch von den Städtern leben konnte.[65]

Der Schweizer Alpenklub tat zunächst nichts für den Naturschutz, sondern suchte das ästhetische Bergerleben angesichts der Ausbreitung des Sports zu wahren. Auch die gründlichsten Chronisten des Alpinismus sahen keine Gefahren für die Natur. Der Schweizer Peyer kritisierte 1885 die sozialen und ökonomischen Folgen des Tourismus, während er die wissenschaftliche und ästhetische Erschließung begrüßte.[66]

Schutz der guten Touristen vor den schlechten Touristen

Ein anderer – im Grunde auch ästhetischer – Kritikpunkt war die Unnatürlichkeit der Touristen. Schon Rousseau fand, wer aus Paris alles mitnahm, was er zuhause gewohnt war, könne auch gleich das Reisen bleiben lassen. Zschokke bemerkte, daß die Leute auf der Rigi-Kulm „mit Sorgfalt und Auswahl gekleidet" seien. Peyer kritisierte, daß man den Gornergrat in der „ausgesuchtesten Toilette" besuchte und meist nur, weil es Mode war oder die Reiseführer es vorschrieben.[67]

Von Anbeginn des Tourismus haben kluge Beobachter gesehen, daß sich der Tourismus durch seine Massenhaftigkeit die eigene Grundlage zerstört:

Joseph Anton Koch bemerkte 1791, daß die Schweiz ihre erha-

---

[64] Vgl. Peyer: *Geschichte des Reisens*, S. 94f.
[65] Vgl. N. Zwicki: Von Schweizer Bergdörfern und ihren Bewohnern. In: *Heimatschutz* 3, 1908, S. 57–63.
[66] Peyer: *Geschichte des Reisens*.
[67] Ebd., S. 107.

benen Reize verlieren müßte, wenn sie „die ästhetischen Zugvögel lockt", „die im Sommer das Land durchkäfern", so daß „der Eindruck, in einem solchen Arkadien herumzuschweifen, getilgt und profanisiert wird".[68]

Ludwig Tieck beschrieb 1811 sog. Naturjäger, „welche auf Sonnen-Auf- und Untergänge von hohen Bergen, auf Wasserfälle und Naturphänomene wahrhaft Jagd machen, und sich und andern manchen Morgen verderben, um einen Genuß zu erwarten, der oft nicht kömmt, und den sie nachher erheucheln müssen".[69]

Der Botaniker Eduard Regel kritisierte 1855, daß am Rigi und im Berner Oberland „die Freude an der herrlichen Natur durch die vielfache, lediglich auf den Geldbeutel der Reisenden berechneten Industrien und Betteleien nur zu oft verdorben [wird]. Hier ist es vergebliche Bemühung, sich dem Eindrucke, den jene grandiosen Gebirgsmassen, jene grossartige Natur auf jedes unverdorbene Gemüth macht, so ganz hinzugeben."[70]

Friedrich Theodor Vischer träumte bei einer Fahrt über den Splügenpaß 1860, daß die Berge sich erzählten, wie sie in der Urzeit „hofften, einen Damm aufzuwerfen, den der kleine Mensch nie übersteigen könne, um dort oben ganz unter sich zu sein. Sie schimpften, mit trägem, mürrischem Gähnen über das naseweise Geschlecht, das über diese Höhen klettert."[71] Im Schwarzwald sah Vischer 1878 deutlich, wie „das Interesse am Schönen" zur Vernichtung des Schönen führe:[72]

> Ich habe kürzlich das Kinzigtal wieder besucht, das ich vor vielen Jahren zu Fuß mit der Reisetasche an der Hüfte und mit dem ganzen Glück der Waldidylle in der Seele durchwandert hatte, jetzt durchschoß ich es auf dem neuen Schienenweg, der Legionen von Städtern aus den naturlosesten Kulturgebieten in diese herrlichen Einsamkeiten wirft. Diese Flut wird noch in das letzte Berg- und Waldtal die Ätzstoffe der Kultur ohne Gegengifte tragen.

---

[68] Zit. in Albert Schug: Über das Erhabene und über naive und sentimentalische Landschaftsmalerei. In: *Heroismus und Idylle. Formen der Landschaft um 1800*, Köln 1984, S. 60.

[69] Phantasus, 1811, Einleitung.

[70] In: *Gartenflora* 4, 1855, S. 148.

[71] Eine Reise. In Friedrich Theodor Vischer: *Kritische Gänge*, 2. Aufl., München 1922, Bd. 1, S. 448.

[72] Wieder einmal über die Mode. In: Ebd., Bd. 5, S. 399.

Rudorff meinte 1880 zum Hotel Rigi-Kulm:[73]

> Wenn Abends nicht ein Blick aus den Fenstern darüber belehrte, welche Höhe man erstiegen hat, so könnte man ebensogut meinen, man befände sich in einem der großen Hotels von Berlin, Paris oder welcher anderer Großstadt. [...] Im Großen und Ganzen bleibt es doch wahr, daß man den Rigi zu vermeiden hat, wenn man Natur haben will. Es ist hier wirklich gelungen, vor lauter Zurüstungen für den Naturgenuß so gut wie gar keine Gelegenheit übrig zu lassen, um im wahren Sinne des Wortes ‚Natur' zu genießen. Eine wahre Manie hat die Welt ergriffen, die Natur in ihrem eigensten Wesen zu zerstören unter dem Vorgeben, daß man sie dem Genuß zugänglich machen will.

Über die Touristen sagte er: „Bei den Meisten aber handelt es sich nur um eine Kneiperei in veränderter Form, höchstens zugleich um eine Befriedigung der Neugier. Hier wie dort dieselben Nichtigkeiten im Kopf und auf der Zunge, derselbe Plunder von Eitelkeit, Leichtfertigkeit, Albernheit, rein äußerlicher Vergnügungssucht."[74]

Der Architekt Paul Schultze-Naumburg fand die weisen Worte:[75]

> Denn wenn der Mensch alles gewonnen hätte, was sich mit seiner Technik gewinnen läßt, dann würde er zu der Erkenntnis kommen, daß das so maßlos erleichterte und einfach gemachte Leben auf der entstellten Erde eigentlich nicht mehr lebenswert ist, daß wir zwar alles an uns gerissen, was unser Planet herzugeben hatte, daß wir aber bei dieser Wühlarbeit ihn und damit uns selbst zerstört haben.

Daher war er auch gegen „Hotelkästen" in den Alpen und gegen Bergbahnen. „Die Bergbahnen", schrieb er, „die die stille Erhabenheit der Alpeneinsamkeit ‚vermitteln' möchten, vernichten sie vorher."[76]

---

[73] Ernst Rudorff: Über das Verhältniß des modernen Lebens zur Natur. In: *Preußische Jahrbücher* 45, 1880, S. 263ff.
[74] Ebd., S. 266.
[75] *Die Gestaltung der Landschaft durch den Menschen*, Bd. 1, München 1916, S. 164.
[76] Ebd., Bd. 2, München 1917, S. 69.

Auch Wilhelm Lehner bedauerte die „Vermassung" des Tourismus, die den Bergen ästhetischen Zwang antue. „Die Ursprünglichkeit der Alpen", lesen wir bei ihm, „ist durch die fortgeschrittene Verflachung des Alpinismus gründlich zerstört worden, und mit dem touristischen Massenbesuch sind auch die alten schönen Zustände in den Hochalpen für immer unwiederbringlich dahin."[77]

Heimatschutz

Der Verlust des ästhetischen Moments war der Anlaß zu ersten Klagen und Schutzversuchen. So beklagte Regel schon 1855 die Parzellierung mancher Alpenlandschaften für Häuser und „abgeschlossene Gärten".[78] Er schlug administrative Siedlungs- und Rodungsverbote für wichtige Stellen vor und erarbeitete einen Gesamtplan für die Umgebung des ausufernden St. Moritz, der dem „Geiste der großartigen Natur" entsprechen sollte.[79] Auch Ruskin, ein glühender Verehrer der Alpen, trat schon früh gegen ihre wirtschaftliche Ausbeutung ein. Er wandte sich 1856 entschieden dagegen, „daß ein liebliches Gebirgstal in einen Abgrund von Fabrikgestank und Plage verwandelt oder daß ein Verkehrsweg durch einen grünen Ort der Hirteneinsamkeit geführt werde".[80]

Im Zuge solcher Proteste entstanden schließlich 1905 die Bündnerische und die Zürcher Vereinigung für Heimatschutz, 1906 der Schweizer Heimatschutzbund, der auf französisch bezeichnenderweise Ligue pour la conservation de la Suisse pittoresque oder Ligue pour la beauté hieß, sowie die Schaffhauser Vereinigung für Heimatschutz, um nur die frühesten zu nennen, denen 1904 die Gründung des deutschen Bundes Heimatschutz vorangegangen war. Ein Hauptangriffspunkt dieser Vereinigungen waren die Reklametafeln, die man als besonders „unästhetisch" empfand. Der Gemeinderat von Grindelwald verkündete dementsprechend:

---
[77] Lehner: *Die Eroberung,* S. 269.
[78] In: *Gartenflora* 29, 1880, S. 200.
[79] In: *Gartenflora* 4, 1855, S. 148.
[80] Ruskin: *Ausgewählte Werke,* Bd. 14, S. 431.

„Weg mit dieser Blechpest von den Häusern, Scheunen und Alphütten, von den Felsen, Bäumen und Stangen!"[81]

Ebenso viele Proteste gab es 1907 gegen den Plan der Matterhornbahn. Der Zürcher Botaniker Carl Schröter forderte damals mehr „Respekt vor der Natur, insbesondere ihren höchsten Offenbarungen". Das Matterhorn solle „unnahbar" bleiben. „Wollen wir erzieherisch auf die Massen in diesem Sinne wirken", schrieb er, „so dürfen wir nicht leichten Herzens unsere gewaltigste Berggestalt der Fremdenindustrie ausliefern, zum Opfer der Reklame, zum Gegenstand der Spekulation machen." Der Jurist Christ warnte im gleichen Sinne: „Der Bahnbau bedingt [...] eine Verwüstung durch Erdbewegungen, Sprengungen, Abholzung, Barackenbauten etc., welche dem edlen Bilde des Matterhorns den herrlichen Vordergrund unberührter Waldpartien großenteils nehmen würde." Die meisten Gegner der Matterhornbahn argumentierten also ästhetisch oder weltanschaulich, aber nicht ökologisch. Selbst die Schweizer Vereinigung für Heimatschutz, die am aktivsten gegen die Bahn kämpfte und 68 000 Unterschriften dagegen sammelte, beschränkte sich ausdrücklich auf ideelle Gründe und steckte willig den Vorwurf ein, sie sähe die Sache zu sentimental. Daher konnte sie auch nicht wirklich überzeugen, und es war nur konsequent, daß sich der Zürcher Geologe Albert Heim dem Protest nicht anschloß und sich freute, daß es durch die Bahn „einer Menge Menschen vergönnt sein werde, auf die Welt von dieser hehren Zinne herabzuschauen" und zugleich die Erforschung des Berges gefördert werde. Obendrein hieß es, daß man auch den schwächeren Mitbürgern endlich das Alpenerlebnis ermöglichen solle.[82]

Ähnliche Proteste gab es 1907 gegen den Bau der Zugspitzbahn und gegen den Bau der Großglocknerstraße, die ebenfalls erfolglos blieben. Große, aber zweifelhafte Erfolge erzielte der Heimatschutz, als er nach 1945 den Abriß der Grandhotels Rigi-Kulm und Grunigelbad im Kanton Bern durchsetzte, die durch Hotelbauten im Heimatschutzstil ersetzt wurden. Doch solche Schutzversuche

---

[81] Georg Eigner: *Naturpflege in Bayern*, München 1908, S. 17.
[82] Vgl. Alfred Barthelmeß: *Landschaft. Lebensraum des Menschen*, Freiburg 1987, S. 140–148.

dienten nicht den Alpen an sich, sondern lediglich den ästhetischen Bedürfnissen ihrer Benutzer, waren also keineswegs altruistisch.

Ökologisch begründeter Naturschutz

„Es gibt Augenblicke in unserem Leben", schrieb Schiller 1795, wo wir die Natur „nicht weil sie unseren Sinnen wohltut, auch nicht weil sie unsern Verstand oder Geschmack befriedigt, sondern bloß weil sie Natur ist, eine Art von Liebe und rührender Achtung widmen".[83] Solche Augenblicke sind selten geblieben. So wunderte sich der Münchner Nationalökonom Max Haushofer 1906, daß der Mensch zwar jahrtausendelang gegen die Natur gekämpft habe, sich aber erst jetzt bewußt werde, daß „nicht nur der Mensch gegen die Naturmächte, sondern umgekehrt auch die Natur gegenüber menschlichem Tun eines Schutzes bedarf".[84] Die Einsicht, daß die verachtete Natur eines Tages zurückschlagen könne, finden wir bereits bei Schiller. Für ihn war zwar die Natur der Bergwelt noch nicht bedroht, sondern blieb „immer dieselbe". Obendrein sah er in der landschaftlichen Natur einen Ausdruck von Ideen, die unzerstörbar seien. Daher wandte er sich gegen alle Versuche, sich frevelnd „von der heil'gen Natur" loszuringen. Wo der Frevel die Oberhand gewinne, was für Schillers Spaziergänger allerdings „nur ein Traum" bleibt, erklärte er, fordere die Natur sofort ihr Recht:

Jahrelang mag, jahrhundertelang die Mumie dauern,
Mag das trügende Bild lebender Fülle bestehn,
Bis die Natur erwacht, und mit schweren ehernen Händen
An das hohle Gebäud rühret die Not und die Zeit,
Einer Tigerin gleich, die das eiserne Gitter durchbrochen
Und des numidischen Walds plötzlich und schrecklich gedenkt,
Aufsteht mit des Verbrechens Wut und des Elends der Menschheit
Und in der Asche der Stadt sucht die verlorne Natur.
O, so öffnet euch, Mauern, und gebt den Gefangenen ledig!
Zu der verlassnen Flur kehr' er gerettet zurück!

---

[83] *Über naive und sentimentale Dichtung*, 1. Satz.
[84] Max Haushofer: *Der Schutz der Natur*, München 1906, S. 3.

Wir können Schiller, wenn wir auf seine Zerstörungsvision hinweisen, durchaus wörtlich nehmen und sie statt auf die Sitten auf die ökologischen Lebensgrundlagen beziehen. Die Naturzerstörung wird erst dann aufhören, wenn sich der Mensch wieder der Herrschaft der Natur unterstellt und die Welt nicht mehr zu seiner Umwelt degradiert.

In seinem Gedicht *Der Alpenjäger* wurde Schiller noch deutlicher. Hier gebietet ein Berggeist dem vom Sturm und Drang in „die wilden Höhen" getriebenen Jüngling Einhalt. Ihm, der eine Gemse bis zu den höchsten Klippen verfolgt und bereits den Bogen auf sie anlegt, ruft der Geist zu: „Mußt du Tod und Jammer senden / [...] bis herauf zu mir? / Raum für alle hat die Erde – / Was verfolgst du meine Herde?"

Doch nicht nur die Tiere wurden in den Alpen reduziert oder ausgerottet, auch die Flüsse, Felsen, Sümpfe, Wälder, Heiden und Pflanzen waren vor dem ausbeutenden Menschen nicht sicher. So waren ausgegrabene Alpenpflanzen schon um 1830 ein begehrter Handelsartikel im In- und Ausland, besonders in England. Jahrzehntelang hat sich offenbar niemand Gedanken darüber gemacht, welche Folgen die Ausplünderung der Alpenflora haben könne. Selbst der umsichtige Botaniker Regel, der sich bereits 1855 für den Landschaftsschutz einsetzte, wandte sich keineswegs gegen das Ausgraben der Alpenpflanzen, sondern holte sie selber jährlich zu Tausenden nach Zürich.[85] In mehr als einem Gebiet der Schweiz waren daher 1884 manche Arten bereits ausgelöscht.[86] An allen größeren Bahnstationen der Alpenländer und auf Märkten wie in München wurden um 1900 massenhaft abgeschnittene Alpenblumen wie Edelweiß, Alpenrosen, Alpenveilchen, Gelber Enzian, Frauenschuh und Schneerose zum Verkauf angeboten. Der Enzianschnaps verschlang den Enzian. Die Edelweißfundorte in Bayern waren schon 1908 von 35 auf 10 zurückgegangen.[87]

Im Hinblick auf diese Entwicklung verbot 1879 der Kanton Bern das Sammeln von Edelweiß, und 1883 bildete sich in Genf in

---

[85] Vgl. *Gartenflora* 5, 1856, S. 249.
[86] Correvon: *Les plantes alpines*, S. 41.
[87] Eigner: *Naturpflege in Bayern*, S. 49.

Verbindung mit dem Schweizer Alpenclub und unter Vorsitz des neunundzwanzigjährigen Botanikers Henri Correvon die Association pour la protection des plantes, die bis 1890 auf 600 Mitglieder anwuchs. Im Bulletin dieses Vereins erschienen erste Listen verschwundener und gefährdeter Arten. Diese ersten Manifestationen des Naturschutzes entstanden folgerichtig in demjenigen Alpenland, wo die Natur zuerst zerstört wurde. Im Jahr 1900 folgte dann in Bamberg unter dem Vorsitz des Apothekers Karl Schmolz die Gründung des Vereins zum Schutze und zur Pflege der Alpenpflanzen, der aus Mitgliedern des Deutschen und des Österreichischen Alpenvereins bestand.

Diese Vereine bemühten sich, durch Aufklärung des Publikums sowie durch Einfluß auf Verwaltung und Gesetzgebung die Alpenpflanzen zu retten. Ihr Aufruf an die Handelsgärtner, lieber Samen von Alpenpflanzen als die Alpenpflanzen selber zu verbreiten, blieb jedoch unbefolgt. Deshalb gründete Correvon 1883 in Genf zu diesem Zweck einen Jardin alpin d'acclimatisation. Später propagierte er den Gedanken, botanische Schutzgärten anzulegen, in welchen „die seltensten Pflanzen und jene, welche am wütensten verfolgt werden, Schutz finden sollten". Nach einem mißglückten Versuch am Weißhorn wurden 1889 der Garten „Linnaea" in Bourg-Saint-Pierre (Walliser Alpen), 1890 der Garten „Thomasia" in Pont-de-Nant (Waadtländische Alpen) und 1904 der Garten „Rambertia" in Montreux angelegt, um nur die berühmtesten zu nennen. In Deutschland folgten 1900 die Alpengärten auf dem Schachen im Wettersteingebirge und 1903 auf der Neureuth bei Tegernsee, in Österreich 1901 im Gschnitztal (Tirol) und 1903 auf der Raxalpe (Steiermark).[88] Diese Gärten konnten freilich den Schutz der Pflanzen an ihren Originalstandorten nicht ersetzen.

Außerdem bewirkten die Pflanzenschutzvereine, daß zahlreiche Gemeinden und Regierungen Sammel- und Handelsverbote für Alpenpflanzen erließen, bevor bestimmte Arten landesweit unter Naturschutz gestellt wurden. Doch solche Gesetze und Verordnungen waren letztlich unzureichend. Schon Georg Eigner wies darauf hin, daß sie nur dann Erfolg haben können, wenn sie

---

[88] Correvon in: *Die Gartenwelt* 9, 1904, S. 140f., 152f.

durch Aufklärung und Inventarisierung wirksam unterstützt werden.[89]

Das unkontrollierte Abholzen der Bergwälder und damit den „Verfall unserer Alpenwirtschaft" kritisierte zuerst Regel im Jahr 1855.[90] Correvon war einer der ersten, der die damit verbundenen ökologischen Zusammenhänge erkannte. So beschrieb er 1884 die weitreichenden Wirkungen des Bergwaldes für alle tiefergelegenen Gebiete. Er legte dar, daß der Wald und sein Boden das Wasser zurückhalten und das Klima mäßigen. Außerdem erklärte er, daß Überschwemmungen, Bergrutsche und Lawinen nicht durch Launen der Natur, sondern durch unbedachtes Abholzen der Bergwälder entstehen. Die ästhetischen Aspekte des Bergwaldes verwies er dagegen auf den zweiten Platz.[91] 1890 beklagte er die Ausrottung nicht nur der alpinen Pflanzen, sondern auch der Wasser- und Sumpfflora, welche die älteste im Lande sei. „Man macht urbar", schrieb er, „man kultiviert, man verbessert; alles Ursachen für den Untergang vieler seltener und interessanter Arten."[92]

Auch der Berner Geograph Eduard Brückner warnte 1899 vor dem „unsäglichen Schaden", den das Roden in den Höhenlagen anrichte, das die Wildbach- und Lawinengefahr erhöhe. „Es gilt, das Land kulturfähig zu machen", erklärte er, „und dabei die Kultur möglichst der Natur anzupassen, sie zugleich zu schützen", was nur mit großen Kraftanstrengungen unter den extremen Bedingungen des Gebirges möglich sei.[93] Die Probleme, die mit der touristischen Erschließung der Alpen zusammenhingen, faßte er dagegen noch nicht ins Auge. Mit der gleichen Besorgtheit konstatierte 1908 Eigner, daß die ursprüngliche Tier- und Pflanzenwelt Bayerns „im raschesten Rückgange" begriffen sei und großteils in nicht zu ferner Zukunft untergehen werde.[94]

Aufgrund solcher Warnungen regte Nationalrat Dr. Bühler

---

[89] Eigner: *Naturpflege in Bayern*, S. 24.
[90] In *Gartenflora* 4, 1855, S. 143–155.
[91] Correvon: *Les plantes alpines*.
[92] Correvon: Schutz der Alpenpflanzen. In: *Neuberts Deutsches Gartenmagazin* 8, 1890, S. 290.
[93] Eduard Brückner: *Die Schweizerische Landschaft einst und jetzt*, Bern 1900, S. 31.
[94] Eigner: *Naturpflege in Bayern*, S. 30ff.

1904 erstmals einen Schweizer Nationalpark an, der dann 1913/14 bei der Gemeinde Zernez im Engadin durch Bundesbeschluß verwirklicht wurde. Man wählte ein Gebiet, das besonders wild, abgeschlossen, unberührt und einsam war. Nach damaliger Vorstellung untersagte man jeden menschlichen Einfluß, jegliche wirtschaftliche Nutzung, Jagd und Fischerei.[95] Eine Wertschätzung harmonischer Beziehungen zwischen Bergbauernwirtschaft und Natur war noch nicht entwickelt. Es ging noch um die reine, unberührte Natur. Auch Ernst Rudorff, der seit 1880 die Folgen der Naturzerstörung beklagte, sah zunächst das ökologische Desaster noch nicht. Indem er Vorschläge für Artenschutz und Schutzgebiete machte, glaubte er noch im Sinne Schillers zu argumentieren.[96]

Doch nach 1900 trat auch ein ökologisch motivierter Naturschutz, der weit über die bisherigen ästhetischen und moralischen Gesichtspunkte hinausging, immer stärker in den Vordergrund. Eine besondere Wut richtete sich dabei gegen die Touristen. So schrieb Ferdinand Friedensburg 1908 über die Berliner in den Tiroler Alpen: Sie stellen Ansprüche, nehmen auf nichts Rücksicht, hinterlassen „fettige Papiere, Wurst- und Eierschalen, leere Konservendosen" auf ihren Lagerplätzen, lassen Steine und Flaschen den Berg hinunterspringen, stellen einem Murmeltier nach, köpfen die Blumen nur zum Spaß, öffnen die Viehgatter und randalieren im Heustadel. „Am liebsten möchte man die Täler sperren und die Hütten niederbrennen", schrieb er, damit solche Leute fernblieben.[97] Der Gedanke, die Alpennatur an sich zu schützen, wie es sich nach 1909 der Schweizerische Bund für Naturschutz unter seinem Präsidenten Paul Sarasin vornahm, entwickelte sich also erst, als diese bereits gefährlich erkrankt war. Doch zu diesem Zeitpunkt war es bereits zu spät.

---

[95] C. Schröter: Der erste Schweizerische Nationalpark Val Cluoza bei Zernez. In: *Heimatschutz* 5, 1910, S. 17–24. – Vgl. auch Stefan Brunies: *Der Schweizerische Nationalpark*, 3. Aufl., Basel 1920.
[96] Rudorff: Über das Verhältniß, S. 268.
[97] Montanus: *Die Alpenfahrt*.

Ausblick

Wirklich altruistisch kann selbst der sogenannte Naturschutz nicht genannt werden. Auch der verdienstvolle Pflanzenschützer Correvon war letztlich ein Alpenpflanzenliebhaber, der seine Ressourcen schwinden sah. Das gleiche gilt für den 1905 gegründeten Bayerischen Landesausschuß für Naturpflege, der zwar bekannte, daß er nicht nur die Schönheit, sondern auch die Eigenart der Natur schützen wolle.[98] In diesem Ausschuß führte jedoch auch ein Mann wie Haushofer das Wort, der sich 1906 nicht nur für die Erhaltung der Naturschönheit einsetzte, sondern auch erklärte, daß die Natur in erster Linie eine Quelle der Wissenschaft und der Wirtschaft sei. Die gleichen Argumente finden sich bei Eigner, der 1904 schrieb: „Die Änderung und Verunstaltung des Naturbildes hat nicht bloß ästhetische, sondern insbesondere auch wissenschaftliche Bedeutung. [...] Was uns heute noch wertlos und nicht beachtenswert erscheint, mag vielleicht in kurzer Zeit in der wissenschaftlichen Forschung eine bedeutende Rolle spielen."[99] Die wahren Gründe für den Naturschutz waren also bei vielen wiederum Ausbeutungsabsichten. Sie wollten die Natur nicht zerstören, weil sie sie brauchten.

Ein wirklich altruistisches Verhalten den Alpen gegenüber findet sich am ehesten bei Idealisten wie Schiller, Ruskin und Rudorff, die von den Alpen weit entfernt wohnten. Doch solange das herrschende System, das den Profit höher schätzt als eine sinnvolle Tätigkeit und Produktion, nicht sich selbst zerstört, wird die Minderheit, die ein Umdenken predigt, auch in den Alpen kein Gehör finden. Nach Schiller sollte der Spaziergang in die Berge die Städter dazu bewegen, das rechte Maß der Zivilisationsfreiheit zu erkennen. Das wäre die Voraussetzung für einen harmonischen Schluß seines Gedichts, wo die Stadt – trotz fortgeschrittener Kultur – in die Gesetzmäßigkeit der Natur eingebettet bleibt. Ritter hat in seiner Interpretation gezeigt, daß die Freiheit des Menschen

---

[98] Vgl. *Einführung in die Geschäfte der Naturpflege*, 2. Aufl., München 1914, S. 4.

[99] Georg Eigner: Über den Schutz der Naturdenkmäler. In: *Berichte der Bayerischen Botanischen Gesellschaft zur Erforschung der heimischen Flora* 9, 1904, S. 5.

nach Schiller die „Entzweiung mit der Natur" einschließt, was jedoch nicht ihre Schädigung bedeutet.[100] Heute können die ästhetischen Naturbedürfnisse bald nur noch durch Simulationen befriedigt werden: in Filmen, Büchern und Bildern. Doch Simulationen werden nicht die von Schiller erhoffte mäßigende Wirkung auf den Menschen haben.

---

[100] Joachim Ritter: *Landschaft*, S. 28.

Ulrich Linse

Das Proletariat – Komplize kapitalistischer Naturzerstörung?

Blinder Fortschrittsglaube auf der historischen Linken?

Hat die historische Arbeiterbewegung blind auf den industriellen Fortschritt gesetzt? Schon Walther Schoenichen behauptet dies indirekt in seiner Darstellung der Entwicklung des Natur- und Heimatschutzes in Deutschland. Er verspricht, ein „Gesamtbild von der Entwicklungsgeschichte unserer Idee zu konstruieren",[1] und dieses reicht von der Romantik bis zu bürgerlichen Neuromantikern wie Ernst Rudorff und seinen konservativen Gesinnungsgenossen. Die Arbeiterbewegung aber kommt in dieser Geschichte des Naturschutzes nicht vor. Rolf Peter Sieferle hat die Linie dieser Fortschrittskritik aus romantischer Wurzel nachgezogen und bis zur Gegenwart verlängert. Aber auch er schreibt „eine Geschichte der konservativen Zivilisationskritik",[2] aus welcher er die Arbeiterbewegung bewußt ausschließt. Denn sie habe sich dem Fortschrittslager angeschlossen, die technisch-industrielle Entwicklung voll bejaht und so dazu beigetragen, daß das Wirtschaftswachstum „auf Kosten der Natur" gefördert wurde.[3] Diese Progressiven hätten sich lediglich auf die Mißstände im sozialen und politischen Feld konzentriert: „Da ihr Begriff von Moderne auf die Einheit von Egalität, Aufklärung, Technik und Industrie zielte, besaßen sie kein Gespür für das

---

[1] Walther Schoenichen: *Naturschutz – Heimatschutz*, Stuttgart 1954, S. VIII.
[2] Rolf Peter Sieferle: *Fortschrittsfeinde?*, München 1984, S. 28.
[3] Ebd., S. 139–141; ebenso Hans Albert Wulf: *„Maschinenstürmer sind wir keine." Technischer Fortschritt und sozialdemokratische Arbeiterbewegung*, Frankfurt/New York 1988.

Zerstörungswerk der Industrialisierung".⁴ Die „vaterlandslosen Gesellen", so der gemeinte Vorwurf, haben historisch nichts für die Rettung der bedrohten heimatlichen Natur übrig gehabt und getan; Heimat- und Naturschutz war allein eine Sache konservativer Idealisten.

Bereits in Kenntnis der bis heute ans Licht gekommenen Quellen zum Umweltverständnis der historischen Arbeiterbewegung müssen solche Pauschalurteile, welche eine Sensibilität für ökologische Fragen lediglich auf bürgerlicher Seite „konstruieren", als allzu einseitig zurückgewiesen werden. Es gilt vielmehr zu fragen, auf welchen konkreten Erfahrungsgebieten auch Arbeiter sowie ihre Vordenker und Organisationen die negativen Umweltfolgen der Industrialisierung wahrzunehmen und darauf politisch zu reagieren vermochten. Der historischen Arbeiterbewegung fehlte es nicht generell an einem Umweltbewußtsein, aber die Felder der Erkenntnis des Problems waren anders gelagert als beim Bürgertum, und so überlappten sich die entsprechenden Aktivitäten nur selten.

Sozialistische Umwelthygiene und Wasserreinhaltepolitik

Ein wichtiger Bereich der Berührung der Arbeiter mit schädlichen Stoffen lag (und liegt) innerhalb, nicht erst außerhalb der Fabrik; hier in der innerbetrieblichen Umwelt begegneten sich Produktions- und Naturkreisläufe, hier fanden arbeitsbedingte Belastungen und Schädigungen statt, hier wirkten sich Unfallgefahren, Berufskrankheiten und mangelnde Hygiene auf das Proletarierleben aus. Während aber die Arbeiterorganisationen (ebenso wie die Unternehmer) der Unfallgefahr große Aufmerksamkeit schenkten, nahmen sie – trotz des Beginns der wissenschaftlichen Gewerbehygiene und modernen Arbeitsmedizin durch den „Arbeiterfreund" Ludwig Hirt in den 1870er Jahren (*Die Krankheiten der Arbeiter*, 4 Bde., Leizpzig 1871–1878) – die chronischen Berufskrankheiten nur marginal und punktuell wahr, häufig auch gehemmt durch das Argument der Arbeitsplatzerhal-

---

⁴ Ebd., S. 159

tung. Die Sozialdemokratie betrieb vorrangig den Schutz einzelner, besonders gefährdeter Arbeitergruppen (Kinder, Jugendliche, Frauen) und engagierte sich im Kampf gegen geringe Löhne und zu hohe Arbeitszeiten. Die Versicherungspraxis des Kaiserreiches (Risikoversicherung statt Gesundheitsschutz) förderte die Vernachlässigung des präventiven betrieblichen Arbeits- und Gesundheitsschutzes ebenso wie die gewerkschaftliche Tarifpolitik (Ausgleichszahlungen für gesundheitsgefährdende Tätigkeiten statt der Verhinderung solcher Arbeitsplätze). Zeitbedingt wurde Arbeiterschutz durch technische Verbesserungen (häufig verbunden mit einer Abgabe der gesundheitsgefährdenden Emissionen des Produktionsprozesses an die außerbetriebliche Umgebung) und verbesserte innerbetriebliche Hygienevorschriften verlangt: „Die Art und die stoffliche Seite der Industrieproduktion standen bei der Sozialdemokratie nicht zur Disposition".[5]

Arbeitsplätze, Arbeitssicherheit, Gesundheitsschutz und lokale Lebensqualität wurden (und werden ja meist bis heute) als getrennte Themen gesehen, selbst wenn es sich um den gleichen Produkt- und Schadstoffzyklus handelte. Während in der Frühgeschichte der deutschen Arbeiterbewegung der „Gesundheitspflegeverein" (1849–1853) der Berliner „Arbeiterverbrüderung" noch kontinuierlich den statistischen Zusammenhang zwischen Arbeit und Berufskrankheit seiner Mitglieder systematisch und zum Zwecke der Abhilfe erfaßt hatte,[6] geschah dies zur Jahrhundertwende durch Sozialdemokratie und Gewerkschaften nur noch auf einigen Berufsfeldern (wie Bäcker, Holzarbeiter, Former und

---

[5] Arne Andersen: Arbeitsschutz in Deutschland im 19. und frühen 20. Jahrhundert. In: *Archiv für Sozialgeschichte* 31, 1991, S. 61–83. Zit. S. 76. Vgl. ferner Ders.: Arbeiterbewegung, Industrie und Umwelt im 19. Jahrhundert. In: *Ökologie, technischer Wandel und Arbeiterbewegung.* Hrsg. von Helmut Konrad und Arne Andersen, Wien 1990, S. 69–87, und Engelbert Schramm: Arbeiterbewegung und industrielle Umweltprobleme. Wahrnehmung und Theoriediskussion seit der zweiten Hälfte des 19. Jahrhunderts (bis 1918). In: Ebd., S. 1–32.

[6] Karl Heinz Karbe: Zur Geschichte der Berliner Gesundheitspflegevereine der deutschen Arbeiterverbrüderung. In: *Deutsches Gesundheitswesen*, Bd. 28 (1973), S. 1621–1625 und 2204–2208. Ders.: Die Berichte Salomon Neumanns über den Gesundheitspflegeverein (1849–1853). In: *Wissenschaftliche Zeitschrift der Martin-Luther-Universität Halle*, Bd. 23, 1974, Mathematisch-naturwissenschaftliche Reihe, Heft 4, S. 66–72, und Ders.: *Salomon Neumann. Wegbereiter sozialistischen Denkens und Handelns*, Leipzig 1983.

Gießer) und einmalig, so daß die gesundheitlichen Auswirkungen von technischen Veränderungen der Produktion nicht sichtbar wurden. Doch zeigen diese Erhebungen immerhin das Vorhandensein eines Bewußtseins von innerbetrieblichem Umweltrisiko, mochte dieses teilweise auch als unvermeidlich in Kauf genommen werden.

Ausgeprägter war das proletarische Umweltbewußtsein bei der Wahrnehmung der Wohnsituation, wo insbesondere die Unterschiede der Lebensbedingungen zwischen Reich und Arm ins Auge stachen. Die angebotene Lösung der in diesem außerbetrieblichen Bereich wahrgenommenen Mängel lag nicht zuletzt in Gesundheitsbestrebungen, die auf ein „Zurück zur Natur" setzten: diese reichten von der Naturheilbewegung über die Freikörper (= Nackt)kultur bis zur Wander- und Sportbewegung, umfaßten also die „Lebensreform" proletarischer Spielart[7] im weitesten Sinne.

Die ‚unnatürliche' Lebenssituation des Proletariats war schon früh ein Punkt der Anklage.[8] Marx schrieb 1844, die Zivilisation ersticke beim Arbeiter die einfachsten Bedürfnisse, etwa das Bedürfnis nach reiner Luft, das jedes Tier und jeder Wilde besitze: „Licht, Luft etc., die einfachste tierische Reinlichkeit hört auf, ein Bedürfnis für den Menschen zu sein. Der Schmutz, die Versumpfung, Verfaulung des Menschen, der Gossenablauf (dies ist wörtlich zu verstehen) der Zivilisation wird ihm ein Lebenselement.

---

[7] Zur Naturheilbewegung vgl. Gunnar Stolberg: Die Naturheilvereine im Deutschen Kaiserreich. In: *Archiv für Sozialgeschichte* 28, 1988, S. 287–305. Zur proletarischen Freikörperkultur, vor allem zur Adolf-Koch-Bewegung, vgl. Giselher Spitzer: *Der deutsche Naturismus.* Ahrensberg 1983, S. 139ff. Zur proletarischen Wanderbewegung vgl. *Geschichte der deutschen Arbeiterjugendbewegung 1904–1945,* Dortmund 1973, und *Hundert Jahre Kampf um die freie Natur. Illustrierte Geschichte der Naturfreunde.* Hrsg. von Wulf Erdmann und Jochen Zimmer, Essen 1991. Vgl. ferner Franz Walter, Viola Denecke und Cornelia Regin: *Sozialistische Gesundheits- und Lebensreformverbände,* Bonn 1991.

[8] Materialien über den Stand der Umweltproblematik bei Marx und Engels finden sich u. a. bei Edgar Gärtner: Arbeiterbewegung und Ökologie. In: *Arbeiterbewegung, Industrie und Umwelt im 19. Jahrhundert.* Hrsg. von Helmut Konrad und Arne Andersen, S. 33–44, und Anneliese Griese: Karl Marx und Friedrich Engels über das Verhältnis von Gesellschaft und Natur, ebd., S. 45–55. Die folgenden Quellen verdanke ich dem unveröffentlichten Vortragsmanuskript von Reimar Gilsenbach: Karl Marx über die Ethik des menschlichen Verhaltens zur Natur, 1983.

Die völlige unnatürliche Verwahrlosung, die verfaulte Natur, wird zu seinem Lebenselement."9

Friedrich Engels hat diese „verfaulte", „unnatürliche" Natur 1842 in Manchester kennengelernt und daraus in *Zur Lage der arbeitenden Klasse in England* (1845) eine glühende Anklageschrift gegen die englische Bourgeosie geformt. Bei ihm beginnt bereits die Schwerpunktsetzung einer antikapitalistischen Umweltpolitik bzw. sozialistischen Gesundheitspolitik auf die Flußverunreinigungsfrage (neben sie sollte dann, wie weiter unten zu zeigen, noch die Waldpolitik als zweites Vehikel der Kapitalismuskritik treten). Das Thema der Flußverschmutzung erwies sich schon deshalb für eine polarisierende Betrachtung besser geeignet als die Berufskrankheiten, weil hier verdeutlicht werden konnte, „wie die Arbeiter unter kapitalistischen Bedingungen gesundheitlich unterdrückt wurden, ohne daß sich ihnen eine formelle Wahlfreiheit anbot: Bezüglich der Beschäftigung an ungesunden Arbeitsplätzen mußte immer erst gegen die ideologische Figur argumentiert werden, daß damit eine Gesundheitsgefährdung freiwillig (Arbeitsvertrag) und gegen Bezahlung eingegangen wurde. Bezogen auf die Wasserreinhaltepolitik konnten die Arbeiter als Opfer des Kapitalismus und seiner liberalistischen Wasserpolitik dargestellt werden; sie gingen die mit der Flußverschmutzung und der Trinkwasserversorgung verbundenen Gefahren völlig gegen ihren Willen ein."10

Für diesen Naturschutz im Gewande des Antikapitalismus bietet Engels eindrückliche Beispiele. Den Medock nennt er einen „pechschwarzen, stagnierenden und stinkenden Fluß". Von der an ihm gelegenen Arbeitersiedlung Little Ireland sagt er: „Eine Unmasse Unrat, Abfall und ekelhafter Kot liegt zwischen stehenden Lachen überall herum, die Atmosphäre ist durch die Ausdünstungen derselben verpestet und durch den Rauch von einem Dutzend Fabrikschornsteinen verfinstert und schwer gemacht."11 Noch schlimmer sei der Zustand des Irk:[12]

---
[9] Karl Marx und Friedrich Engels: *Werke* (MEW), Ergänzungsband, 1. Teil, S. 548.
[10] Schramm: Arbeiterbewegung und industrielle Umweltprobleme, S. 15.
[11] MEW, Bd. 2, S. 292.
[12] Ebd., S. 282.

> In der Tiefe fließt oder vielmehr stagniert der Irk, ein schmaler, pechschwarzer, stinkender Fluß, voll Unrat und Abfall, den er ans rechte, flachere Ufer anspült; bei trocknem Wetter bleibt an diesem Ufer eine lange Reihe der ekelhaftesten schwarzgrünen Schlammpfützen stehen, aus deren Tiefe fortwährend Blasen miasmatischer Gase aufsteigen und einen Geruch entwickeln, der selbst oben auf der Brücke, vierzig oder fünfzig Fuß über dem Wasserspiegel, noch unerträglich ist. Der Fluß selbst wird dazu noch alle fingerlang durch hohe Wehre aufgehalten, hinter denen sich der Schlamm und Abfall in dicken Massen absetzt und verfault.

Engels erhebt den Vorwurf des „Mords" am Proletariat, der genau so schlimm sei wie der Tod durchs Schwert oder durch die Kugel, auch wenn der Mörder unsichtbar bliebe: „Aber Mord bleibt Mord." Die Verpestung der Luft und die Verschmutzung der Gewässer mache krank, und „unterlassener Umweltschutz sei Mord, – Engels hat es 1845 gesagt".[13]

Während der „great stink" in der Londoner Themse von 1857 das englische Parlament schon früh zur Beschäftigung mit der Flußverunreinigungsfrage zwang, fehlten in Deutschland bis in die siebziger Jahre des 19. Jahrhunderts derart schlimme Auswirkungen der Industrialisierung. Erst mit der Reichsgründung und der Hochindustrialisierung wurde die Gewässerhygiene auch hier zum politischen Problem. Um die Jahrhundertwende diskutierte der Reichstag – allerdings ohne entsprechenden Beschluß – die Notwendigkeit eines Reichswassergesetzes.[14] Damals (1904) sprach der Sozialdemokrat Philipp Scheidemann die bekannten Worte, die Wupper sei so schwarz vor Schmutz, daß, wenn man einen Nationalliberalen darin untertauche, man ihn als Zentrumsmann wieder herausziehen könne. Der Main aber wechsle durch Industrieeinleitungen so oft seine Farbe, daß man dort den Zentrumsmann so bunt herausziehe, daß er bei den Nationalliberalen

---

[13] Reimar Gilsenbach, Marx, 1983.
[14] Zum folgenden vgl. John von Simon: Die Flußverunreinigungsfrage im 19. Jahrhundert. In: *Vierteljahrsschrift für Sozial- und Wirtschaftsgeschichte* 65, 1978, S. 385–387. Zur Gelsenkirchener Typhusepidemie vgl. Thomas Kluge und Engelbert Schramm: *Wassernöte. Umwelt- und Sozialgeschichte des Trinkwassers*, Aachen 1986, S. 122 ff.

Hospitant werden könne. Ein Reichswassergesetz werde den Kapitalismus, vor allem die Großindustrie, die im Reichstag die Mehrheit besitze, viel Geld kosten. Die Sozialdemokratie sei kein prinzipieller Feind der Industrie, aber sie gebe ihr keinen Freibrief, daß sie „einfach alles verseuchen und verwüsten könne". Bei der Fortsetzung der Debatte ein Jahr später wies Scheidemann auf das Fischsterben in der Elbe und die wirtschaftlichen Folgen für die Fischer hin. Und mit Hinweis auf einen „Gelsenkirchener Wasserwerksprozeß" stellte er heraus, daß dank der Gewissenlosigkeit einiger kapitalistischer Unternehmer Zehntausende gezwungen seien, verunreinigte Industrie-Abwässer zu trinken.

Auch anläßlich der Beratung eines preußischen Wassergesetzes kämpfte die sozialdemokratische Partei über ihren Sprecher Karl Liebknecht gegen die wachsende Verschmutzung der Flüsse.[15] Liebknecht beklagte die „zügellose Ausnutzung der Wasserläufe" durch die Privatindustrie als eine Verschwendung von Naturkräften und als ein „zügelloses Darauflaswüten auf die öffentliche Gesundheit". In Rückgriff auf die inzwischen offenbar zum geflügelten Wort gewordenen Sätze Scheidemanns prangerte er die Entstellung des Bergischen Landes und der Wupper an:

> Die ganze Luft ringsumher ist verpestet, und das Wasser, das so frisch aus den Bergen hervorquillt, ist in eine schwarze stinkende Flüssigkeit verwandelt. Von der Wupper gilt das bekannte Witzwort, daß, wer als Nationalliberaler auf der einen Seite hineinspringt, auf der anderen als Zentrumsmann herauskommt – so schwarz soll sie sein.

Liebknecht setzte sich im Interesse der Volksgesundheit für effektivere Klärmaßnahmen ein, wobei er freilich zeitgenössischen Irrtümern über die unbeschränkte Aufnahmefähigkeit der Meere für Abwässer verhaftet blieb. Besonders radikal aber war seine – von der Landtagsmehrheit abgelehnte – Forderung nach der Einführung einer „Popularklage". Sie sollte „jedem am öffentlichen Wohl interessierten Bürger" erlauben, gerichtlich (also nicht wie

---
[15] Vgl. Franz-Josef Brüggemeier: „Blauer Himmel über der Ruhr". Zur Wahrnehmung der Umwelt durch die Sozialdemokratie. In: *Eine Partei in ihrer Region. Zur Geschichte der SPD im westlichen Westfalen*. Hrsg. von Bernd Faulenbach und Günther Högl, Essen 1988, S. 149–151.

bisher nur durch Beschwerde bei der Behörde) gegen Wasser- und Luftverschmutzung vorzugehen, wenn er durch Maßnahmen der staatlichen Aufsichtsbehörden negativ betroffen werde. Ebenso wie früher Scheidemann betonte auch Liebknecht, daß sich seine Vorschläge nicht gegen die Industrie als solche richteten. An deren Blüte und Entwicklung sei die Arbeiterschaft interessiert, sie kämpfe nur gegen das Großunternehmertum. Es sei auch besser, die Naturkräfte durch den Kapitalismus dem Gesamtinteresse dienstbar zu machen, als sie ungenutzt traditionellen Sonderinteressenten (etwa das Wasser den Flußfischern) zu überlassen.

Schon diese wenigen angeführten Beispiele aus der Zeit vor dem Ersten Weltkrieg belegen, daß die historische Arbeiterbewegung nicht einfach blindlings dem Fortschritt nachrannte, sondern sehr wohl die von Wasser- und Luftverschmutzung ausgehenden gesundheitlichen Folgen der Industrialisierung ansprach und Abhilfe verlangte. Freilich lehnte sie die Industrialisierung als solche nicht ab, da sie von ihr eine Verbesserung der Lebenschancen des Proletariats – insbesondere auf dem Gebiet des Konsums – erwartete. „Im Vordergrund stand nicht das Ziel, die Natur vor weiteren Zugriffen zu schützen, die Vorschläge der SPD liefen vielmehr darauf hinaus, die Belastungen sozial verträglicher zu gestalten", meint deshalb ein Historiker.[16] Aber auch dies ist nur ein Teil der Wahrheit.

Proletarischer Waldes-Kommunismus

Der „völkisch"-agrarromantisch ausgerichtete Vater der deutschen Volkskunde, Wilhlem Heinrich Riehl, schrieb 1852 mit Bezug auf den 1848 kulminierenden und danach durch neue Forststrafgesetze wieder zurückgedrängten Waldfrevel des ländlichen Proletariats:[17]

> Der Wald gilt in der deutschen Volksmeinung für das einzige große Besitzthum, welches noch nicht vollkommen ausgetheilt ist.

---

[16] Ebd., S. 150.
[17] Wilhelm Heinrich Riehl: *Land und Leute* (1853). Zit. nach Alfred Barthelmeß: *Wald – Umwelt des Menschen*, Freiburg 1972, S. 110.

> In Gegensatz zu Acker, Wiese und Garten hat *Jeder ein gewisses Recht an den Wald, und bestände es auch nur darin, daß er nach Belieben in demselben herumlaufen kann.* In dem Recht oder der Vergünstigung des Holzlesens und Laubsammelns, der Viehhut, in der Vertheilung des sogenannten Loosholzes aus Gemeindewäldern u. dgl. liegt ein nahezu communistisches Herkommen historisch begründet. Wo hat sich dergleichen sonst noch erhalten außer beim Wald? [...] Am Wald und an sonst nichts anderem könnt ihr dem deutschen Bauern den Communismus praktisch demonstrieren.

Haben wir zunächst die prinzipiell fortschrittsbejahende Tendenz der deutschen Arbeiterbewegung kennengelernt, so wird an der Waldes-„Philosophie" von der „freien Natur" ein Stück vorrevolutionärer Traditionalismus faßbar, der bis in die historische Arbeiterbewegung und ihr Naturverständnis hinein weiterwirkte.

Karl Marx hatte sich bereits 1842 in der von ihm herausgegebenen „Rheinischen Zeitung" für das gefährdete, weil kriminalisierte Gewohnheitsrecht der Armen eingesetzt, totes Holz („Raffholz") in den Wäldern des aufkommenden Kapitalismus zu sammeln.[18]

Das 1851 anonym erschienene und noch von der revolutionären Erschütterung der Jahre 1848/9 motivierte bayerische Büchlein *Das Proletariat und die Waldungen* kritisierte somit ein typisches Syndrom des vormärzlichen ländlichen Pauperismus:[19]

> Sr. Excellenz, dem Herrn Regierungspräsidenten von Zenetti in der Pfalz, wurde bei Inspicierung der Gefängnisse daselbst auch allenthalben eine große Masse von Forstfrevlern vorgestellt, welche auf Befragen erklärten, daß sie gezwungen seyen, zu freveln, und daß sie nach ihrer Entlassung, bei ihrer Unvermögenheit, sich das nöthige Brennholz zu kaufen, notwendigerweise auf's neue nach dem Gesetze strafbare Handlungen begehen müßten.

---

[18] Karl Marx: Verhandlungen des 6. Rheinischen Landtags. Dritter Artikel: Debatten über das Holzdiebstahlsgesetz. In: MEW, Bd. 1, S. 109–147.
[19] *Das Proletariat und die Waldungen, mit besonderer Berücksichtigung der bayerischen Rhein-Pfalz. Ein Beitrag zur Beantwortung der Frage über die materielle Not der unteren Volksklassen einerseits, und die Sicherstellung des bedrohten Waldeigentums andererseits*, Kaiserslautern 1851, S. 3.

Der „Forstfrevel", sei es Holzdiebstahl oder Streurechen (Laub, Moos und Flechten wurden statt Stroh dem Vieh untergestreut und dienten so als landwirtschaftlicher Dünger),[20] war die Reaktion der ländlichen Unterschichten auf die Durchsetzung eines ihre bisherigen Nutzungsrechte („Servituten") ausschließenden unbeschränkten Eigentumsrechts des Privatbesitzers am Walde.

Traditionelle Waldnutzungsrechte stießen so in der ersten Hälfte des 19. Jahrhunderts auf die entgegengesetzten Interessen der rationellen, das heißt ertragsorientierten Forstwirtschaft[21] und auf die dieser Betonung der kommerziellen Produktionsfunktion des Waldes entsprechenden freie Verfügungsgewalt des Eigentümers. Die Holz- und Streufrevler hatten dabei nicht einmal ein Unrechtsgefühl, sondern setzten aus ihrer Sicht nur alte und für sie überlebenswichtige Waldnutzungen fort. So entrüstet sich der Verfasser von *Das Proletariat und die Waldungen:*[22]

> Die Verwirrung aller Sittlichkeits- und Rechtsbegriffe äußert sich bezüglich der Waldungen vor Allem und fast allenthalben in der tief eingewurzelten Ansicht, daß ein Forstfrevel kein entehrendes, kein strafbares Vergehen sei, daß Holz eine Art von Gemeingut sei, und für den beliebigen Gebrauch Aller wachse. Es sind dies Ansichten, die sich aus den Zeiten des Holzüberschusses, und aus jenen, wo die Wälder Deutschlands wirklich noch Gemeingut waren, herleiten.

Die Strenge des staatlichen Gesetzes sollte in Zukunft auch nach der Hoffnung dieses Verfassers die mit dem Waldfrevel einhergehende „Walddevastation" eindämmen. Die Absicht des Waldschutzes verband sich mit den nun verschärft praktizierten Forststrafgesetzen.[23] Im rechtsrheinischen Bayern etwa wurde

---

[20] Nach Barthelmeß, S. 35, wurde durch die Modernisierung der Landwirtschaft seit der zweiten Hälfte des 18. Jahrhunderts die Getreidefläche zugunsten von Kartoffeln und Klee eingeschränkt. Der dadurch bedingte Ausfall von Stroh und der gleichzeitige Übergang zur Sommerstallfütterung führten zu einer gewaltigen Erhöhung des Streubedarfs.

[21] Vgl. das Kapitel „Rationelle Forstwirtschaft" bei Barthelmeß, S. 57–96.

[22] *Das Proletariat und die Waldungen*, S. 12.

[23] Vgl. August Bernhardt: *Die Waldwirtschaft und der Waldschutz mit besonderer Berücksichtigung der Waldschutzgesetzgebung in Preußen*, Berlin 1869,

1852 ein allgemeines Forststrafrecht geschaffen und darin der „Gewohnheitsfrevel" bei Diebstahl von Holz und anderen Waldprodukten mit Gefängnis bis zu einem halben Jahr geahndet.[24] In Preußen wurde im gleichen Jahr 1852 – auch hier wie in Bayern in Reaktion auf die mit der Holzverteuerung der napoleonischen Kriegskonjunktur einsetzenden und in der Revolution von 1848/9 kulminierenden Übergriffen klein- und unterbäuerlicher Gruppen auf den Wald – ein einheitliches „Gesetz über den Diebstahl an Holz" erlassen und dabei der Diebstahl von anderen Waldprodukten – dazu zählte auch die Laubstreu – dem Holzdiebstahl gleichgestellt. Sogar die Entwendung von Kräutern, Beeren und Pilzen im Forste wurde mit der Strafe des Holzdiebstahls bedroht – bei einfachem Diebstahl einer Geldstrafe, die ein Vielfaches des Wertes der entwendeten Sache betrug.[25]

Das preußische „Gesetz betreffend den Forstdiebstahl" von 1878[26] verschärfte dieses Strafmaß noch. Das Abgeordnetenhaus strich dann allerdings – entgegen der Regierungsvorlage und dem Vorschlag des Herrenhauses – Kräuter, Beeren und Pilze aus der Liste der als Forstdiebstahl zu ahndenden Gesetzesübertretungen und wollte deren unbefugtes Sammeln nur noch als forstpolizeiliche Übertretung bewertet wissen. Das preußische „Feld- und Forstpolizeigesetz" von 1880 trat schließlich nach erneuter kontroverser Debatte ohne eine derartige Bestimmung für die ganze Monarchie in Kraft; im Bedarfsfalle konnte aber der Gegenstand in lokalen oder provinzialen Polizeiverordnungen geregelt werden.[27]

Holzdiebstahl scheint auch noch nach der Reichsgründung in der Zeit des Sozialistengesetzes – obwohl die Brennholznot bei den Armen inzwischen durch die Hausbrandkohle beseitigt worden war – ein relevantes proletarisches Delikt gewesen zu sein. In

---

und Ders.: *Geschichte des Waldeigentums, der Waldwirtschaft und Forstwissenschaft in Deutschland*, Berlin 1872–1875, Bd. 3, S. 122–149.
[24] Bernhardt: *Geschichte des Waldeigentums*, Bd. 3, S. 145 f.
[25] Ebd., S. 142 f. Vgl. auch den Kommentar dazu: Gesetz betreffend den Forstdiebstahl vom 15. April 1878. Hrsg. von O. Öhlschläger und A. Bernhardt, 4. Aufl., Berlin 1886, S. 8 f.
[26] Ebd.
[27] Ebd., S. 8 f. Das Feld- und Forstpolizei-Gesetz vom 1. April 1880. Hrsg. von K. von Bülow und F. Sterneberg, Berlin 1883, S. 53 ff.

dem Anhang von Formularmustern zur erläuterten Ausgabe des preußischen „Gesetzes betreffend den Forstdiebstahl" von 1878 werden zum Beispiel zwei Fälle von Arbeitern – es sind wohl nur die Namen geändert – aufgeführt.[28] Danach hat der zwanzigjährige Arbeiter Friedrich Schulz im Februar 1880 zusammen mit seinem zehnjährigen Bruder Christoph in der Friedrichshagener Heide einen Kiefernbaum umgesägt und wurde dabei vom Forstaufseher ertappt; ferner seien bei dem Maurer Peter Kasper aus Friedrichshagen anläßlich einer Hausdurchsuchung morgens um 6 Uhr im Januar 1880 acht frisch gefällte und nicht forstmäßig zugerichtete Birkenholzstangen gefunden worden, über deren redlichen Erwerb sich der Besitzer nicht ausweisen konnte. Das Musterformular sieht gegen Schulz einen hohen Strafbefehl vor: Ersatz des entwendeten Wertes von 80 Pfennig an den bestohlenen königlichen Fiskus, Einziehung der abgenommenen Säge, 8 Mark Geldstrafe bzw. bei Zahlungsunfähigkeit 4 Tage Gefängnis sowie die Bezahlung der Gerichtskosten in Höhe von 1,10 Mark. Strafgesetzlich belangt wird aber auch noch der Vater der beiden Holzfrevler, der etwa fünfzigjährige Arbeiter Carl Schulz, weil er es unterlassen habe, seinen noch minderjährigen Sohn Christoph von der Begehung des mit seinem erwachsenen Bruder gemeinschaftlich verübten Forstdiebstahls abzuhalten. Glimpflicher kommt dagegen Peter Kasper davon: das gefundene Holz wird zu Gunsten der Armenkasse seines Wohnorts eingezogen.

Erst nach der Jahrhundertwende scheinen solche Formen der Energienot bei den Unterbemittelten – zumindest in Friedenszeiten – keine Rolle mehr gespielt zu haben. Jedenfalls findet sich bei den Ergebnissen einer 1907 bis 1911 unter Arbeitern von Großbetrieben gestellten Umfrage nach ihrem Verhältnis zum Wald kein Hinweis mehr auf Holznot und Holzfrevel.[29] Dafür taucht aber immer noch der Wald als freigiebige Nahrungsquelle auf: Essenssorgen kommen den Arbeitern dort in den Sinn[30], einer denkt „an etwas Gutes zu essen und zu trinken und wenn ichs dann nur im-

---

[28] Gesetz betreffend den Forstdiebstahl vom 15. April 1878, S. 112 ff.
[29] Adolf Levenstein: *Die Arbeiterfrage. Mit besonderer Berücksichtigung der sozialpsychologischen Seite des modernen Großbetriebes und der psycho-physischen Einwirkungen auf die Arbeiter*, München 1912.
[30] Ebd., S. 364 f., 379.

mer so haben könnte"[31], ein anderer geht nur in den Wald, um Pilze und Beeren zu sammeln[32], ein letzterer wiederholt gar die Jahrhunderte alte antifeudale Parole gegen das Jagdmonopol: „Ich denke mir, soviel Wild ist für uns geschaffen, aber leider dürfen wir es nicht essen."[33] Nicht mehr die Energielieferung, aber auch nicht die Nahrungsversorgung stehen allerdings bei dieser Umfrage über die Bedeutung des Waldes für den Arbeiter zahlenmäßig im Vordergrund, sondern die Erholungsfunktion des Waldes.

Die „freie Natur" – eine Arbeiter-Utopie

Die freie Verfügungsgewalt des Grundeigentümers im Zeitalter des Liberalismus bedeutete auch das Recht, Nichtbefugten den Zutritt zum Wald zu verwehren. Da aber der Wald mit der Industrialisierung zum beliebtesten Erholungsraum des ruß- und lärmgeplagten Städters wurde, erhielt die alte „Waldfreiheit" (Wilhelm Heinrich Riehl) eine neue überlebenswichtige Bedeutung:[34]

> Der Wald allein läßt uns Culturmenschen noch den Traum einer von der Polizeiaufsicht unberührten persönlichen Freiheit genießen. Man kann da doch wenigstens noch in die Kreuz und Quere gehen nach eigenem Gelüsten, ohne an die patentirte allgemeine Heerstraße gebunden zu seyn. Ein gesetzter Mann kann da noch laufen, springen, klettern nach Herzenslust, ohne daß ihn die altkluge Tante Decenz für einen Narren hält. Diese Trümmer germanischer Waldfreiheit sind in Deutschland fast überall glücklich gerettet worden. Politisch freiere Nachbarländer, wo die fatalen Abzäunungen der fessellosen Wanderlust gar bald ein Ende machen, kennen sie nicht mehr.

Gerade der Erholungswert des Waldes für die städtische Arbeiterschaft prägte im beginnenden zwanzigsten Jahrhundert zunehmend die antikapitalistische Variante der „Waldfreiheit". Aus

---

[31] Ebd., S. 379.
[32] Ebd., S. 372.
[33] Ebd., S. 357.
[34] Zit. nach Barthelmeß, S. 110ff.

Geldmangel konnte der Arbeiter nicht die schlechten Arbeitsverhältnisse durch bessere Wohnbedingungen draußen in den durchgrünten Villenvororten kompensieren.[35] Das Fehlen eines Jahresurlaubs verhinderte aber auch, daß er, wie das wohlsituierte Bürgertum, temporär aus der Arbeits- und Wohnwelt in die Sommerfrische floh.[36] Er war vielmehr darauf angewiesen, sich an den Sonn- und Feiertagen in der stadtnahen Umgebung zu erholen.

Anläßlich der Debatte um ein Gesetz zum Schutz der Naturdenkmäler im preußischen Abgeordnetenhaus[37] stellte sich Karl Liebknecht 1912 im Namen der sozialdemokratischen Fraktion hinter den von der Fortschrittlichen Volkspartei eingebrachten Antrag:

> Es ist tatsächlich eine außerordentlich wichtige Sache, daß wir immer mehr erkennen, welchen unersetzlichen Wert die Natur in ihrer Schönheit hat, und wie ihre einmal zerstörten Herrlichkeiten gar nicht wieder ersetzt werden können. [...] Es ist leicht, einen Wald auszuroden, einen See trocken zu legen, es ist leicht, eine Landschaft zu verwüsten und – wie zum Beispiel das Löcknitztal[38] – zu verschandeln; aber es ist ungemein schwer, das wieder gutzumachen. Wenn wir bedenken, welche Jahrhunderte lange, Jahrtausende lange Arbeit die Natur nötig gehabt hat, um die Naturdenkmäler zu schaffen, an denen sich Generationen erfreut haben, so läßt sich ohne weiteres ermessen, daß es auch allen Mitteln der modernen Technik schlechterdings versagt sein muß, Zerstörungen, die vollbracht sind, aus der Welt zu schaffen.

Liebknecht sah hinter dieser „törichten Zerstörungslust" einen „gefährlichen Egoismus mit kurzsichtiger Gewinnsucht" am Werke und forderte Abhilfe.

Neben den Naturschutz müsse aber „das wohlbegründete

---

[35] Nach dem Buch *Natur als Gegenwelt*. Hrsg. von Götz Großklaus und Emil Oldemeyer, Karlsruhe 1983, S. 208ff., beginnt die Vervorstädterung als Eroberung und Verbauung des Grünen bereits um 1800.
[36] Barthelmeß, S. 149.
[37] Reimar Gilsenbach: Kein Gesetz zum Schutze der Naturdenkmäler in Preußen. Eine vergessene Episode aus der Geschichte der deutschen Arbeiterbewegung und des Naturschutzes. In: *Archiv für Naturschutz und Landschaftsforschung* 23, 1983, Heft 2, S. 117–121.
[38] Vgl. die Karrikatur bei Ulrich Linse: *Ökopax und Anarchie*, München 1986, S. 17.

Recht" auf Naturteilhabe treten. Vor allem die Jugend und die städtische Bevölkerung bedürfe „besondere Reviere", in denen sie sich „frisch austummeln" – also auch Blumen pflücken oder einzelne Tiere einfangen – dürfen. Allerdings bestehe durch die vielen Erholungssuchenden in der Umgebung der Großstädte auch eine besondere Gefahr für die Natur. Hier müsse durch den Gesetzgeber eingegriffen werden. Bei der zweiten Lesung des Gesetzes ging Liebknecht noch stärker auf dieses Spannungsverhältnis zwischen Naturgenuß und Naturschutz ein. Auf der einen Seite hob er die gesundheitliche Bedeutung des Naturzugangs hervor:

> Wir sehen, wie ein Verständnis für den Wert der Naturschätze erst in der neueren Zeit wieder in weiteren Kreisen eingetreten ist – nach der wilden Periode der Entwicklung unserer Industrie, unseres Verkehrs, in der alle Interessen zurückgesetzt worden sind hinter dem einen Interesse des: Bereichert euch! Enrichissez vous!, wo man gehöhnt hat über diejenigen, die die ästhetischen Werte zu schätzen und zu schützen suchten, als über Narren, die noch nicht genügend den Geist der Zeit verstanden hätten. Jetzt hat nach und nach eine gewisse Einkehr eingesetzt, wesentlich deshalb, weil die unermeßliche Bedeutung der Natur und ihrer Schätze für die Gesundheit der Bevölkerung in moralischer und geistiger, aber auch körperlicher Beziehung immer mehr erkannt worden ist.

Besonders die von der Natur völlig entfremdete Bevölkerung der städtischen Ballungsgebiete habe das Recht, diese kennen zu lernen. Der Schutz der Naturdenkmäler müsse deshalb ergänzt werden durch deren Zugänglichkeit: „Nur dann können sie auch geschützt werden, weil nur dann die nötige Fühlung, das nötige Verständnis für diese Naturdenkmäler in der Menschheit erzeugt und erhalten werden kann".

Mit dieser Ansicht hatte Liebknecht die bereits vor dem Ersten Weltkrieg geübte Praxis der Arbeiterjugend- und insbesondere der Naturfreundebewegung, die Natur zu erschließen und zu schützen, auf den Begriff gebracht. Gerade der 1895 in Wien gegründete Touristenverein „Die Naturfreunde" wurde zum Vorkämpfer beider Bestrebungen. Als sein ursprüngliches Hauptwandergebiet, der Wienerwald, 1905 durch Abholzungspläne gefährdet schien, wandte sich der Verein in Flugblattaktionen und

Aufrufen an die Öffentlichkeit; in einer Eingabe an die Regierung wurde an deren „heiligste Pflicht" appelliert, „ihre Macht, von der sie bei viel unpassenderen Gelegenheiten Gebrauch macht, zur Geltung zu bringen und den prächtigen Wienerwald, unter dessen Laubdach Tausende von Menschen aller Stände Erholung und Genuß suchen, vor der Profitgier einzelner zu schützen."[39]

Nicht nur beim Naturschutz, sondern auch beim Naturgenuß in der „freien Natur" stießen die Arbeiterwanderer auf die freie Verfügungsmacht des Grundherrn über sein Eigentum. Gerade 1905 und 1906 verteidigte die Hauptversammlung der Deutschen Forstvereine heftig die allein an der ökonomischen Rentabilität orientierte Verfügungsfreiheit der privaten Waldbesitzer gegen die Kritik.[40] Nun kämpften die Naturfreunde mit den Alpenvereinen zusammen gegen die Grundbesitzer, oft noch Adelige, die aus Gründen der Jagd oder Viehhaltung die Wege für Wanderer sperrten und sie bei Zuwiderhandlung gar wegen „Besitzstörung" zur Anzeige brachten. Diese sogenannten „Wegeverbote" wurden nicht zuletzt deshalb für die Arbeiterwanderer zum Stein des Anstoßes, weil hier die mangelnde Sozialpflichtigkeit des kapitalistischen Eigentums demonstriert werden konnte. Ab 1906 berichtete der *Naturfreund* immer wieder über solche Zugriffe der „Eigentumsbestie" unter der Rubrik *Der verbotene Weg* und rief – allerdings vergeblich – nach dem Gesetzgeber, damit dieser dem Arbeiter sein „heiliges, unantastbares Naturrecht"[41] auf freien Naturzugang gewähre. Zudem schritten die „Naturfreunde" zur Selbsthilfe durch sogenannte „Trutzpartien". Sie beabsichtigten damit die Erzwingung des Durchgangsrechtes und eine politische Demonstration gegen das Privateigentum an Grund und Boden.

Bei den „Naturfreunden" wird der Zusammenhang von Forderungen nach Arbeitszeitverkürzung, nach Erholung in der freien Natur und nach ungehindertem Naturzugang auf besonders einprägsame Weise sichtbar. Wie allgemein jedoch dieses Empfinden

---

[39] *Sechzig Jahre Touristenverein „Die Naturfreunde" 1885–1955.* Hrsg. von der Naturfreunde-Internationale, Zürich 1955, S. 18.
[40] Barthelmeß, S. 152 ff.
[41] Der verbotene Weg, Ein unerhörter Mißbrauch des Besitzrechtes. In: *Der Naturfreund* 10, 1906, S. 139.

bereits vor dem Weltkrieg innerhalb der Arbeiterschaft war, macht eine zeitgenössische Befragung deutscher Arbeiter nach ihrem Verhältnis zum Wald sichtbar. Seine gute Luft[42] und beruhigende Stille werden gerühmt[43] sowie seine herzerlabende Schönheit[44] und fesselnde Lebensvielfalt hervorgehoben,[45] also auf seine entspannende Wirkung, aber auch auf die Steigerung der Empfindungs- und Wahrnehmungsfähigkeit verwiesen. Innerer Jubel ergreift die Arbeiter dort, aber zugleich auch „der Universalgedanke: Hole der Teufel die ganze Kultur. Hole sie (sic!) die stinkigen Bergwerke, rußigen Städte, schmutzigen Straßen und Wohnungen".[46]

Aber das Fehlen von Wäldern (im Ruhrgebiet)[47] sowie der Zeitmangel und körperliche Erschöpfung hinderten die Arbeiter oft an diesem Genuß.[48] Am meisten aber quälte sie der Gedanke, daß sie auch dort in der „freien Natur" nicht wirklich frei, sondern der Willkür der Privateigentümer ausgeliefert waren:[49] „Das Betreten des Waldes ist bei Strafe verboten."[50] „Dann denke ich, daß (sic!) ist der Wald, denn (sic!) ich für meine Nachkommen Erobern (sic!) will."[51]

Die Arbeiterparteien und Gewerkschaften nahmen sich dieser Bedürfnisse an. Sie kämpften um Arbeitszeitverkürzung und setzten sich für den freien Naturzugang ein. In Württemberg begann 1908, von den Stuttgarter Arbeitervereinen ausgehend, die „Waldheimbewegung", das heißt der Eigenbau von Stätten geselliger Erholung („Hier bin ich Mensch, hier kann ich's sein") und von Kinderfreizeiten.[52] War die bürgerliche Natur- und Heimatschutzbewegung vor dem Ersten Weltkrieg an völkischen und

---
[42] Levenstein, S. 360, 363, 375, 382.
[43] Ebd., S. 360f., 368, 375f.
[44] Ebd., S. 358f., 361–363, 367, 374, 379.
[45] Ebd., S. 359–361, 368f., 371, 373, 376, 379–382.
[46] Ebd., S. 363.
[47] Ebd., S. 360–362.
[48] Ebd., S. 358, 350, 362f., 367, 369f., 372f., 378.
[49] Ebd., S. 359, 361, 373, 375, 381.
[50] Ebd., S. 358.
[51] Ebd., S. 367.
[52] *Arbeiterbewegung – Arbeiterkultur. Stuttgart 1890–1933.* Begleitheft zur Ausstellung. Hrsg. vom Württembergischen Landesmuseum, Stuttgart 1981, S. 53f.

ästhetischen Werten ausgerichtet, so schoben sich in der Arbeiterbewegung soziale und sozialhygienische Motive in den Vordergrund.[53] 1909 und 1910 kam es anläßlich der Reform des Forst- und Feldstrafgesetzes in Sachsen zu erregten Protesten in der Zweiten Kammer gegen die zunehmende Sperrung von Waldungen durch deren Besitzer. Der sozialdemokratische Sprecher wies darauf hin, daß seiner Meinung nach früher einmal der Wald „Gemeingut der Allgemeinheit" gewesen sei. Jede Zugangsbeschränkung sei energisch abzulehnen:[54]

> Der Arbeiter geht nicht in den Wald, um sich zu belustigen wie der Jagdbeflissene, sondern um sich zu erholen, sich durch Beerensammeln einen Beitrag zum Lebensunterhalt zu verschaffen. Das Verbot (des Betretens) richtet sich in erster Linie gegen die ärmere Bevölkerung. Mit vollem Recht hat schon ein Vorredner darauf hingewiesen, daß das Gesetz geradezu geeignet ist, das Volk aus dem Walde in die Kneipe hineinzutreiben.

Für die Arbeiterbevölkerung wurde insbesondere die Bodenspekulation durch Terraingesellschaften in der Nähe von Groß- und Ballungsräumen zum existenzbedrohenden Naturausschluß, da bisher zugänglicher Boden und Wege privatisiert und Wälder abgeholzt wurden. Der bürgerliche Heimat- und Naturschützer Hans Klose entwickelte deshalb in seiner 1919 veröffentlichten Studie *Das westfälische Industriegebiet und die Erhaltung der Natur* die Konzeption eines „sozialen Naturschutzes": „Heimat- und Naturschutz [werden] zur sozialen Notwendigkeit."[55] Das Ziel war der Schutz freier Natur für den Erholungssuchenden in erreichbarer Nähe der Großstädte: durch die „Beschränkung der Bodenspekulation" einzelner Besitzer sollten diese Belange der Allgemeinheit durchgesetzt werden. 1920 wurde der „Siedlungsverband Ruhrkohlenbezirk" als erster überkommunaler Pla-

---

[53] Eine historische Zwischenstufe bildeten ab Ende des 19. Jahrhunderts bürgerliche Waldverschönerungsprogramme, welche die bloßes Rentabilitätsdenken überschreitende Waldästhetik auch mit der „sozialen Funktion der Wälder", vor allem für Erholungssuchende, begründeten. Vgl. Barthelmeß, S. 144ff.
[54] Der verbotene Weg. In: *Der Naturfreund* 14, 1910, S. 44f. Vgl. ebd., 13, 1909, S. 276.
[55] Hans Klose: *Das westfälische Industriegebiet und die Erhaltung der Natur*, Berlin 1919, S. 86.

nungsverband zum Zwecke der Sicherung von Grünflächen vor Bebauung im Interesse der Volksgesundheit und Volkserholung gegründet.

Unter führender Anteilnahme der Sozialdemokraten in Regierung und Landtag Preußens wurde schließlich 1922, gestützt auf den die Sozialpflichtigkeit des Eigentums betonenden Art. 153 der Weimarer Verfassung, das „Gesetz zur Erhaltung des Baumbestandes und Erhaltung und Schaffung von Uferwegen im Interesse der Volksgesundheit" verabschiedet.[56] Geschützt werden sollten als Erholungsstätten für die Bevölkerung Wälder in oder in der Nähe von Großstädten, Bade- und Kurorten sowie in Industriegebieten. Konkret dachte man dabei besonders an den Großberliner Ballungsraum und an das Industrierevier an Rhein und Ruhr. Auch die Uferstrecken an Seen und Wasserläufen sollten für Fußgänger und Wanderer offengehalten werden. Der Sprecher der sozialdemokratischen Fraktion unterstützte den von dem der Zentrums-Partei angehörenden Minister für Volkswohlfahrt eingebrachten Gesetzentwurf mit den Worten:[57]

> Kaum ein Gesetz ist von meinen politischen Freunden so begrüßt worden, wie das vorliegende. Will es doch in erster Reihe dazu dienen, der großen Masse des Volkes, die nicht in der Lage ist, Erholungsreisen zu unternehmen, Gelegenheit zu geben, sich in der Nähe der Städte im Walde zu erholen. [...] Wir reden so viel von der Ertüchtigung des Volkes, wir pflegen den Sport. Aber der ungefährlichste, billigste und gesündeste Sport ist die Waldwanderung, die von Jung und Alt betrieben werden kann und soll. Der Deutsche ist eigentlich nur bei zwei Gelegenheiten lustig: wenn er viel Alkohol genossen hat, und wenn er im Walde ist, dann prägt sich die Fröhlichkeit durch Singen aus. Auf die Fröhlichkeit, die durch den Genuß von Alkohol erzeugt wird, verzichte ich vollkommen, und ich wünsche sie auch nicht dem deutschen Volke. Ich bin kein Freund des Alkohols. Aber die Lustigkeit und Fröhlichkeit im Walde ist ein Beweis, wie wohltätig die Waldluft wirkt. Ich kann nur wünschen, daß zu jeder Zeit dafür Propaganda be-

---

[56] *Verhandlungen des Preußischen Landtages 1921/1922.* Sitzungsberichte, Bd. 4, Sp. 5186f., Bd. 8, Sp. 11449–11473, 11615f., und *Verhandlungen des Preußischen Landtages 1921/1922.* Sammlungen der Drucksachen, Nr. 1510, 2803, 2908, 3007–3009, 3174, 3203, 3209, 3223.
[57] Ebd., Sitzungsberichte, Bd. 4, Sp. 11454f.

trieben wird, das Volk mehr aus den dumpfen, engen Stuben und Werkstätten und Straßen in den Wald hinauszuführen. Ich kenne kein besseres Mittel gegen die Verheerungen der Schwindsucht, als daß wir das Volk dazu erziehen, seine freie Zeit im Walde zu verbringen. Gewiß sind auch gesunde Nahrung, gesunde Wohnung usw. erforderlich; aber der beste und größte Heilfaktor, besser als jede Medizin, ist doch die sauerstoffreiche Luft im Walde, und wenn es uns gelingt, die Masse des Volkes in den Wald hinauszubringen, dann werden wir das Beste für die Ertüchtigung des Volkes getan haben.

Die Opposition lehnte bezeichnenderweise den Entwurf ab, weil er ihr zu tief in das Privateigentum eingriff, das heißt „ein Gesetz zum Schutze des Waldes gegen den Eigentümer" sei.[58] Der sozialdemokratische Sprecher aber konterte:[59]

Wenn sich jemals etwas als ein Fluch erwiesen hat, dann ist es der Umstand, daß der deutsche Wald zum großen Teil in Privathänden ist. Es wäre viel besser, wir wären so weit, daß der Wald ganz enteignet werden könnte. Dazu werden wir heute noch nicht kommen. Ich bin aber überzeugt, daß wir dahin kommen müssen.

Als besonderer Beweis für diese Notwendigkeit diente ihm eine Zeitungsnotiz, im vorausgehenden Jahr sei eines der prächtigsten Naturdenkmäler in der Nähe Berlins, der Machnower Busch, mit seinen vielhundertjährigen Eichen vom Privatbesitzer gefällt worden:[60]

Es ist geradezu traurig. Ich bin Naturfreund und besonders ein Freund der Eiche, und wenn die Herren, die diesen Wald besitzen, nur ein wenig wirkliches Nationalgefühl besäßen, dann hätten sie doch gerade die Eiche schützen müssen, dieses Urbild der deutschen Kraft, das die Zähigkeit des deutschen Volkes dokumentieren und ein Trost sein soll, daß es auch in der Zeit der Not nicht untergehen wird. Daß gerade (viel-)hundertjährige Eichen niedergehauen werden, gibt mir einen Stich ins Herz, den ich schmerzlich empfinde.

---

[58] Ebd., Sp. 11451.
[59] Ebd., Sp. 11456f.
[60] Ebd., Sp. 11456.

Über hundert Jahre zuvor hatte Ernst Moritz Arndt in *Einem Wort über die Pflegung und Erhaltung der Forsten und der Bauern im Sinne einer höheren, d. h. menschlichen Gesetzgebung* (1815)[61] den Deutschen jene Ehrfurcht vor dem Wald einflößen wollen, „mit welcher unsre Ahnherren, die alten Germanen, ihre heiligen und von keinem Beile verletzlichen Haine uralter Eichen und Buchen betraten".[62] Dieser völkische Idealismus war inzwischen zur leeren Phrase vom heiligen Waldesdome verkommen. Der sozialdemokratische Populärschriftsteller Wilhelm Bölsche hat deshalb schon 1907 im Interesse einer aktiven sozialistischen Gestaltung der Zukunft die Absage an rückwärtsgewandte Germanentümelei gefordert:[63]

> Laßt uns den Wald vor sinnloser Zerstörung für irgend ein vergängliches Augenblicksinteresse schützen und wir bewähren einen besseren Patriotismus als der ist, der nur in wertlosem Ahnenkultus sich auszuleben weiß, – wir bewähren einen Patriotismus für unsere Kinder und Enkel, die hoffentlich noch mehr Zeit und Ruhe haben werden als wir, um das zu genießen, was wir ihnen hier gerettet haben.

Vertreter der Arbeiterbewegung waren es also vor allem, die immer nachdrücklicher auf die nicht-ökonomische „Wohlfahrtsaufgabe" (Hans Leibundgut)[64] des Waldes in der Industriegesellschaft verwiesen, auf seine Bedeutung für die Produktion von landschaftspflegerischen, sozial- und psychohygienischen „Sozial-

---

[61] In: *Der Wächter. Eine Zeitschrift in zwangslosen Heften von E. M. Arndt*, Bd. 2, Köln 1815, 2. und 3. Heft.
[62] Zit. nach Barthelmeß, S. 65.
[63] Geleitwort von Wilhelm Bölsche zu Curt Grottewitz: *Unser Wald. Ein Volksbuch*. Hrsg. von Wilhelm Bölsche, Berlin 1907, S. 4. – Freilich entstand trotzdem in den zwanziger Jahren im rechten, verbürgerlichten Flügel der Naturfreundebewegung um die Nürnberger Reichsleitung eine völkische Heimattümelei, welche auch den Wald in rückwärtsgewandter Verklärung sakralisierte. Vgl. dafür den Beitrag „Des Waldes heiliges Rauschen" in *Nordbayrischer Wanderer* 10, 1929, wo es unter anderem heißt: „Hier raunen Märchen und altersgraue Sagen durch die ewig grünen Paläste. Der germanischen Vorzeit Götter tauchen auf, Wotan und Frigga, die unsere Altvordern in den Tiefen der Wälder ahnten, wo Priesterinnen heilige Runen in das Reis der Hasel schnitten und Nornen das Schicksal der Zukunft am Fuße geheiligter Bäume weissagten" (S. 37).
[64] Barthelmeß, S. 249

leistungen".⁶⁵ Irrationaler Waldesmystik setzten sie damit eine rationale zukunftsorientierte Politik entgegen. Hans Klose hat – im Gegensatz zu Schoenichen und Sieferle – in seiner Geschichte des deutschen Naturschutzes den führenden Anteil der Sozialdemokratie an diesem Weg im Hinblick auf das von der Sozialdemokratie initiierte Gesetz von 1922 angemessen gewürdigt:⁶⁶

> Den bisher für die Erhaltung von Teilen der heimatlichen Natur angeführten Gründen der Forschung und des Unterrichts sowie der Pflege der heimatlichen Eigenart und Schönheit gesellten sich bedeutsame sozialpolitische, sozialhygienische Argumente: Naturschutz zur Befriedigung lebensnotwendiger Bedürfnisse, vornehmlich der Großstadt- und Industriebevölkerung, nach ausreichenden und leicht erreichbaren Erholungsflächen, dem ‚sanitären Grün'.

Der Zusammenhang auch der sozialdemokratischen Naturschutzpolitik mit den allgemeinen Hygienebestrebungen nach „Licht und Luft" wird gerade durch Kloses Verwendung dieses ursprünglich von Martin Wagner, dem späteren Groß-Berliner Stadtbaurat, in seiner Dissertation (*Das ‚sanitäre Grün' der Städte. Ein Beitrag zur Freiflächentheorie,* 1915) für die städtische Wohnungshygiene und Bebauungspolitik popularisierten Begriffs offenkundig.

„Antikapitalistischer" Naturschutz

Da die Arbeiterbewegung die private Verfügungsgewalt über die „freie Natur" so vehement beanstandete, nimmt es nicht wunder, daß sich auch ihr Kampf für die Erhaltung der Natur gegen kurzsichtige kapitalistische Naturausbeutung richtete. Der Raubbau des Privateigentümers am Wald ging schon Mitte des 19. Jahrhunderts so weit, daß durch zu starken Holzeinschlag „ein großer Theil (der Privatwälder) längst nicht mehr den Namen Wald (verdient); ein anderer Theil hiervon ist ausgerodet und öde".⁶⁷ In die-

---

⁶⁵ Ebd., S. 255.
⁶⁶ Hans Klose: *Der Weg des deutschen Naturschutzes,* Egestorf 1949, S. 9.
⁶⁷ *Das Proletariat und die Waldungen,* S. 90f.

sen Jahren besann man sich in Deutschland auf die landschaftsökologische Funktion des Waldes, die beim reinen forstlichen Rentabilitätsdenken zu kurz gekommen war, insbesondere auf die Schutzwirkung der Gebirgswälder vor Hochwasser und Bodenerosion.[68]

Ein früher Vorläufer dieser ökologischen, das heißt ganzheitlich denkenden Forstwissenschaft war Emil Adolf Roßmäßler, Naturforscher, Paulskirchen-Demokrat und Mitbegründer der Leipziger Arbeiterbewegung.[69] Die von ihm geschaffenen „Humboldtvereine" setzten sich für den Schutz alter, ehrwürdiger Bäume ein (der Naturforscher Alexander von Humboldt war der Schöpfer des Begriffs „Naturdenkmal" gewesen!). Aber Roßmäßler gehörte nicht zu denen, die vor lauter Bäumen den Wald nicht mehr sahen. Voller Stolz zitierte er ein Urteil über das von ihm herausgegebene Organ *Aus der Heimath*, er sei hier ein „ebenso warmer als beredter Rechtsanwalt des Waldes".[70] Tatsächlich wies er in diesem „naturwissenschaftlichen Volksblatt" nachdrücklich auf den Zusammenhang zwischen Entwaldungen, Überschwemmungen und nachlassender Bodenfruchtbarkeit hin,[71] kritisierte den zu hohen Holzbedarf der Eisenbahnen[72] und regte – wie weiter unten zu zeigen ist – eine internationale Kooperation zum Schutz der Wälder an.

Und immer wieder verwies er auf seine eigene, während einer Spanienreise gewonnene Anschauung:

> Alle Forstakademien der Welt zusammen können auf einer der zahllosen kahlen Siérren Spaniens keinen Wald schulmeistern. Von manchen dieser Siérren haben nicht eben alte Leute erzählt, daß sie dieselben noch bewaldet kannten. Der unselige Minen-

---

[68] Barthelmeß, S. 88 ff., 262.
[69] Reimar Gilsenbach: Emil Adolf Roßmäßler. Ein früher Verfechter des Naturschutzes. In: *Natur und Landschaft* 31, 1956, Heft 2, S. 28 f., Ders.: E. A. Roßmäßler und der Naturschutz. In: *Reichtum und Not der Natur. Jahrbuch für Naturschutz und Landeskultur*, Dresden 1956, und *Das Roßmäßler-Büchlein*. Hrsg. von Karl Friedel und Reimar Gilsenbach, Berlin 1956.
[70] E. A. Roßmäßler: Der Wald und die Eisenbahnen. In: *Aus der Heimat* 3, Nr. 30, 1861, Sp. 466.
[71] [E. A. Roßmäßler]: Neuere Angriffe auf den Wald. In: *Aus der Heimat* 1, Nr. 36, 1859, Sp. 561–566.
[72] [E. A. Roßmäßler]: Der Wald und die Eisenbahnen.

schwindel, die Sucht der höheren Klassen der Spanier, ohne Arbeit reich zu werden, hat z. B. in kurzer Zeit die Siérra de Cartagena kahl geschoren. Ich habe sie gesehen und im April die glühende Hitze empfunden, welche die kahlen Höhen ausstrahlen. Dort ist ein Tropfen Wasser Goldes wert.

Daraus folgte für ihn: „Die Behandlung der Waldungen schließt eine furchtbare Verantwortlichkeit in sich. Sie kann zum allergrößten Verbrechen an den kommenden Geschlechtern werden; denn sie kann diesen das Leben unmöglich machen."[73]

Diese Zukunftsaufgabe sah Roßmäßler auch für Deutschland. Er wies darauf hin, daß viele deutsche Flüsse „mit tausend kleinen Quellfäden am Gedeihen unserer Bergwälder [hängen]";[74] mit deren Zerstörung müßten auch die Flüsse versiegen. Der große Volksbildner wollte insbesondere mit seinem Werk *Der Wald* (erschienen 1861–1863, als Roßmäßler an der Einberufung eines allgemeinen deutschen Arbeiterkongresses unter anderem mit seiner Programmschrift *Ein Wort an die deutschen Arbeiter* mitwirkte) diesen Wald „unter den Schutz des Wissens Aller stellen".[75] Roßmäßler klärte seine Leser nüchtern darüber auf, daß es die Waldes-Wildnis des völkischen Denkens, Urwälder also, in Deutschland kaum mehr gebe und nur ein weitverbreiteter Irrtum meine, „die großen Waldungen Deutschlands seien noch Erbstücke der alten Teutonen und ohne unser Zuthun von selbst gewachsen".[76] Der Wald sei auch nicht nur „Vogelgezwitscher", „Maiblümlein" und „zartes Säuseln" der Laubkronen,[77] sondern Lebensgrundlage des Menschen. Er sei, wie er in seiner belehrenden Darstellung schrieb, der „von der Wissenschaft geweihte Wald".[78] Roßmäßler appellierte deshalb an menschliches Verantwortungsbewußtsein und an länderübergreifende Solidarität. Denn entgegen bloßer naturromantischer Schwärmerei konnte er gerade an den Schutzwäldern zeigen, daß der Wald mehr war als

---

[73] So Roßmäßler 1853 in *Die Natur*, S. 272. Zit. nach Friedel – Gilsenbach, S. 56f.
[74] Zit. nach ebd., S. 57.
[75] Roßmäßler: *Der Wald*, Leipzig 1862, S. VI.
[76] Ebd., S. 6.
[77] Ebd., S. VII.
[78] Ebd., S. 615.

ein „Liebling unseres Sehnens", nämlich „eine Quelle unseres ganzen Seins".[79]

Mehrmals[80] regte deshalb Roßmäßler einen „Internationalen Kongreß der Zukunft" zur Erhaltung der mitteleuropäischen Gebirgswälder an:[81]

> Ich vertraue zu dem Verstande der Herren, welche sonst, wahrlich nicht im Interesse der Völker, miteinander in Hader und Notenstreit liegen, daß sie einsehen würden, wie der deutsche Wald, ja wie für Deutschland der Wald ganz Mitteleuropas von internationaler Bedeutung ist, denn bis zu den Mündungen des Rheines, der Donau, der Weser, der Elbe, Oder sind alle Anwohner dabei beteiligt, ob die Quellwaldungen dieser Ströme, die fast sämtlich auf Gebirgen liegen, pfleglich bewirtschaftet werden, oder ob man sie schonungslos verwüsten läßt. [...] Es unterliegt keinem Zweifel, daß die Waldfläche Deutschlands oder besser Mitteleuropas, wenn nicht bereits unter, so doch gewiß gerade auf dem Maße steht, welches ständig erhalten werden muß, wenn nicht die klimatischen und Bewässerungsverhältnisse des bezeichneten Gebietes über lang oder kurz gefährlich gestört werden sollen.

Mehr als durch Eisenbahnverkehr und Zolleinigungen, mehr als durch Post- und Telegraphenverbindungen, so prophezeite er, würde in Zukunft die internationale Kooperation der Staaten durch den Wasser- und Waldschutz gefördert werden. Ein grenzüberschreitendes „Schutz- und Trutzbündnis" sei hier nötig, das sich nicht auf die 36 Staaten des Deutschen Bundes beschränke, sondern alle betroffenen Staaten Mitteleuropas umfasse. Allerdings sei die deutsche Beteiligung von besonderer Bedeutsamkeit, weil dieses Land unter den Folgen einer Klimaveränderung durch fortgeführte Walddevastationen am meisten zu leiden haben würde.[82]

Dem Schutz seiner Gebirgswälder solle ein „allgemeines deutsches Forstkulturgesetz" dienen, das die bisherige private Verfü-

---

[79] Ebd., S. 8.
[80] Roßmäßler: Ein internationaler Kongreß der Zukunft. In: *Die Gartenlaube*, 1859, Nr. 15; *Aus der Heimat* 1, Nr. 26, 1859, Sp. 401–406; *Der Wald*, S. 648.
[81] Roßmäßler: *Der Wald*, S. 648.
[82] Roßmäßler: Ein internationaler Kongreß der Zukunft.

gungsgewalt beseitigt: „Ein Eingriff in das Gebahren mit dem Eigentum ist hinsichtlich der Privat- und Gemeindewaldungen mehr als erlaubt, ist geboten; ja der Waldbesitz des Einzelstaates wird in demselben Sinne verpflichteter Privatbesitz gegenüber der angedeuteten klimatischen Union, ja Solidarität Mitteleuropas."[83] Statt privater Ausbeutung also internationale Solidarität!

Karl Marx wurde merkwürdigerweise 1868 nicht durch Roßmäßler, sondern durch den bayerischen Wissenschaftler Carl Fraas und sein Buch *Klima und Pflanzenwelt in der Zeit, eine Geschichte beider* (1847) auf die teilweise irreversiblen Waldzerstörungen, namentlich der Gebirgswälder der Vergangenheit, und deren Folgen für Klima und Boden aufmerksam.[84] Eine Kultur, welche solche Wirkungen nicht bewußt vermeide, so seine Schlußfolgerung, „lasse Wüsten hinter sich zurück". Nur vom Sozialismus erwartete sich Marx eine planmäßige und bewußte Gestaltung der Produktion zum Wohle der Umwelt.

1876 griff der spätere Führer der bayerischen Sozialdemokraten Georg (von) Vollmar das Thema in seiner Artikelreihe *Waldverwüstung und Überschwemmung. Ein Kapitel der Grund- und Bodenfrage* in *Der Volksstaat. Organ der Sozialistischen Arbeiterpartei Deutschlands* auf.[85] Anlaß dafür bot ihm vermutlich der 10. Volkswirtschaftliche Kongreß in Breslau 1868, der jeglichen Eingriff des Staats in die Verfügungsfreiheit der Waldeigentümer, selbst zum Schutze der Bannwälder, strikt abgelehnt hatte.[86] Ausdrücklich bezog sich Vollmar aber auf die Diskussion um das 1876 verabschiedete preußische „Gesetz betreffend Schutzwaldungen und Waldgenossenschaften".[87] Hatte der obengenannte bayerische Anonymus in *Das Proletariat und die Waldungen* in erster Li-

---

[83] Ebd.
[84] Vgl. zum folgenden Iring Fetscher: *Überlebensbedingungen der Menschheit*, München 1980, S. 132f. und 168ff.
[85] Georg Vollmar: Waldverwüstung und Überschwemmung. Ein Kapitel der Grund- und Bodenfrage. In: *Der Volksstaat. Organ der Sozialistischen Arbeiterpartei Deutschlands*, 1876, Nr. 103 vom 3. September, S. 1; Nr. 104 vom 6. September, S. 1f.; Nr. 105 vom 8. September, S. 1f. und Nr. 106 vom 10. September, S. 1f.
[86] Barthelmeß, S. 100.
[87] Gesetze über I. die Verwaltung und Bewirtschaftung von Waldungen der Gemeinden und öffentlichen Anstalten sowie über II. Schutzwaldungen und Waldgenossenschaften. Hrsg. von O. Öhlschläger und A. Bernhardt, Berlin 1878.

nie den Forstfrevel der Habenichtse für die Waldzerstörung verantwortlich gemacht, so drehte Vollmar den Spieß um und griff das Gewinnstreben des Privatkapitals als Hauptursache an. Durch den übermäßigen Holzeinschlag zerstöre die kapitalistische Waldausbeutung und in deren Gefolge Bodenerosion, Überschwemmungen und Klimaveränderungen die materielle Lebensgrundlage der Menschen.
Aber Vollmar wies auch auf die Gefährdung von Erholungsmöglichkeiten hin:

> Wie erquickt, wie erhebt uns nicht nach des Tages und der Wochen Müh' und Arbeit ein Gang durch den herrlichen Wald, ein Aufenthalt in ihm, dem ein gutes Stück unserer besten Poesie entstammt. Wie schön ist nicht ein Buchen- oder Eichenforst, ein Nadelholzwald im Gebirge oder gar ein Stück Urwald, wie wir deren wohl noch vereinzelt in Oberbayern, im bayerischen und Böhmerwald etc. finden.

„Doch mag sich", so zitiert er Heinrich Noés *Deutsches Alpenbuch* (1875f.), „unser Geschlecht beeilen, wenn es derlei sehen will. Der Holzhandel ist nicht sentimental." Die „platteste Prosa und die Gleichgültigkeit gegen das wahrhaft Schöne und Edle seitens des Kapitals, der herrschenden Ausbeuter", so Vollmars Schlußfolgerung, könne im Interesse des Volkes nur beendet werden durch „Expropriation, Überführung sämtlicher Privatwaldungen in den Besitz der Staaten, in den Besitz des Gemeinwesens, in die sie allein gehören!" Liege diese Sozialisierung des Waldes noch in der Zukunft, so sei doch sofort ein Gesetz machbar, das die Privatwälder unter strengste staatliche Forstaufsicht stellt und durch die Forstbehörden bewirtschaften läßt, den Privatwaldbesitzern „alle durch das Gemeinwohl und die rationelle Forstwirtschaft erforderten Dispositionsbeschränkungen auferlegt" und gewaltsame Abhaltung sowie strengste Strafen dafür androht, daß sie eigenmächtig Holz im Walde schlagen; schließlich sollte auch die Zwangsaufforstung entwaldeter Grundstücke möglich sein und die Ablösung der bisherigen Streu-, Viehtrieb- und Mährechte im Interesse einer rationellen Waldbewirtschaftung obligatorisch werden.
Aber auch der „Königlich Preußische Forstmeister und Abtei-

lungs-Dirigent bei der Hauptstation für das forstliche Versuchswesen" August Bernhardt wies während der Debatte um das preußische Forstgesetz darauf hin, daß die Waldverwüstungen gerade dort am raschesten um sich gegriffen hätten, wo „wie im ganzen norddeutschen und sächsisch-mitteldeutschen Lande das Prinzip der vollen Freiheit des Privatwaldeigentums Platz griff".[88] Die Geltendmachung des öffentlichen Interesses sah er dagegen am idealsten im allgemeinen Forstgesetz für das rechtsrheinische Bayern von 1852 und seinen die freie Verfügungsgewalt der Privatwaldbesitzer einschränkenden Verboten, insbesondere bei Schutzwäldern, verwirklicht.[89] Seiner Meinung nach wurde „mit dem Erlaß des bayerischen Forstgesetzes [...] ein Weg beschritten, der wohl geeignet scheint, den gesetzlichen Schutz des Eigentums zu vereinigen mit dem gesetzlichen Schutz des Gemeinwohls gegen den Mißbrauch der im Eigentum liegenden Rechte".[90] Es war dieser süddeutsch-bayerische Weg, den – wenn auch verschärft – Vollmar 1875 auch als Zwischenlösung für Preußen empfahl. Das Fernziel der Sozialdemokraten zur Duchsetzung des gesellschaftlichen Interesses am Walde freilich blieb weiterhin – so etwa der österreichische Sozialdemokrat Otto Bauer in seiner Studie *Der Kampf um Wald und Weide* (1925) – die „Sozialisierung der Forstwirtschaft".[91] Diese Schrift zeigt die langanhaltende Wirkung der antikapitalistischen Utopie von der „freien Natur".

Naturschutz als Fortschrittsperspektive?

Die deutsche Arbeiterbewegung war auf eine sehr rationale Weise um Naturschutz bemüht, ging es ihr doch um den zentralen Wert des körperlichen und seelischen Gesundheitsschutzes für das Volk im Rahmen der industriellen Zivilisation. Dieser sozialhygienische Gedanke stand sowohl hinter den Bestrebungen nach besseren Arbeitsplatz- und Wohnbedingungen als auch nach Erholungs-

---

[88] Bernhardt: *Geschichte des Waldeigentums*, Bd. 3, S. 131.
[89] Ebd., S. 138f.
[90] Ebd., S. 139.
[91] Otto Bauer: *Der Kampf um Wald und Wiese. Studien zur österreichischen Agrargeschichte und Agrarpolitik*, Wien 1925, S. 164 ff.

möglichkeiten im Grünen. Gerade weil für die großstädtischen Arbeiter „Mutter Grün" lebenswichtig war, konnte von ihnen Verständnis für deren Erhalt erwartet werden, so die optimistische Erwartung zu Beginn des Massentourismus.

Bei der Erkämpfung des unbeschränkten Zugangs zur „freien Natur" griff die Arbeiterbewegung auf vorkapitalistisches Herkommen, auf Motive der ländlichen Unterschichten, nämlich das freie Nutzungsrecht der Almende des Waldes, zurück. Der Fortschrittsglaube der Arbeiter wurde damit durch eine traditionalistisch-„ständische" Note modifiziert.

Fortschritt bedeutete für die historische Arbeiterbewegung vor allem die durch den Industrialisierungsprozeß möglich gewordene Aussicht auf eine Steigerung des Lebensstandards für sich und die Kinder. Bedürfnisreduzierung und ökonomische Askese standen deshalb nicht auf ihrem Programm.[92] Sie setzte vielmehr auf die Entwicklung aller technologischen Möglichkeiten mit dem Ziel einer Massenkonsum-Gesellschaft.

Dieses Ziel wurde jedoch präzisiert durch die Hoffnung auf eine zumindest in der sozialistischen Zukunftsgesellschaft realisierbare Verbindung von Naturschonung (auch im Sinne des Ressourcenschutzes) und fortgeschrittener Technologie. Die real wahrgenommenen naturzerstörerischen Erscheinungen im Kapitalismus wurden großenteils nicht auf die Produktionstechnologien selbst zurückgeführt, sondern auf den Eigennutz und das Gewinnstreben der Kapitalistenklasse. Das Ziel des Massenkonsums konnte sich deshalb nahtlos mit dem des Naturschutzes zum sozialistischen Leitbild einer gehobenen Lebensqualität für die Arbeiterschaft in Alltag und Freizeit vereinigen. Der bedeutendste Vertreter dieser Utopie der Harmonisierung von Natur und Technik war August Bebel mit seiner Vision der Überflußgesellschaft einer „Elektrokultur" in seinem vielgelesenen Werk *Die Frau und der Sozialismus* (1879).[93]

---

[92] Iring Fetscher moniert bei Marx die fehlende „Kritik der Bedürfnisse" (S. 130), weist aber auf der gleichen Seite zurecht darauf hin, daß der Zusammenhang mit dem zur damaligen Zeit für Arbeiter zur realen Verfügung stehenden Konsumartikeln beachtet werden muß.
[93] Vgl. Jost Hermand: *Grüne Utopien in Deutschland. Zur Geschichte des ökologischen Bewußtseins*, Frankfurt/Main 1991, S. 79 ff. Dazu: Wolfgang König:

Angesichts dieser historisch verständlichen Prägung der Arbeiterbewegung durch die Mangelgesellschaft des 19. Jahrhunderts wurde es als Provokation empfunden, als der Ornithologe Paul Robien den Arbeitern in den zwanziger Jahren unseres Jahrhunderts den Konsumverzicht als neue „naturrevolutionäre" Parole nicht nur predigte, sondern auch mit einem – wie man später sagte – alternativen Lebensstil vorlebte. Seine Forderung nach einem „Abbau der Bedürfnisse" stieß ebenso wie seine generelle Absage an den Fortschrittsglauben auf den Widerstand der Arbeiterbewegung, die in solchen Forderungen nur einen Weg „zurück von der Technik und Kultur zu Barbarei und Unkultur" zu sehen vermochte.[94]

Mit dieser „utopischen" – wie Robiens Gegner sagten – Absage an die (damals erst in Amerika erreichte) Überflußgesellschaft war, trotz allen zeitbedingten Schwachpunkten in Robiens sonstiger Argumentation, eine neue Bewußtseinsebene der Umweltschutz-Problematik erreicht worden. Die historische deutsche Arbeiterbewegung hat zumindest mit der anarchistischen ländlichen Siedlungsbewegung[95] nach einer Lösungsstrategie gesucht. Getreu den Utopien von William Morris (*Kunde von Nirgendwo*, 1890) bis Peter Kropotkin (*Landwirtschaft, Industrie und Handwerk*, 1899) sollte die harmonische Verschmelzung von Natur und Kultur, individuellen Ansprüchen und zwischenmenschlicher Solidarität in einer auf die elementaren Bedürfnisse reduzierten bäuerlich-handwerklichen Lebensweise gefunden werden. Ein „ökologischer" Sozialismus mündete hier direkt in eine sozialistische Romantik.[96]

Friedrich Engels und „Die elektrotechnische Revolution". Technikutopie und Technikeuphorie im Sozialismus in den 1880er Jahren. In: *Technikgeschichte* 56, 1989, S. 9–37.

[94] Zu dieser Kontroverse vgl. Ulrich Linse: *Ökopax und Anarchie*, München 1986, S. 116ff. (die Kapitel 4 und 5 handeln von Robien).

[95] Linse: *Ökopax*, S. 72ff.

[96] Es überrascht, daß der Sozialdemokrat Wilhelm Liebknecht dem Werk von Morris begeistert zustimmte (vgl. Hermand, S. 77), während der Anarchist Kropotkin mit der Maschinenfeindschaft von Morris nicht übereinstimmte und gerade in der Mechanisierung ein Mittel der Befreiung von langweiliger und entwürdigender Arbeit sah. Vgl. James Joll: *Die Anarchisten*, Berlin 1964, S. 159f.

William Rollins

„Bund Heimatschutz".
Zur Integration von Ästhetik und Ökologie

Einführung

In einer Geschichte des ökologischen Denkens in Deutschland nimmt die Heimatschutzbewegung eine zentrale Stellung ein. Man kann sie die früheste Umweltbewegung in der deutschen Geschichte nennen, da es ihr erstmals gelang, eine breite Öffentlichkeit für den Wert eines unzerstörten Naturhaushalts nicht nur zu interessieren, sondern auch zu aktivieren. Diese sich hauptsächlich aus dem Bürgertum rekrutierende Reformbewegung wurde 1904 mit der Gründung des Bundes Heimatschutz bekannt und konnte bis zum Ersten Weltkrieg ein stetiges Wachstum verbuchen. 1914 waren ungefähr 30 000 Mitglieder in mehr als 25 locker verbundenen regionalen Vereinen organisiert.[1] Höchst selbstsicher empfanden sich diese Vereine als „die mächtigste Kulturbestrebung unserer Zeit".[2] Den Satzungen des zentralen Bundes zufolge, welche fast gleichlautend in alle anderen Chartas übernommen wurden, widmeten sie sich dem Ziel, „die deutsche Heimat in ihrer natürlichen und geschichtlich gewordenen Eigenart zu schützen". In der Praxis faßten sie dabei vor allem zwei große Aufgabenbereiche ins Auge: einerseits die Erhaltung der historischen und regionalen Merkmale der Dörfer und Städte, andererseits die Befürwortung einer mannigfaltigen, von den Menschen geschonten und gepflegten Landschaft. Obwohl die Beiträge der Heimat-

---

[1] Im Jahre 1914 können 24 000 Mitglieder dokumentiert werden, wobei weitere Informationen zu vielen der kleineren und später gegründeten Vereine fehlen. Die Zahl 30 000 ist eine Schätzung auf dieser Basis.
[2] Robert Mielke: Das flache Dach und der Werdandibund. In: *Heimatschutz in Brandenburg* 4, 1912, S. 207.

schützer zur Städteplanung und Architektur nicht unwichtig sind, wollen wir uns im folgenden auf den zweiten Aspekt konzentrieren.[3] In ihrem auf die Erhaltung einer wohnlichen Landschaft orientierten Programm finden sich wichtige Wurzeln der heutigen Ökologie-Bewegung.

Der Heimatschutz entstand zu einer Zeit, als die negativen Folgen von Industrialisierung und Verstädterung zum erstenmal stark ins populäre Bewußtsein einzudringen begannen, und zwar auch als Veränderungen im Landschaftsbild. Die sich schnell vergrößernde Bevölkerung im Verein mit einem nach 1896 einsetzenden beispiellosen Wirtschaftswachstum erhöhten den Druck selbst auf abseitsliegende und weniger gut eingegliederte Gegenden. Und die Landschaft spiegelte das deutlich wider: sie wurde zunehmend rationalisiert, zurechtgestutzt, verbaut, zersiedelt, verdrahtet, überpflastert und selbst dort rücksichtslos kommerzialisiert, wo sie noch einen Rest ursprünglicher Schönheit besaß. In den Städten machte der kontinuierliche Anstieg von Grundstückspreisen eine Rentabilität notwendig, die sich mit der niedrigen Bauweise vergangener Zeiten immer unvereinbarer zeigte. Die Stadtkerne wurden daher Stück für Stück durch Neubauten und Verkehrserschließungen verunstaltet. Vororte und Industriesiedlungen breiteten sich immer stärker in früheren Grüngebieten aus. Durch die neuangelegten Kanalisationssysteme vieler Städte flossen unbehandelte Abwässer direkt in die deutschen Flüsse ab, während die Industrieanlagen nicht nur das Wasser, sondern auch Luft und Boden verpesteten. Auf dem Land war es um die Schönheit nicht besser gestellt. Die schon im frühen 19. Jahrhundert einsetzende Rationalisierung konnte jetzt einen Sieg nach dem anderen erzielen. Die Äcker wurden verkoppelt, die staatlichen und privaten Forste durch rasterartige Kiefern- oder Fichtenmonokulturen ersetzt, die Bäche und Flüsse begradigt und jeder Begleitung in Form von Büschen oder Bäumen beraubt. Ob in der Stadt oder auf dem

---

[3] Vgl. zum Einfluß der Heimatschutzbewegung auf die Architektur Christian F. Otto: Modern Environment and Historical Continuity: The Heimatschutz Discourse in Germany. In: *Art Journal*, Summer 1983, S. 148–157. Vgl. auch die Bemerkungen Julius Poseners zu Paul Schultze-Naumburg und dem Heimatschutz in *Berlin auf dem Wege zu einer neuen Architektur. Das Zeitalter Wilhelms II.*, München 1979, S. 191–197.

Land: überall war die Landschaft die Leidtragende des industriellen „Fortschritts".

Der Protest der Heimatschützer entzündete sich vor allem an den Erscheinungen, die sich dem Beobachter geradezu aufdrängten, wie etwa die grellen Reklamen oder unangepaßten „Verunstaltungen". Doch auch die überhandnehmende Tendenz zur durchrationalisierten Agrikultur und Infrastruktur beleidigte ihren Sinn für Ästhetik. Schon in den Anfängen der Heimatschutzbewegung nahm die Kritik an zu weit getriebener Rationalisierung eine zentrale Stellung ein, was sich mit den Schriften Ernst Rudorffs belegen läßt. Rudorff, Musikprofessor und maßgeblicher Mitbegründer des Bundes Heimatschutz, verfolgte über Jahre hinweg die Landschaftsveränderungen in der Nähe seines Familiensitzes im niedersächsischen Lauenburg. Bereits 1880 veröffentlichte er einen Aufsatz, worin er die landschaftliche „Barbarei" im Namen des ökonomischen Rationalismus aufs schärfste kritisierte:[4]

> Man ist bemüht, [...] das bunte, anmuthige Land zu einem möglichst kahlen, glatt geschorenen, regelmäßig gevierteilten Landkartenschema zu machen. Jede vorspringende Waldspitze wird dem Gedanken der bequemen geraden Linie zu Liebe rasirt, jede Wiese, die sich in das Gehölz hineinzieht, vollgepflanzt, auch im Inneren der Forsten keine Lichtung, keine Waldwiese, auf die das Wild heraustreten könnte, mehr geduldet. Die Bäche, die die Unart haben, in gewundenem Lauf sich dahinzuschlängeln, müssen sich bequemen, in Gräben geradeaus zu fließen; [...] auch alle Hecken und einzelne Bäume oder Büsche fallen dann der Axt zum Opfer.

Die spätere, organisierte Heimatschutzbewegung teilte Rudorffs tiefe Abneigung gegen solche entleerten, kahlen Landschaften. Sie argumentierte daher für einen reformierten Umgang mit der Natur: für mehr Hecken, unbegradigte und gut bewachsene Bachläufe, traditionelle Mischwälder, Baumalleen und ähnliche landschaftliche Zierden. Interessanterweise verließ man dabei oft die rein ästhetische Werteebene und ging unmerklich zu einer funktionalen Erklärung der Landschaft über. Schon in seinem Aufsatz von 1880 nahm Rudorff dies alles vorweg, in dem er

---

[4] Ernst Rudorff, Das Verhältnis des modernen Lebens zur Natur. In: *Preußische Jahrbücher* 45, 1880, S. 262.

einige Funktionen aufzählte, die von der nicht mehr vorhandenen Landschaft ausgeübt wurden: sie gab den Einwohnern ein Gefühl sozialer Geborgenheit, half den Grundwasserstand regeln und lieferte zugleich Nistgelegenheiten für die Vogelwelt. Diese Mischung verschiedener argumentativer Ebenen ist ein zentrales Kennzeichen des Heimatschutzes. Es ist daher meine These, daß das landschaftsästhetische Programm des Heimatschutzes keineswegs oberflächlich war. Vielmehr glaube ich, beweisen zu können, daß diese Ästhetik sich immer stärker an naturschonenden Vorstellungen orientierte und somit zu einer ökologischen Ästhetik überleitete.

Die bisherige Heimatschutz-Rezeption

Bisher ist die Heimatschutzbewegung auf wenig Verständnis bei ihren Kritikern gestoßen. Dafür gibt es zwei Hauptgründe. Erstens: sie kam nicht aus dem gesellschaftlich fortschrittlichsten Lager. Als bürgerliche Bewegung stand sie sowohl den Sozialdemokraten als auch dem liberalen Kapitalismus kritisch gegenüber. Ihre Ideologie war daher sehr eklektisch, wenn auch das Konservative meist überwog. Diese Ambivalenz wurde noch dadurch verstärkt, daß der Heimatschutz vor allem auf eine indirekte, ästhetische Weise für den Erhalt von Landschaften und Stadtbildern eintrat. *Wie kann man die landschaftliche Anmut wiederherstellen?*, lautete der bezeichnende Titel eines kleinen Pamphlets.[5] Deshalb schmückte er seine Zeitschriften gern mit friedlichen, ja idyllischen Szenen und betonte, wie wichtig es sei, daß der Mensch in einer schönen Umgebung wohne.

Das Heimatschutz-Argument, die Landschaft solle wegen ihrer Schönheit geschützt werden, hat oft zu dem Schluß geführt, daß es dieser Gruppe dabei um keine „realen", das heißt nicht-ästhetischen Belange gegangen sei. Klaus Bergmanns Feststellung, daß es sich hierbei um Vertreter eines „romantischen Ästhetentums" handele, wird in der Literatur bis heute als treffende Charakteri-

---

[5] Ökonomierat Hempel, in *Heimatschutz und Bodenkultur*, Hannover 1914.

sierung dieser Bewegung bewertet.⁶ Aus diesem Grunde wird in den verhältnismäßig wenigen Arbeiten, die sich bisher mit der Heimatschutzbewegung befaßt haben, das ästhetische Anliegen meist als Zeichen eines tiefen Irrationalismus angesehen.

Grob gesprochen lassen sich die Arbeiten zum Heimatschutz in zwei Gruppen einteilen, welche seine vermeintliche Irrationalität entweder mit politischen oder technologisch-ökologischen Konzepten verbinden. Kritiker, welche die wilhelminischen Bürger ohnehin als ängstliche Snobs oder opportunistische Kollaborateure abtun, haben die Heimatschützer meist als weltfremde Ästheten, rückwärtsgewandte Träumer einer „völkischen Utopie" oder Ideologen des *Ancien régime* verteufelt. Ihre ausgeprägte Sorge um die Natur hat ihnen sogar den Ruf eingetragen, präfaschistische Prediger des Blut-und-Boden-Gedankens zu sein.⁷ Noch vor kurzem hat ein Chronist der wilhelminischen Epoche den Heimatschutz mit den Worten abgetan, er sei lediglich eine „obskure rassistische Organisation" gewesen.⁸ Solche Interpretationen basieren jedoch zumeist auf einer oberflächlichen Verknüpfung einiger Zitate und einem relativ großen Unwissen über die eigentlichen Ziele dieser Bewegung. Vor dem Hintergrund des politischen Lebens seiner Zeit läßt sich nämlich, wie noch dargestellt werden soll, das eigentliche Programm des Heimatschutzes durchaus sehen.

Im Zuge der wachsenden Sorge um die Umwelt machte sich dagegen seit 1980 ein deutliches Interesse für die ökologische Bedeutung des Heimatschutzes bemerkbar. Hierbei stieß man sich anfänglich an der ästhetischen Landschaftsauffassung dieser Bewegung. Der Heimatschutz habe nur „Bilder" oder „Schönheiten" erhalten wollen, heißt es bei einem der neuesten Kritiker; schließ-

---

⁶ Klaus Bergmann, *Agrarromantik und Großstadtfeindschaft*, Meisenheim/Glan 1970. Die bedauerliche Langlebigkeit dieses Slogans zeigt sich auch in der jüngsten Untersuchung zu diesem Thema. Vgl. Werner Hartung: *Konservative Zivilisationskritik und regionale Identität am Beispiel der niedersächsischen Heimatbewegung*, 1895 bis 1919, Diss. Hannover 1990, S. 60.

⁷ Stellvertretend für viele Arbeiten, die den Heimatschutz als Ideologie eines irrationalen und präfaschistischen Bürgertums ansehen, sei Klaus Bergmanns *Agrarromantik und Großstadtfeindschaft* genannt.

⁸ Roger Chickering: *We Men Who Feel Most German. A Cultural Study of the Pan-German League*, 1886–1914, Boston 1984, S. 242.

lich sei „sein Naturbegriff [...] nicht auf ökologische Zusammenhänge ausgerichtet" gewesen.⁹ Das ist im engeren Sinne richtig, wirkt aber im weiteren Sinne unfair. Und zwar behauptet man gern, daß der Heimatschutz zwischen 1904 und 1914 kein wissenschaftliches Theoriegebäude zur Verteidigung der Umwelt aufgebaut habe, wie wir es heute für notwendig halten. Der Einwand, die Heimatschützer hätten eigentlich viel mehr Chemie und Ökologie studieren müssen, geht von heutigen Verhältnissen aus und übersieht, daß in der wilhelminischen Gesellschaft den reformierenden Möglichkeiten der Wissenschaft recht enge Schranken gesetzt waren. Selbst etablierte Disziplinen wie die Volkswirtschaft und die Medizin konnten sich, wie im Fall der großen Enquete zur Wohnungsfrage, auf eine Abfuhr gefaßt machen, wenn sie unliebsame Wahrheiten zu Tage förderten. Solche gesellschaftspolitischen Hürden galten aber doppelt und dreifach für eine Wissenschaft, die wie die Ökologie noch kaum bekannt war und keinerlei institutionelle Rückendeckung hatte.

Noch wichtiger ist, daß die Forderung nach mehr Wissenschaftlichkeit vielen den Blick für das verstellt, was auf nicht- oder noch-nicht-wissenschaftlichen Wegen geleistet wurde. Wie bereits erwähnt, war die wissenschaftliche Ökologie in den Jahren vor dem Ersten Weltkrieg noch keineswegs etabliert. Wer also unvoreingenommen auf die Heimatschutzbewegung blickt, der wird sich der historischen Notwendigkeit ihrer ästhetischen Methode nicht verschließen können. Sie lieferte einerseits wichtige Kommunikationsmittel, indem sie auf etablierte und weitverbreitete kulturelle Muster zurückgriff. Andererseits trug ihre ästhetische Kommuni-

---

⁹ Arne Andersen: Heimatschutz: Die bürgerliche Naturschutzbewegung. In: *Besiegte Natur. Geschichte der Umwelt im 19. und 20. Jahrhundert.* Hrsg. von Franz-Joseph Brüggemeier und Thomas Rommelspacher, München 1987, S. 149. Weitere neuere Untersuchungen, die der Umweltthematik des Heimatschutzes nachgehen, sind: Rolf Peter Sieferle, *Fortschrittsfeinde? Opposition gegen Technik und Industrie von der Romantik bis zur Gegenwart,* München 1984; ders., Heimatschutz und das Ende der Romantischen Utopie. In: *Arch + 81,* Aug. 1985, S. 38–42; Ulrich Linse: *Ökopax und Anarchie. Eine Geschichte der ökologischen Bewegungen in Deutschland.* Stuttgart 1986; Raymond Dominick: Nascent Environmental Protection in the Second Empire. In: *German Studies Review 9,* 1986, S. 257–291; Jost Hermand: Heimatschutz als Forderung der Völkischen Opposition. In: Ders.: *Grüne Utopien in Deutschland. Zur Geschichte des ökologischen Bewußtseins,* Frankfurt/Main 1991, S. 82–91.

kation direkt zu einem populären Umweltbewußtsein bei, indem sie den allgemeinen Wert eines schönen und gesunden Landstrichs proklamierte, und zwar Jahrzehnte, bevor die Wissenschaft denselben beweisen konnte. Statt also die heimatschützlerische Ästhetik als einen irreführenden Holzweg anzuprangern, sollten wir lieber den Blick dafür schärfen, wie sehr ihre Landschaftskonzeptionen spezifisch ökologischen Vorstellungen den Weg ins Massenbewußtsein geebnet haben.

Die Tradition der ästhetischen Reform

Das Heimatschutzanliegen gehört eindeutig in die Tradition jener ästhetischen Reform, die Friedrich Schiller als erster theoretisch begründete. In seinen Briefen über *Die ästhetische Erziehung des Menschen* (1795) legte Schiller ein entscheidendes Gewicht auf eine Vorbildung des Menschen, die im wesentlichen durch eine ästhetisch verfeinerte Umgebung in Gang gebracht werden könne. Im Laufe des 19. Jahrhunderts wurde dieser Gedanke wiederholt aufgegriffen, am deutlichsten in den vielen Bestrebungen auf dem Gebiet der bürgerlichen Wohnungsreform und Städteplanung. Allerdings erfuhren Schillers Gedanken hierbei drei bedeutende Ausweitungen, die für die weitere Entwicklung entscheidend waren. Erstens machte sich in diesen Jahren eine wesentlich größere Konkretheit bemerkbar. Praktische, medizinische Gründe vermischten sich mit den idealistisch-ästhetischen Ideen der ursprünglichen Theorie. So wurde in der Wohnungsreform die schöne Wohnung immer stärker mit der gesunden, warmen, trockenen und zweckmäßigen Wohnung gleichgesetzt. Besonders exemplarisch für diese Entwicklung war der städteplanerische Ruf nach „Licht und Luft", mit dem viele Bürger und Steuerzahler für solche Reformen gewonnen werden sollten, da er ein ästhetisches Element aufs engste mit hygienischen Forderungen verband.[10] Eng damit verknüpft war eine zweite Ausweitung der Schiller-

---

[10] Zur Verknüpfung von Gesundheit, Ästhetik und bürgerlicher Moral in der Stadtplanung vgl. Brian Ladd: *Urban Planning and Civic Order in Germany, 1860–1914*, Cambridge 1990, S. 45 ff und 231.

schen Theorie. Ihre Tendenz bestand darin, die ästhetische Ausrichtung in ein zentrales Verständigungsmedium zu verwandeln. Besonders unter den gebildeten und kulturell anspruchsvolleren Bürgern erwies sich der gemeinsam gepflegte Katalog von ästhetisch-moralischen Vorstellungen als politisch wertvoller Klebstoff. Drittens streifte die Theorie der ästhetischen Reform allmählich ihren patriarchalisch-dirigistischen Charakter ab und wurde statt dessen zu einer universalen Kritik an der kapitalistischen Industriegesellschaft schlechthin. Wie in der von Ruskin und Morris inspirierten Arts and Crafts-Bewegung sah auch sie im schönen Wohnraum eine Keimzelle des Widerstands gegen Entfremdung, soziale Spannungen und überflüssiges Konsumieren.

Der Heimatschutz ging jedoch zum Teil darüber hinaus und empfand sich als eine Art „ästhetischer Volkserziehung".[11] Gegenüber der Wohnungsreform faßte er wesentlich mehr ins Auge, nicht nur das eigene Heim, sondern auch Stadtbild und Landschaft. Ihn interessierte weniger die engere Umgebung als die weitere Umwelt, die es schön zu erhalten und gestalten gelte. Dabei darf man nicht übersehen, daß dieses nominell ästhetische Programm vielfach mit funktionalen und sozialen Elementen durchsetzt war. Das Bild einer schönen Kulturlandschaft, wie es den Heimatschützern vorschwebte, war auf allen Seiten verzahnt in die Räder der gesamten Gesellschaft-Natur-Beziehung.

Gesellschaftlicher Hintergrund der Bewegung

Die Frage, wie es zu der Heimatschutzbewegung kam, läßt sich nicht trennen von der Frage nach der neuen Wahrnehmung, die sie antrieb. Schädliche Auswirkungen auf Umwelt und Landschaft hatte es immer schon gegeben. Die europäische Geschichte liefert dafür viele Beispiele. Schon in dem 16. und 17. Jahrhundert waren Holzverknappungen, saure Abwässer und Bodenerosion nicht un-

---

[11] Architekt Spahr: Heimatschutz im ländlichen Bauwesen. In: *Mitteilungen des Vereins für Naturdenkmal- und Heimatschutz in Kurhessen* (1913), S. 2. Insbesondere Ruskin wurde immer wieder angeführt, so z. B. von Karl Johannes Fuchs, *Heimatschutz und Volkswirtschaft*, Halle 1905, S. 21 f.

bekannt. Dennoch begann im 19. Jahrhundert mit seiner Bevölkerungsexplosion und dem massiven Einsatz industrieller Methoden eine Epoche, welche die Umweltprobleme aller vorangehenden in den Schatten stellte. Bis zur Jahrhundertwende waren jedoch die Schäden noch nicht so akut geworden, daß sie zu einem breiteren Problembewußtsein führten. Die herrschende Ideologie des Fortschritts spielte weiterhin eine zentrale Rolle, denn sie lehrte sowohl in ihren kapitalistischen als auch in ihren marxistischen Vertretern, daß die bessere Zukunft nur dann zu erreichen sei, wenn man die gewaltigen Kräfte von Kapital und Industrie erst einmal voll gewähren lasse. Und auch die von der Industrie weitgehend in ihren Dienst genommene Wissenschaft lieferte oft nur weitere Legitimationen für die Ausbreitung des kapitalistisch-industriellen Systems.

Aufgrund der zunehmenden Arbeitsteilung und der sich verschlechternden Umwelt entstanden jedoch zu diesem Zeitpunkt immer größere Kompensationsbedürfnisse und ein damit zusammenhängendes Interesse an der Natur. Die Wahrnehmung und Thematisierung von Landschaftsproblemen war dabei allerdings von den Prioritäten und existentiellen Möglichkeiten der verschiedenen Klassen abhängig. In der Tat waren es zumeist Bürgerliche, welche die konkreten Nachteile der Entwicklung am schärfsten erkannten. Ihre für die Wahrnehmung der Umwelt günstige gesellschaftliche Position kann der der anderen zwei großen Klassen wie folgt gegenübergestellt werden. Im Zweiten Reich mußten Arbeiter und Sozialdemokraten alle Kräfte aufbieten, um ihren Kampf um Löhne, Arbeitsbedingungen und eine ihnen zustehende politische Freiheit zu führen. Obwohl es nennenswerte Ausnahmen gab, scheint es, daß sich die Arbeiterklasse im großen und ganzen – aus praktischen, realpolitischen Gründen – nur für die relativ kleinen Flecken stadtnahen Grüns interessierte.[12] Die sozial und politisch mächtigen Adelskreise, von denen man vielleicht eine traditionalistische Reaktion erwartet hätte, haben so gut wie kei-

---

[12] Es gab natürlich auch Arbeiterwandervereine, von denen der der „Naturfreunde" der bekannteste und wohl auch größte gewesen ist. Vgl. *Mit uns zieht die neue Zeit. Die Naturfreunde. Zur Geschichte eines alternativen Verbandes in der Arbeiter-Kulturbewegung.* Hrsg. von Jochen Zimmer, Stuttgart 1984.

nen Protest geäußert. Wegen ihrer öffentlichen wie privaten Privilegien, die noch nicht der Logik der massengesellschaftlichen Entwicklung unterlagen, konnten sich die Adligen stets auf einige Zeit in den geschützten Raum ihres Landsitzes zurückziehen. Im Gegensatz zu diesen Klassen waren die Bürgerlichen sowohl mit den Möglichkeiten als auch den Grenzen der modernen Ergänzungsstrategien konfrontiert. Sie hatten Geld und Zeit zum Reisen, konnten also Landschaften kennen und schätzen lernen. Sie waren daher die ersten, die erkannten, wie gefährdet dieser Genuß war. Der eigentliche Aufschrei über die Landschaft kam also aus den Reihen derselben bürgerlichen Klasse, die nominell am stärksten mit der kapitalistisch-industriellen Umwälzung verbunden war.

Die steigenden Kompensationsbedürfnisse und die mit der Industrialisierung und Verstädterung einhergehende Neueinschätzung der natürlichen Umwelt fanden ihren Ausdruck in der Gründung zahlreicher Gruppen, die auf mehr oder weniger direkte Weise auf die konkrete Wichtigkeit von Natur, Landschaft, Körperübung und natürlichen Kreisläufen hinwiesen. Zahlenmäßig ging dabei die breite Lebensreformbewegung, mit ungefähr 150 000 Mitgliedern, allen anderen voran. Doch auch der schnell wachsende Wandervogel brachte Zehntausende von deutschen Jungen und Mädchen hinaus ins Freie. Dazu kamen noch die vielen örtlichen Wander- und Gebirgsvereine, die ebenfalls unzählige Bürger erfaßten. Das Interesse für Natur hing also förmlich in der Luft. Doch dem Trieb, sich in der freien Natur auszuleben, entsprach nicht immer ein konsequent durchdachtes und öffentlich wirksames Engagement für die Umwelt.[13]

Der Heimatschutz gehörte zu einem kleineren Kreis von aktiven Reformgruppen, die sich tatkräftig und zielstrebig für die Erhaltung oder Einführung von Landschaften, Parks, Gärten, durchgrünten Städten und Wäldern eingesetzt haben. Außer dem Heimatschutz gehörten hierzu die Deutsche Gartenstadtgesell-

---

[13] Vgl. das Geständnis eines Mitglieds des Sauerländischen Gebirgsvereins, daß die Vereinsführer schon mit dem Wanderwesen „alle Hände voll zu tun" hätten, und daß man „zu dem nötigen und erlösenden Schritte: der Gründung eines Heimatschutzvereins für das Sauerland" vorangehen sollte. Ist keiner da? In: *Der Sauerländische Gebirgsbote* 20, 1912, S. 252f.

schaft (seit 1902) und Naturschutzgruppen wie der Bund zur Erhaltung der Naturdenkmäler aus dem Tier- und Pflanzenreich (gegründet 1911), der Verein Naturschutzpark (gegründet 1909) und Lina Hähnles Bund für Vogelschutz (1899), der unter anderem für die Einführung von Vogelschutzreservaten eintrat. Diese Gruppen halfen, einen aktivistischen Kern von „Umweltexperten" zu schaffen, die bei Gelegenheit den Bürgern und örtlichen Vereinen zu Hilfe kommen konnten. Ein beeindruckendes Beispiel für die potentielle Größe einer so entstehenden Umweltkoalition bietet die Liste von 36 Vereinen, die am 16. Januar 1909 am zweiten „Berliner Waldschutztag" teilnahmen. Die Skala reichte vom Bureau für Sozialpolitik, dem Bund Deutscher Bodenreformer und dem Verein für öffentliche Gesundheitspflege über Lebensreform-, Turn-, Erziehungs- und Angestelltenvereine verschiedenster Ausrichtung bis zur Landesgruppe Brandenburg des Bundes Heimatschutz und der Deutschen Gartenstadtgesellschaft.

Der große Aufschrei über den Grunewald sollte uns nicht zu dem Schluß verleiten, daß es im wilhelminischen Deutschland ein großes umweltschützendes Potential gegeben hat, welches sich jederzeit für Reformen mobil machen ließ. Eine große Anhängerschaft zusammenbringen, war nur in bestimmten Fällen möglich, wo etwa – wie im Hinblick auf den Grunewald – stadtnahe Parks oder Freiräume durch rücksichtslose Entscheidungen des Staats gefährdet waren. Die Chancen, daß ein Protest etwas bewirken würde, standen hier besser, als wenn lediglich eine private Gesellschaft dahinterstand. Außerdem konnte in einem solchen Fall jeder sehen, wie wichtig die Streifen grünen Landes waren, und daß etwas geschehen müsse, um sie zu erhalten. Ohne eine großangelegte Vision blieb der gelegentliche Kampf um einen Stadtpark stets reaktiv und damit kurzsichtig. Komplementär zu dieser städtischen Kurzsichtigkeit gab es auch die ebenso begrenzten Konzeptionen einzelner Reservate. Die Idee des Naturschutzparks, die insbesondere von dem Verein Naturschutzpark befürwortet wurde, übte eine starke Faszination auf viele aus. Besonders der Bund für Vogelschutz agitierte entschieden für den Ankauf verschiedener Vogelschutzreservate. Doch so wertvoll diese schützenden und erhaltenden Aktionen auch waren, sie übersahen weitgehend die eigentlichen Probleme, nämlich die Art und

Weise, wie die Menschen mit ihrer Umwelt tagtäglich umgingen.[14] Allein der Bund Heimatschutz engagierte sich für ein Reformprogamm, das die wirtschaftlichen Ursachen der Landschaftsveränderungen recht zutreffend analysierte und auch die große Mehrheit der „gewöhnlichen", von Menschen genutzten Landschaften zu verteidigen suchte. Und es war nur der Heimatschutz, der konkrete Ideen vorbrachte, wie man einen größeren Landschaftsverband lebendig, schön und „heimatlich" erhalten könne. Durch seine regionalen Vereine, durch Gutachten und Eingaben an die verschiedenen Regierungen, durch öffentliche Beratungszentren, Volkshochschulkurse, massenwirksame Flugblätter und Zeitschriften, aber auch durch persönliche Fühlungnahme in den Ämtern versuchte der Heimatschutz seine Konzeptionen wirksam durchzusetzen.

Wie so viele Reformbestrebungen der Jahrhundertwende wurde die Heimatschutzbewegung eindeutig von Bürgerlichen getragen.[15] Rund 25% der Heimatschutzmitglieder kamen aus den

---

[14] Heimatschutz und der Verein Naturschutzpark gerieten mit ihren unterschiedlichen Auffassungen – durchgehende Reform einerseits, stellenweise Präservation andererseits – in einen Konflikt, der erst nach einigen Bemühungen beigelegt werden konnte. Heimatschutzmitglied Joseph August Lux hatte den Präservationsgedanken bereits in seiner „Baumpredigt" als „ein trauriges Zeichen der Zeit" kritisiert, denn er enthalte „nun nicht die Aufforderung, so doch die stillschweigende Erlaubnis, mit dem übrigen weitaus größten Teil des Weltantlitzes rücksichtslos zu verfahren". In: *Hohe Warte* 3, 1906–1907, S. 60. Vgl. zur Stellungnahme des Vereins *Heimatschutz* 6, 1910, S. 71–84 und *Heimatschutz* 7, 1911, S. 80–82.

[15] Man hat die Mitgliedschaft im Heimatschutz höchst verschieden charakterisiert: als wesentlich Volksschulehrer, als „Teile des Bildungsbürgertums" oder, nach ihren Führern zu urteilen, als „Männer aus Wissenschaft, Verwaltung und Künstlerschaft". Vgl. Jörn Christiansen: ‚Die Heimat.' *Analyse einer regionalen Zeitschrift und ihres Umfeldes*, Neumünster 1980, S. 15; Arne Andersen: Heimatschutz: Die bürgerliche Naturschutzbewegung, S. 143 und Fußnote 1 und Ulrich Linse: *Ökopax und Anarchie. Eine Geschichte der ökologischen Bewegungen in Deutschland*, Stuttgart 1986, S. 20. Aufgrund überlieferter Daten zu 5365 Mitgliedern stellten die Volksschullehrer im Durchschnitt nur 5,9% aller Vereinsmitglieder, während der Prozentsatz von Wissenschaftlern und Künstlern zusammen weniger als 6% betrug. Meine Ermittlungen beruhen auf den Mitgliederverzeichnissen von 4 Vereinen: dem Landesverein Sächsischer Heimatschutz (Stand 1909), dem Rheinischen Verein für Denkmalpflege und Heimatschutz (Stand 1915), dem Verein Badische Heimat (Stand 1911) und dem thüringischen Verein für Heimatkunde und Heimatschutz in Artern und Umgegend ‚Aratora' (Stand 1914). Hinzu kommen die Ergebnisse einer Dissertation zur Heimatbewegung in Niedersach-

mittleren und höheren Diensträngen der Verwaltung. Weitere 20 % waren als Lehrer, Geistliche, Professoren und Bibliothekare in der Erziehung oder im wissenschaftlichen Bereich tätig. Wenn man noch die Ärzte, Künstler und Journalisten hinzufügt, so betrug der Anteil der Bildungsberufe um 52%. Der im weitesten Sinne „wirtschaftende" Bereich stellte ungefähr 31% der Mitglieder. Darunter waren viele Architekten und Bauunternehmer, aber auch Fabrikanten und solche, die sich als Kaufleute bezeichneten. Verschiedene kleinere Berufsgruppen, wie Bauern, Frauen und Nichtzuidentifizierende, stellten den Rest. Zusammenfassend läßt sich sagen, daß der Heimatschutz eine Bewegung war, die vor allem dem gebildeten und beamteten Bürgertum entsprang. Dennoch konnten sich diese Bildungsbürger einer nicht unerheblichen Resonanz bei ihren Mitbürgern in Handel und Wirtschaft erfreuen.

Obwohl man mit Verallgemeinerungen aufgrund seiner sozialen Zusammensetzung vorsichtig sein muß, scheint eines klar: Der Heimatschutz war keine marginale Sache. Er bezog seine Unterstützung aus einigen der bestunterrichteten und erfahrensten Schichten der wilhelminischen Gesellschaft. Diese praktische, nüchterne, ja manchmal ans Technokratische grenzende und zugleich engagierte Seite des Heimatschutzes sollte man sich vor Augen führen, um nicht Pauschalurteile wie „romantisches Ästhetentum" zu fällen. Es war das planende, verwaltende und technisch ausführende Bürgertum, das hier den Ton angab. Nur wenige Mitglieder waren Adlige. Noch weniger Mitglieder gab es am anderen Ende der sozialen Skala. „Schmerzlich", klagte der Vorsitzende einer thüringischen Gruppe „berührt uns immer wieder, daß unser Heimatverein keine Mitglieder im sogenannten vierten Stande hat."[16] Die bürgerliche Sehnsucht nach dem geeinten Volk

---

sen. Vgl. Werner Hartung: *Konservative Zivilisationskritik und regionale Identität am Beispiel der niedersächsischen Heimatbewegung, 1895 bis 1919*, Diss. Hannover 1990.
[16] Ewald Engelhardt: Schlußwort. In: *Zeitschrift des Vereins für Heimatkunde und Heimatschutz von Artern und Umgegend ‚Aratora'* 2, 1913/14, S. 243. Hartung, *Konservative Zivilisationskritik*, S. 119, hat mit seiner Beobachtung recht, daß die „Integrationsfähigkeit [...] an der Schwelle proletarischen Bewußtseins beim Handwerksmeister und beim kleinen Bauern" endete, „die sich sozial noch zum lokalen Establishment rechnen mochten".

wurde also in der sozialen Stuktur des Heimatschutzvereins nicht erfüllt. Allerdings läßt sich die sozialpolitische Ausrichtung der Vereinsarbeit nicht allein auf die Struktur seiner Mitgliedschaft zurückführen. Sowohl die soziale als auch die ökologische Bedeutung seiner Handlungen und Argumentationsweise können nur vor dem Hintergrund der Zeit um 1900 richtig eingeschätzt werden.

Die Heimatschutzästhetik im wilhelminischen Kontext

Vor der Entstehung des Heimatschutzes galt die Landschaft im wilhelminischen Deutschland als einer jener „externen Effekte", die in den gesetzlichen Bestimmungen sowie den kapitalistischen Wirtschaftsrechnungen so gut wie gar nicht berücksichtigt wurden. Schuld daran war die vulgärliberalistische Auffassung, daß Privatleute über ihr Eigentum völlig frei verfügen dürften. Auch im juristischen Betrieb des Kaiserreichs galt Kants bekannte Formulierung des Individualismus: Der Monarch lasse seine Untertanen „nur selbst machen, was sie um ihres Seelenheils willen zu tun nötig finden".[17] Nur langsam sahen die staatlichen Behörden ein, daß das, was viele Bürger um ihres Seelen- und Kontoheils willen machten, auch Probleme für andere und der Umwelt als Ganzem verursachen konnte. Einer der wenigen Bereiche, in dem tagtäglich staatliche Eingriffe in das bürgerliche Eigentum toleriert wurden, war der Bereich der allernötigsten Feuersicherung in Gebäuden. Es ist bezeichnend, daß als die einzige gesetzlich wahrnehmbare Umweltwirkung eine abnormale, katastrophische galt. Der „normale" Betrieb wurde dagegen als umweltneutral gesehen. In diesem Bereich gab es daher lange Zeit keinen namhaften Versuch seitens des Staates, die Grundstücks- oder Eigentumsnutzung bezüglich des öffentlichen Wohls zu beeinflussen.

Ansätze zu einer wirksamen Kontrolle von Luftemissionen und Abwässern konnten nur über die Preußische Gewerbeordnung ge-

---

[17] Immanuel Kant: Beantwortung der Frage: Was ist Aufklärung? [1783]. In: *Schriften zur Anthropologie, Geschichtsphilosophie, Politik und Pädagogik*, Bd. 1. Hrsg. von Wilhelm Weischedel, Frankfurt/Main 1977, S. 59.

macht werden. So konnten etwa Stadt- und Provinzbehörden aufgrund der Gewerbeaufsicht darauf dringen, daß Brenn- und Abwässeranlagen in gutem Zustand gehalten wurden. Doch der Staat durfte nichts verordnen, was nicht schon dem „Stand der Technik" entsprach, das heißt nichts, was nicht schon benutzt wurde und nichts, was irgendwelche höhere Kosten verursachen könnte.[18] Außerdem litt die Kontrolle daran, daß nicht annähernd genug Inspektorenstellen geschaffen wurden, und daß Fabrikanten oft versiert genug waren, um mit dem Abbau von Arbeitsplätzen zu drohen. Die einzige praktische Möglichkeit, einem verschmutzenden Fabrikanten Einhalt zu gebieten, waren zivilrechtliche Handhaben. Doch auch diese waren schwach. Dem Kläger oblag dabei eine strenge Beweisführung: er mußte wissenschaftlich und detailliert nachweisen, daß der ihm zugefügte Schaden nur auf den von ihm Angeklagten zurückgehe. In den vielen Fällen, wo mehrere Eisenhütten in einer Stadt oder zahlreiche Fabriken an einem Fluß konzentriert waren, war dies ein unmögliches Unterfangen. Es ist zweifelhaft, ob die damalige Wirtschaft einer solchen Aufgabe überhaupt gewachsen war. Zudem machten die erheblichen Kosten der Zivilprozesse solche Anklagen zu einem nur den Wohlbemittelten vorbehaltenen Privileg. Zusammenfassend läßt sich sagen, daß im Kaiserreich sowohl prinzipielle als auch empirische Schranken existierten, die einen der zentralen ökologisch-sozialen Gedanken fast gar nicht aufkommen ließen, und zwar den Gedanken, daß die natürliche Umwelt einen gemeinsam zu erhaltenden, gemeinsam zu verantwortenden und gemeinsam zu nutzenden Raum darstellt.

Wenn man all dies in Betracht zieht, bekommt man ein neues Verständnis für die Forschheit, ja Radikalität, die dem Heimatschutzanspruch zugrundelag. Ein konkretes Beispiel ist der früh einsetzende und nie endende Kampf gegen Reklametafeln und andere „Verunglimpfungen" der visuellen Umwelt. Einer der jüng-

---

[18] Zwei Grundsätze der damaligen Rechtssprechung waren für die Undurchführbarkeit von Umweltmaßnahmen von entscheidender Bedeutung: der „Stand der Technik" und der Begriff der „ortsüblichen Belastung". Vgl. hierzu Arne Andersen und Franz-Joseph Brüggemeier: Gas, Rauch und Saurer Regen. In: *Besiegte Natur. Geschichte der Umwelt im 19,. und 20. Jahrhundert.* Hrsg. von Franz-Joseph Brüggemeier und Thomas Rommelspacher, München 1987, S. 64–85.

sten Kritiker des Heimatschutzes hat diesen Kampf, angesichts der vielen *wirklich* dringenden Verschmutzungsprobleme der Zeit, als „marginal" abzutun versucht.[19] Zugegeben: wenn eine große Reklametafel vom benachbarten Feld herüberstarrt, so hat das sehr wenig mit dem ökologischen Gleichgewicht des betreffenden Biotops zu tun. Zieht man allerdings die Bedeutung dieses Kampfes für die damalige und heutige öffentliche Meinung in Betracht, kommt man zu einem ganz anderen Ergebnis. Der scheinbar um eine ästhetische Kleinigkeit ausgefochtene Kampf um die Reklameschilder förderte wichtige Grundsätze von sozialer und ökologischer Bedeutung zu Tage. Aufgrund solcher Diskussionen entstand ein öffentliches Interesse an einem schönen, intakten Land wie auch die Einsicht, daß private Selbstbereicherung auf Kosten der Allgemeinheit zu begrenzen ist. Vor allem die zweite Idee war selbstverständlich nicht ganz neu. Dort, wo es dem Heimatschutz um die gerechte Verteilung oder Verteidigung nationaler Schätze ging, läßt sich eine deutliche Nähe zur älteren Bodenreform-Bewegung erkennen. Beide dieser bürgerlichen Bewegungen äußerten eine scharfe Kritik an den sozial atomisierenden Tendenzen des Kapitalismus. Diese weltanschauliche Gemeinsamkeit läßt sich auch daran ablesen, daß mehrere ihrer führenden Mitglieder in beiden Bewegungen aktiv waren.[20] Doch der Heimatschutz lenkte den bodenreformerischen Impuls in eine neue Richtung. Er ging über die einfache Umverteilung von Boden- und Zuwachswerten hinaus, indem er sich dem konkreten Zustand des Landes zuwandte und einer

---

[19] Andersen: Heimatschutz. Die bürgerliche Naturschutzbewegung, S. 149.

[20] Drei mehr oder weniger prominente Mitglieder in beiden Bewegungen waren: der Professor der Nationalökonomie in Tübingen Karl Johannes Fuchs, Karl Keller in Berlin und Justizrat Heinrich Erman in Münster, Autor eines Aufsatzes: Bodenreform und Heimatschutz. In: *Heimatschutz in Brandenburg* 2, 1910, S. 181–185. Manche Schriftsteller lassen die gleiche Affinität erkennen: Ernst Walter Trojan unterstützte Heimatschutzbestrebungen in Fragen einer Waldreform und empfahl gleichzeitig die Bodenreform den Lesern der *Wandervogel Führerzeitung*. Der Jenaer Professor der Kunstgeschichte Paul Weber schrieb eine Broschüre mit dem bezeichnenden Titel *Heimatschutz, Denkmalpflege und Bodenreform*, Berlin 1906. Heimatschutz und Bodenreform werden zudem in einem Buch von A. Wagemann zusammengebracht: *Der Geist des deutschen Rechts. Volkswirtschaftliche Gedanken und Untersuchungen*, Jena 1913.

umfassenden, ästhetisch geleiteten Landschaftsreform das Wort redete.[21]

Das Wort Landschaftsreform bezeichnet in diesem Zusammenhang eine Reihe von Maßnahmen, die eine hauptsächlich von rationeller Landwirtschaft kahlgeschlagene Gegend wieder aufteilen und zu neuer Vielfalt verhelfen sollten. Hecken, Waldsäume und Feldgehölze sollten als wichtige Ergänzungen zum bebauten Feld neu eingeführt werden; bewachsene Bachläufe und Uferbänke sollten erhalten bleiben; schließlich sollten die Nadelwälder in mit Laubbäumen durchsetzte Mischwälder zurückgewandelt werden. Zweifellos fanden diese und ähnliche Maßnahmen Beifall wegen ihrer geplanten ästhetischen Wirkung. Aber es läßt sich dabei nicht übersehen, daß sie gleichzeitig auf funktionaler Ebene geprüft und gutgeheißen wurden. Ihre Landschaftsästhetik wurde also von den Heimatschützern als eine mehrdimensionale Forderung erkannt und schloß auch ökologische Gesichtspunkte in sich ein.

Nirgendwo läßt sich der Konnex zwischen Ästhetik und Ökologie besser demonstrieren als an der wiederholten Forderung nach mehr Hecken. Es sei daran erinnert, daß Hecken keine obskure Nebenfrage darstellten. Sie waren vielmehr von Anfang an Teil des Heimatschutzprogramms, wie bereits Ernst Rudorffs wegweisender Essay von 1880 *Über das Verhältnis des modernen Lebens zur Natur* belegt. Rudorff empfahl nicht nur den Schutz seit altersher bestehender Hecken, sondern auch, daß man die inzwischen ausgerissenen „wieder anlegen" solle, um möglichst alle „Wiesen und Gärten regelmäßig damit einzufriedigen". Seine Begründung ging schon hier über ästhetische Rücksichten hinaus und faßte

---

[21] Die fundamentalen Unterschiede, die zwischen den zwei Bewegungen bestanden, sollten daher nicht verschwiegen werden. Die Bodenreformer huldigten weitgehend dem in der Zeit der Massengesellschaft zunehmend veralternden Prinzip der Aufteilung des Landes in kleine individuelle Parzellen. Jede Familie sollte Besitz nehmen von einem Stück Erde; das ganze Land sollte überall gleich intensiv bewirtschaftet werden. Die Bodenreform drängte deshalb auf die Kultivierung von sogenannten „Ödländern" wie Mooren und Heiden. Der Heimatschutz, der dem Naturschutz ungleich näher stand als die Bodenreform, war hier viel vorsichtiger. Aus der Einsicht, daß diese Brachländereien eine wichtige Funktion in der Landschaft hatten, riet er immer wieder von solchen Plänen ab und forderte statt dessen die klügere Ausnutzung vorhandener Felder.

ökologische Zusammenhänge ins Auge. Hecken seien wichtig, schrieb er, nicht nur um „das Malerische der Landschaft zu fördern, sondern zugleich für die Erhaltung der Vögel Sorge zu tragen, denen ihre Brutstätten durch die Verkoppelung [...] fast vollständig genommen zu werden drohen".[22] Bis zur Gründung der späteren Heimatschutzorganisationen war es unerläßlich geworden, bei Gelegenheit der ästhetischen Bewertung von Hecken und Säumen auch auf ihre Rolle in der Behebung der „Wohnungsnot der Vogelwelt" aufmerksam zu machen.[23] Immer wieder wurde darauf hingewiesen, daß die Vögel nicht nur ästhetisch wertvoll, sondern auch höchst effizient im Kampf gegen Ungeziefer seien. In weiteren Aufsätzen beschäftigte man sich mit der vorteilhaften Einwirkung der Hecken im Hinblick auf Bodenfeuchtigkeit und Windschutz.[24] Auf diese Weise wurde die Heckenlandschaft, die auf den ersten Blick als ein bloß ästhetisches Ideal erscheinen mag, fest mit einem funktional-wissenschaftlichen Programm verbunden.

Ein zweites Beispiel für die Art, wie der Heimatschutz ein ästhetisches Konzept mit einem ökologischen Inhalt auszufüllen versuchte, belegt die Diskussion um den Mischwald. Es muß gesagt werden, daß Heimatschützer nicht die ersten waren, die sich für diese ökologisch wertvolle Art von Wald stark gemacht haben. Seit der Einführung des reinen Nadelholzforsts im 18. Jahrhundert hatte es immer wieder Bedenken gegen solche Monokulturen gegeben. Doch selbst bedeutenden Fachmännern wie Emil Adolf Roßmäßler und Karl Gayer war es nicht gelungen, den Forstbetrieb über Nacht zu verändern. Dem schnellen Umtrieb und dem Potential für höhere kurzfristige Erträge konnten keine Warnungen entgegenwirken, die nur kommende, langfristige Schäden prognostizierten. Im Jahre 1885 erschien dann das Buch *Forstästhetik* des Rittergutsbesitzers Heinrich von Salisch. Dieses Buch nahm viele Vorstellungen des Heimatschutzes vorweg. Es knüpfte

---

[22] Rudorff: Über das Verhältnis des modernen Lebens zur Natur, S. 271–272.

[23] Remigius Greiter: Schutz der Hecke. In: *Bayerischer Heimatschutz* 12, 1914, S. 24. Den Wert der Hecke bezüglich der Vögel hebt auch Robert Mielke hervor: Zur Separation. In: *Heimatschutz* 2, 1906, S. 129–135.

[24] So Fr. Buddin: Zur Heckenwirtschaft im Ratzeburgischen. In: *Mecklenburg. Zeitschrift des Heimatbundes Mecklenburg* 2, 1907, S. 114–119.

ausdrücklich an die Tradition der ästhetischen Reform und Landesverschönerung an, wonach das alltägliche, wirtschaftende Leben in allen seinen Bereichen einen schönen und sorgfältigen Eindruck machen sollte. Salisch versuchte den Kampf um den Mischwald unter ästhetisch-sozialen Gesichtspunkten fortzuführen. Er setzte sich besonders für den geplenterten Mischwald ein, in dem verschiedenartige Bäume und sogenanntes Unterholz nebeneinander bestehen. Dieser Wald müsse in erster Linie als Holzspender dienen; dennoch könnte er so gepflegt werden, daß auch der Spaziergänger daran seine Freude habe. Solch eine ästhetisch-wahrnehmbare Pflege hätte sicher auch soziale Vorteile zur Folge: die eigenen Förster und Waldarbeiter wären glücklicher, die Ortsbevölkerung wäre dem Wald geneigter und eventuelle Touristen würden gleichermaßen auf ihre Kosten kommen. Bezeichnenderweise fand Salisch, daß es „keineswegs die ‚gebildeten Menschen' allein [seien], die einen ästhetisch schönen Wald zu würdigen wissen. Auch für den minder gebildeten und den ungebildeten Menschen besitzt die Schönheit einen Freibrief."[25]

Es überrascht nicht, daß sich Salisch sofort dem neuen Bund Heimatschutz anschloß, wo sein Buch im Laufe der Jahre wiederholt zitiert wurde.[26] Spätere Autoren haben die Rolle des Mischwalds selbstverständlich innerhalb eines viel größeren sozialen, wirtschaftlichen und auch ökologischen Umfelds analysiert. Der vom Heimatschutz mitgetragene Kampf um den für Erholungszwecke so wichtigen Grunewald bei Berlin gibt der Einsicht in die soziale Bedeutung des Waldes beredten Ausdruck. Andere Aufsätze beweisen, daß sich ein immer größeres Verständnis auch

---

[25] Heinrich von Salisch: *Forstästhetik*, 2. Auflage, Berlin 1902, S. 9.
[26] Das Buch erlebte eine zweite Auflage 1902 und eine dritte 1913. Es gehört sowohl wegen seiner forstwissenschaftlichen Forderungen wie auch wegen seines ästhetisch-reformierenden Geistes in eine Reihe mit Camillo Sittes Manifest *Der Städtebau nach seinen künstlerischen Grundsätzen* (1889). Arne Andersens Behauptung (Heimatschutz. Die bürgerliche Naturschutzbewegung, S. 146), wonach die *Forstästhetik* „keinen Eingang in die konkreten Auseinandersetzungen" gefunden habe, ist nur insoweit richtig, was die berufliche Praxis der Mehrheit der Forstbeamten anbelangt. Im weiteren Umfeld derjenigen, die sich für allgemeine Landschaftsfragen interessierten, hatte es dagegen eine ziemlich große Wirkung. Außerdem wurde es 1904 in Hessen von den staatlichen Behörden an alle Oberförstereien ausgeteilt.

für die wissenschaftlichen Hintergründe der Waldfrage entwikkelte. Einige dieser Aufsätze erschienen unter dem bezeichnenden Titel *Heimatschutz im Walde*.[27] Sie führten aus, daß der reine Nadelholzbestand nicht nur an eine „häßliche Holzfabrik" erinnere, sondern auch, daß es ihm an einer vielfältigen Flora und Fauna fehle, daß er Angriffen durch Ungeziefer schlecht widerstehen könne, daß sein Boden verarme und schließlich, daß der Nadelholzforst nicht soviel Wasser aufsauge, wie es ein Mischwald könne. Einige dieser Autoren sahen die schädliche Wirkung der Nadelholzwirtschaft sogar schon in Verbindung mit anderen Maßnahmen wie der Begradigung und Ausbaggerung von Flüssen. Der Mangel an Schwammkapazität, schrieben sie, würde zu einer Grundwasserabsenkung und damit zu einer Klimaänderung ersten Ranges, zur sogenannten „Versteppung", führen.[28] Indem der Bund Heimatschutz diese Fragen mehrere Male in verschiedenen Zeitschriften erörtern ließ, kann er als bedeutender Popularisator einer angewandten ökologischen Wissenschaft angesehen werden.

Die ernsthafte Diskussion des Mischwalds läßt aufmerken. In ihr ging es nicht nur um einen „bloß ästhetischen" Gegenstand. Vielmehr wurde die ästhetische Würdigung durch eine parallel laufende und immer weiter gehende funktionale Analyse ergänzt. Das gleiche gilt für andere Landschaftsgebiete wie Hecken, bewachsene Flußufer, Moore und Tümpel – also all jene natürlichen Zwischenräume, die der Heimatschutz als notwendige Kompo-

---

[27] So der Bericht „Heimatschutz im Walde". In: *Heimatschutz* 2, 1905, S. 24, sowie Franz Mammen und Forstassessor Bruhm: Heimatschutz im Walde und Waldschönheitspflege. In: *Mitteilungen des Landesvereins Sächsischer Heimatschutz* 1, 1910–1911, S. 33–50 und Oberförster Dr. König: Laubwald, Nadelwald und Heimatschutz. In: *Schwäbisches Heimatbuch* 1915, S. 144–146 (mit einem Hinweis auf die Studie von Dr. H. B. Jacobi: *Die Verdrängung der Laubwälder durch die Nadelwälder in Deutschland*).

[28] So Ökonomierat Hempel: Die Vernachlässigung und Zerstörung des heimischen Landschaftsbildes und die damit verbundenen Gefahren. In: Ders., *Heimatschutz und Bodenkultur*, Hannover, 1914. Vgl. auch „Erhaltet die Knicks". In: *Schleswig-Holsteinische Natur- und Vogelschutzblätter* 1, 2, Mai 1912, S. 3: Hecken und Raine. In: *Mitteilungen des Schlesischen Bundes für Heimatschutz* 1, 3, Juni 1913, Oswald Junger: Deutschland als Kultursteppe. In: *Blätter für Naturschutz* 4, 1913, S. 1–5 und Udo Dammer: Zur Meliorationsfrage. In: *Blätter für Naturschutz und Heimatpflege* 1916, S. 12–13.

nenten einer gesunden und schönen Landschaft ansah.²⁹ Ein Indiz dafür, daß Ökologie und Ästhetik hier nah beieinander lagen, liefert die Teilnahme zahlreicher Bürger aus „grünen" Berufs- und Interessengruppen. Die gesamte frühe Naturschutzbewegung um Hugo Conwentz – ein Mitbegründer des Bunds – verstand sich als Teil des Heimatschutzes und stützte sich vor allem auf Gartenkünstler und Förster. Der Dresdener Professor Oskar Drude, dessen Buch *Ökologie der Pflanzen* ihn als einen der führenden Ökologen der Zeit auswies, war ein langjähriges Mitglied des Landesvereins Sächsischer Heimatschutz. Einer seiner Vereinsbrüder war der Botaniker Bernhard Schorler, Mitherausgeber des meistgebrauchten deutschen Pflanzenatlas. Die von späteren Kritikern an den Heimatschutz herangetragene Annahme, wissenschaftliche Erkenntnis habe sich keineswegs mit einem Schönheitsparadigma vertragen, entbehrt also jeder faktischen Grundlage.

Es ließe sich eher umgehend argumentieren, daß das ästhetische Empfinden des Heimatschützers oft das affektive und kommunikative Sprungbrett zu einer vertieften, sachlichen Auseinandersetzung mit der realen Umwelt bildete. Man hat dies zu oft übersehen oder unterschätzt. So wurde zum Beispiel noch vor kurzem erklärt, daß der Heimatschutz sich nicht um Verschmutzung gekümmert habe und es deshalb keine Verbindung zu dem maßgeblichen Internationalen Verein gegen die Verunreinigung der Flüsse, des Bodens und der Luft gegeben habe.³⁰ Es ist zwar wahr, daß sich der Heimatschutz eher auf größere Landschaftserscheinungen konzentrierte, aber ein Blick in die verschiedenen Zeitschriften der Bewegung zeigt uns, daß die Verschmutzungsfrage keineswegs unerwähnt blieb.³¹ Vor allem die vielen umfangrei-

---

[29] So z. B. Robert Weyrauch: Ästhetische Gesichtspunkte bei Wasserbauten. In: *Schwäbisches Heimatbuch* 1915, S. 119–121, und Wilhelm Kotzde: Die Regulierung der unteren Havel und ihre Folgen. In: *Heimatschutz in Brandenburg* 5, 1913, S. 108–113.
[30] Andersen: Heimatschutz. Die bürgerliche Naturschutzbewegung, S. 149.
[31] Vgl. etwa Dr. Haupt: Die Reinhaltung der Gewässer, eine Aufgabe des Heimatschutzes. In: *Mitteilungen des Landesvereins Sächsischer Heimatschutz* 2, 1911–1912, S. 455–459; Prof. Dr. Rohland: Heimatschutz für unsere Flüsse! In: *Mitteilungen des Bundes für Heimatschutz in Württemberg und Hohenzollern* 4, 1912, S. 1–3. Vgl. auch zahlreiche kleinere Mitteilungen in den dem Heimatschutz nahestehenden *Blättern für Naturschutz und Heimatpflege*, insbesondere Br. Dieß-

chen Aufsätze und Reden von Georg Bonne, einem bekannten Mitglied des Internationalen Vereins, beweisen das.[32] Es wird außerdem berichtet, daß ein Heimatschutzverein, nämlich der Bergische Verein für Heimatschutz in Solingen, eine Klage wegen Verunreinigung der Wupper gegen die Städte Elberfeld und Barmen angestrengt hat. Als sich die zwei Verschmutzer unbeweglich zeigten, bedrängte sie der Verein hartnäckig über mehrere Jahre hin.[33] Obwohl diese Art von gesetzlicher Klage sicher die Ausnahme blieb, belegt sie die sachliche und politische Ernsthaftigkeit der Heimatschutzbewegung, die keineswegs an der ästhetischen Oberfläche haften blieb. Man sprach zwar von der Schönheit der Landschaft, meinte aber damit zugleich die Gesundheit der Umwelt.

Die soziale Dimension des Heimatschutzes

Den Heimatschützern war es meines Erachtens primär um die Erhaltung einer schönen und fruchtbaren Landschaft zu tun. Die meisten Mitglieder dieses Bundes hatten wohl nicht die explizite Absicht, an der ökologischen Gesundung der Umwelt mitzumachen. In der Tradition der ästhetischen Reform war es ihnen genug zu wissen, daß man etwas Schönes hervorzubringen bemüht war. Doch im Laufe der Jahre wurde es ihnen immer klarer, wie stark das äußere Erscheinungsbild der Landschaft von realpolitischen und technologischen Eingriffen abhing. Diese Einsicht läßt sich schon bei Ernst Rudorff finden.

Einer der Aspekte, unter dem Rudorff die Landschaft analysierte, war der seiner gesellschaftspolitischen Bedeutung. Unver-

---

ner: Die Verseuchung unserer Flüsse durch giftige Abwässer. In: *Blätter für Naturschutz und Heimatpflege* 4, 11, 1918, S. 1–4 und 4, 12, 1918, S. 7–9.

[32] Bonne: Die zunehmende Verunreinigung der deutschen Gewässer – eine dringende Frage für den Heimatschutz. In: *Heimatschutz* 8, 1912, S. 8–23; Rede „Die Verunreinigung unserer deutschen Gewässer und ihre Verhütung" auf der 2. Gemeinsamen Tagung für Denkmalpflege und Heimatschutz in Dresden, 1913, und Was lehrt uns der Krieg über die Bedeutung des Heimatschutzes? In: *Heimatschutz* 10, 1915, S. 168–171.

[33] Vgl. *Gesundheit* 38, 1913, S. 27, und Klaus Wey: *Umweltpolitik in Deutschland*, Opladen 1982, S. 90–101.

kennbar in Rudorffs Darlegung ist ein tiefer sozialer Konservatismus, der sich an Riehl anlehnt. Rudorff wollte die „naive Ursprünglichkeit" und die traditionellen Bräuche der bäuerlichen Unterschichten erhalten: einerseits, um ein Stück unwiederbringliche Kultur zu retten, andererseits, um einen politischen Vorteil daraus zu ziehen. Rudorff fürchtete eine soziale Entwicklung, durch welche „die Landbevölkerung mehr und mehr aufhöre", sich „mit dem natürlichen Boden verwachsen zu fühlen", und einfach in die Großstädte abwandere. Wenn das Leben auf dem Land „den Treusten und Bravsten im Volke" verleidet werde, meinte Rudorff, werde der Sozialdemokratie geradewegs „in die Hände gearbeitet". In diesem Sinne kam dem Heimatschutz, wie ihn Rudorff anvisierte, eine prophylaktische Aufgabe zu: er sollte die „Landflucht" und die Ansammlung „sozialen Giftstoffs" in Form von unzufriedenen Proletariern vermeiden helfen.

Aber wenn Rudorff die ländliche „Macht des Beharrens", wie Riehl das Bauerntum genannt hatte, stärken wollte, so darf man nicht übersehen, daß er auch das Leben des städtischen Proletariats zu verbessern gedachte. Ganz im Sinne der Wohnungsreform, und die Ideen der Gartenstadtbewegung vorwegnehmend, schlug er 1880 vor, man solle „die städtischen Anlagen weitläufiger gestalten, statt der Mietskasernen mehr und mehr kleine einzelne Häuser bauen, und, wenn auch nur in Gestalt eines Gartens, ein Stück Natur Jedem in unmittelbare Nähe rücken". Rudorff freundete sich in dieser Hinsicht sogar mit der Eisenbahn an, die als „billiges und rasches Verkehrsmittel" einem breiten Zugang zur Natur „vortrefflich" dienen könne. Rudorff war also keineswegs jener radikal anti-industrielle Utopist, zu dem ihn einige Kritiker stilisiert haben.[34] Aber selbst im Hinblick auf Rudorffs konservative Meinungen ist es nicht erlaubt, die spätere Heimatschutzbewegung und ihre in die Zehntausende gehenden Mitglieder mit Rudorff zu verwechseln. In politischer Hinsicht wurde es immer deutlicher, daß sie sich vor allem der zweiten Zielsetzung

---

[34] Vgl. Sieferle: *Fortschrittsfeinde?*, S. 170 und 173, der den Heimatschutz in einen „radikalen, fundamental industrialisierungskritischen Flügel" um Ernst Rudorff und eine seichte „reformerisch-konservatorische Richtung" um Hugo Conwentz trennt.

verschrieb. Es ging der Heimatschutzbewegung nicht um eine Restaurierung des Bauernstandes, sondern um die Erziehung und Wiedereinbindung des Proletariats, nach dem oft zitierten Wort Ruskins: „Wenn ihr eure Arbeiter nicht mit schönen Dingen umgeben wollt, so werden sie keine schönen Dinge ersinnen."[35] Es wäre zynisch, hierin lediglich eine politische Selbsterhaltungslehre zu erblicken. Die Heimatschützer kämpften noch um ein Gut, nämlich die Natur und die Landschaft, in dem sie die Grundlage aller weiteren kulturellen Entwicklung sahen.

Das übergreifende sozialpolitische Modell hinter den Heimatschutzbestrebungen war der organische Begriff der Einheit des Volkes. Leider ist dieser Begriff nicht ganz unbelastet, wie wir wissen. Nur allzu oft war die Einheit eine von oben erzwungene oder bloß kosmetische, welche dazu benutzt wurde, um die konkreten Interessen der unteren Bevölkerungsschichten zu unterdrücken. Andererseits muß man zugeben, daß der organische Ansatz viel zur Abfederung der sozialen Umwälzungen im Zweiten Reich beigetragen hat. Führende bürgerliche Wissenschaftler in dem 1872 gegründeten Verein für Sozialpolitik verwandten den organischen Volksbegriff höchst geschickt, um den deutschen Staat für ein weitgehendes Arbeiterschutzprogramm zu gewinnen. Der immer stärker werdende „Munizipalsozialismus" dieser Ära bezog einen Großteil seiner Überzeugungskraft aus dem gleichen holistischen Sozialgedanken, nach dem jedem Mitglied der Gesellschaft gewisse fundamentale Lebensbedingungen zustehen.[36] Allen diesen

---

[35] Man kann die Distanz zu den Bauern an den Organisationen und der Mitgliedschaft ablesen. Der Heimatschutz wurde im wesentlichen von Städtern unterstützt. Die problemreiche Beziehung zu Heinrich Sohnreys Ausschuß für ländliche Wohlfahrts- und Heimatpflege gibt einen zusätzlichen Hinweis auf diese Kluft. Sohnrey hatte bei der Gründung des Bundes Heimatschutz mitgemacht, doch konnte er die neue Bewegung keineswegs in seine ideologische Bahn lenken. Der Verein Badische Heimat liefert das einzige Beispiel einer institutionalisierten Zusammenarbeit. Dagegen wurde ein Kartellvorschlag in dem ländlichen Mecklenburg abgelehnt, und zwar unter Hinweis auf die dem Heimatschutz „teilweise ganz fern liegenden Zwecke" des Sohnreyschen Vereins. Vgl. H. Krause: Heimatbund und ländliche Wohlfahrts- und Heimatpflege. In: *Mecklenburg. Zeitschrift des Heimatbundes Mecklenburg* 3, 1908, S. 38 f. Das Ruskin-Zitat aus „Unto this Last" wird zitiert bei Karl Johannes Fuchs: *Heimatschutz und Volkswirtschaft*, Halle 1905, S. 21.

[36] Vgl. Rüdiger vom Bruch: Bürgerliche Sozialreform im deutschen Kaiser-

Bestrebungen war die Einsicht gemeinsam, daß eine schrankenlose Entwicklung der kapitalistischen Wirtschaft der Nation nur schaden könne. Volkswirtschaftler der maßgebenden „Historischen Schule" betonten deshalb die Notwendigkeit staatlicher Eingriffe zum Schutze sowohl der einzelnen Arbeiter als auch der Öffentlichkeit im allgemeinen. Sie fürchteten geradezu die Macht eines völlig entfesselten Kapitalismus:[37]

> Ohne Schutzmaßregeln vermag die Gesellschaft den Kapitalismus nicht zu ertragen. [...] Die Kraft, die in der kapitalistischen Organisation steckt und die erzeugt wird durch den schrankenlosen Erwerbsbetrieb ist eine so ungeheure, daß sie, wo sie sich frei betätigt, rings um sich herum Land und Menschen, Kultur und Gesittung, alles einfach kurz und klein schlägt.

Hier ergaben sich wichtige Schnittpunkte mit dem Heimatschutz, der die Landschaft als soziales und nationales Gemeingut gegen privatwirtschaftliche Übergriffe zu verteidigen suchte.

Es ist bisher nicht klar gesehen worden, daß das Programm des Heimatschutzes in einer derart nüchternen gesamtgesellschaftlichen Sicht verankert war. Ernstzunehmende Ökonomen liehen dem Heimatschutz und vergleichbaren Reformbewegungen ihre wertvolle Zeit und Energie. Werner Sombart, einer der bekanntesten Volkswirtschaftler überhaupt, war gleichzeitig im Heimatschutz und in der Gartenstadtbewegung tätig. Besondere Beachtung verdient Karl Johannes Fuchs, Professor der Volkswirtschaft in Tübingen. Als Mitglied des Vereins für Sozialpolitik und Lujo Brentano nahestehend widmete er sich in seinen Arbeiten vor allem der brennenden Wohnungsfrage.[38] Fuchs sah sich als engagierter Wissenschaftler, der „die öffentliche Meinung [...] für die

---

reich. In: *Weder Kommunismus noch Kapitalismus. Bürgerliche Sozialreform in Deutschland vom Vormärz bis zur Ära Adenauer.* Hrsg. von Rüdiger vom Bruch, München 1985, S. 61–179.

[37] Werner Sombart: *Gewerbewesen*, Bd. 2. Leipzig 1904, S. 118.

[38] Fuchs veröffentlichte zwei Bücher zum Thema, beide Lujo Brentano gewidmet: *Zur Wohnungsfrage*, Leipzig 1904, und *Die Wohnungsfrage vor und nach dem Kriege. Aufsätze und Vorträge zur Wohnungsfrage – Neue Folge*, München/Leipzig 1917.

hier notwendigen eingreifenden Reformen reif" machern wollte.³⁹ Er beteiligte sich daher an der Gründung des Bundes Heimatschutz und warf sich mit Eifer in den ersten großen Heimatschutz-Kampf, der um die Erhaltung der schönen Stromschnellen des Rheins bei Laufenburg ausgefochten wurde. Fuchs verstand den Heimatschutz als wichtiges Element innerhalb einer Gesellschaftsordnung, welche sich auch dem Arbeiterschutz widmen solle. Grundsätzlich seien diese beiden Reformbestrebungen nah miteinander verwandt, führte er aus, da nur sie eine notwendige Begrenzung der kapitalistischen Dynamik bewirken könnten:⁴⁰

> Es müssen [dem Kapitalismus] gewisse Schranken gezogen werden, einmal hinsichtlich der Ausbeutung der Menschenkräfte, die er sich dienstbar macht, durch den „*Arbeiterschutz*", andererseits hinsichtlich der Ausbeutung der Naturkräfte des Landes und der landschaftlichen Schönheiten durch den „*Heimatschutz*".

Auch Sombart wollte sowohl die Arbeiterschaft als auch die Landschaft „gegen die Verwüstung durch den Kapitalismus" verteidigen.⁴¹ Für diese Männer bildeten Umwelt, Wirtschaft und Soziales keine getrennten Bereiche, sondern verbundene Aspekte ein und desselben Systems, ein und derselben Nation.

Die Instanz, die nach ihrer Auffassung für die Ordnung innerhalb dieses Gebildes sorgen sollte, war der Staat. Nur er sei mächtig genug, um die notwendigen „Grenzen für die Verfolgung des privatwirtschaftlichen Interesses anzugeben".⁴² Sie waren sich bewußt, daß das wilhelminische Regime seinen Pflichten gegenüber der Gesamtheit keineswegs vollkommen nachkam.⁴³ Trotzdem

---

³⁹ Fuchs: Vorwort. In: *Zur Wohnungsfrage. Vorträge und Aufsätze*, Leipzig 1904, S. IX.
⁴⁰ Fuchs: *Volkswirtschaftslehre*, 3. Auflage. Berlin/Leipzig 1920, S. 93.
⁴¹ Sombart, *Gewerbewesen*, Bd. 2, S. 119. Vgl. auch *Der Bourgeois. Zur Geistesgeschichte des modernen Wirtschaftsmenschen* [1913], München/Leipzig 1920, S. 462.
⁴² Karl Johannes Fuchs: Die Ausnützung der Wasserkräfte. In: *Heimatschutz* 8, 1912, S. 99.
⁴³ Für Fuchs war die Kluft zwischen dem idealen, konsequenten Staat und dem gegebenen wilhelminischen fast schmerzhaft: „Derselbe Staat, der mit der einen Hand Denkmalschutzgesetze und Verunstaltungsgesetze und dergleichen schafft, der verunstaltet mit der anderen Hand ganz ruhig selbst in der stärksten Weise, opfert irgendwelche Naturschönheiten ganz rücksichtslos, verkauft große Gelände

setzten die Heimatschützer auf den Staat und hofften, als unparteiische Berater und Kritiker gehört zu werden. Bis zu einem gewissen Grad wurden sie es auch. Es ist allgemein akzeptiert, daß der Heimatschutz wesentlich zum Zustandekommen des 1907 verabschiedeten preußischen „Gesetzes gegen die Verunstaltung von Ortschaften und landschaftlich hervorragenden Gegenden" beigetragen hat.[44] Auch in Sachsen bahnte sich eine enge Kooperation zwischen Staat und Heimatschutz an, besonders auf dem Gebiet von Architektur und Bauberatung. Der Landesverein Sächsischer Heimatschutz wurde von allen anderen Vereinen um seinen jährlichen Zuschuß vom sächsischen Staat beneidet, der 1910 15 000 Mark betrug. Die Zusammenarbeit ging so weit, daß ein mißtrauischer Beobachter aus industriellen Kreisen sich über die „bevormundende und im Endergebnis fast baupolizeiliche Tätigkeit" der „Heimatschutzfanatiker" beklagte.[45] Doch auch andernorts konnten die verschiedenen Vereine auf eine Reihe von staatlichen Beamten Einfluß ausüben. Ihr Anspruch basierte stets auf der Maxime, daß der Staat „über den Interessen" stünde und in allen Stücken das langfristige Wohl der Nation als Ganzes vertrete. Damit müsse er sich auch der Umwelt, der Naturschätze und der Naturschönheiten annehmen, argumentierte man. Die Heimatschützer schlossen sich weitgehend der Auffassung der Bodenreformer an, daß alle Naturkräfte – insbesondere die Wasserkraft – verstaatlicht werden müßten, damit der etwaige Gewinn „der Allgemeinheit zufällt, nicht einer Minderheit von Privatpersonen, von Aktionären".[46]

Auch die Landschaft wurde demzufolge als ein der ganzen Na-

---

und opfert sie der Bodenspekulation, und was dergleichen merkwürdige Unstimmigkeiten mehr. Man möchte manchmal wirklich beinahe geneigt sein, zu glauben, daß der Staat – ich spreche natürlich ganz allgemein von irgendeinem Staate, dem Staat im allgemeinen, dem ‚modernen Staat' – so dadurch, daß er zu einem Teile, mit einer Hand Denkmalschutzgesetze und Verunstaltungsgesetze schafft, und was das alles ist, und Geld dafür gibt, unter Umständen sogar sehr viel, sein Gewissen beruhigt, so daß er dann mit der anderen Hand ruhig andere Dinge tun kann." Vgl. „Die Ausnützung der Wasserkräfte". In: *Heimatschutz* 8, 1912, S. 104.

[44] Vgl. Rolf Peter Sieferle: *Fortschrittsfeinde*, S. 170.

[45] Brief von Hermann Meissinger an den Deutschen Industrieschutzverband, 22. Nov. 1913. Kopie im Sächsischen Staatsarchiv Dresden, Min. d. Innern Akte 17513/152.

[46] Fuchs: *Heimatschutz und Volkswirtschaft* [1905], S. 21.

tion gehörender Naturschatz angesehen, deren ästhetische Reize niemandem vorbehalten werden dürften. Karl Keller, Mitglied sowohl des Brandenburger Heimatschutzvereins als auch der Bodenreformbewegung, stellte diese Forderung nachdrücklich in seinem Aufsatz *Naturschönheiten als Privatmonopol*. Sein unmittelbares Anliegen war die märkische Seenlandschaft in Form jener „Landschaftsbilder, wie sie uns das berühmte Gemälde *Ein Grunewaldsee* des soeben verstorbenen Leistikow vor Augen führt".[47] Kellers Nachdruck auf dem künstlerischen Wert einer bestimmten Gegend kann als Beleg dafür gelten, wie das ästhetische Paradigma als Verständigungsmittel, das heißt als kommunikative Strategie eingesetzt werden konnte. Es ging Keller nicht um die absolute ästhetische Kongruenz mit dem Leistikow-Bild; er wollte nur auf eine Grundhaltung aufmerksam machen, wonach eine solche Landschaft nicht willkürlich zerstückelt werden dürfe:[48]

> Wer die Veränderung der Berliner Umgebung in den letzten Jahrzehnten mit offenen Augen beobachtet hat, wird leider mit Schmerzen feststellen müssen, wie ein herrlicher Waldsee nach dem anderen dem Naturfreund verschlossen worden ist. Wo man früher unbehindert am Ufer spazieren gehen konnte, rufen dem Wanderer jetzt die Stacheldrahtzäune eines Bodenspekulanten ein energisches ‚Halt' entgegen, und nur vom Garten eines lärmerfüllten Restaurants kann man noch einen verstohlenen Blick auf die verschlossenen Naturschönheiten werfen.

Schon Rudorff hatte unter dem „unerträglichen Gefühl" gelitten, „die Erde ansehen zu sollen als ein Konglomerat von Einzelbesitzthümern". Während Rudorff noch abstrakt-theoretisch gelitten hatte, ging es bei den Berliner Seen um den konkreten Zugang und um unwiederbringliche Nutzungsrechte. Die privatrechtliche (V)erschließung des Landes trat hier die Konzeption eines nationalen Erbes mit Füßen. Das Bauen von teuren Landhäusern und damit die Zersiedelung der Seeufer bedeutete „die *Monopolisierung* der Naturschönheiten durch eine kleine Zahl von Wohlhabenden". Keller wies darauf hin, daß das fundamen-

---

[47] Karl Keller: Naturschönheiten als Privatmonopol. In: *Bodenreform* 19, 1908, S. 596–8; hier S. 597.
[48] Ebd., S. 597.

tale Problem in der „herrschenden Auffassung des Bodeneigentums" liege, erwähnte aber auch eine Kompromißlösung, wonach der Staat die Anlegung öffentlich zugänglicher Uferwege verlangen solle.[49]

Wir sehen also, daß der Heimatschutz neben konkret ökologischen auch die sozialen und politischen Dimensionen der Landschaft mit in Betracht zog. Und zwar tat er das keineswegs in radikaler Ablehnung der sozialen Entwicklung, die in Deutschland seit etwa 1890 im Gange war. Insbesondere den Erholungsbedürfnissen der Arbeiterklasse kam er mit seinem nationalorganischen Landschaftsbegriff entgegen. Jeder sollte teilhaben an den Schätzen der Natur, und keiner sollte sie den anderen verderben dürfen. Die Wurzeln dieser Haltung, wie überhaupt der tiefgehende Antikapitalismus der Heimatschutzbewegung, mögen älteren und teilweise konservativen Ursprungs sein. Tatsache bleibt jedoch, daß sie aktualisiert wurden sowie zwischen neuen sozialen Aufgaben und Idealen der älteren, herrschenden Schichten sehr effektiv vermittelten. Diese Erkenntnis stellt eine mittlerweile fast zum Dogma gewordene These zum Umweltbewußtsein in Frage. In ihrer prägnantesten Form findet sich die These bei Rolf Peter Sieferle, der behauptet, daß Umwelt und Soziales lediglich die getrennten Zuständigkeitsbereiche rückwärtsgewandter „Rechter" bzw. fortschrittsorientierter „Linker" gewesen seien.[50] Obwohl man den Heimatschutz eher zum rechten politischen Lager rechnen kann, paßt er mit seinen sozialen Vorstellungen keineswegs in das bequeme Schema Sieferles. Innerhalb der für viele Bürger selbstverständlichen politischen Grenzen besaß er ein gerütteltes Maß an sozialem Bewußtsein; außerdem schaute er keineswegs dauernd in eine romantisch verklärte Vergangenheit zurück. Vielmehr nahm er Stellung zu den aktuellen Fragen des Tages mit Landschaftskonzeptionen, die ihrer Zeit weit voraus waren.

---

[49] Ebd., S. 597–8. Auch hier sieht man, daß die Reformer sich bewußt auf einen Staat verließen, der sie immer wieder enttäuscht hatte: „Leider ist der Forstfiskus fast immer bereit, diese sozial unerwünschte Entwicklung um augenblicklichen Gewinnes willen zu fördern." (S. 598).
[50] Vgl. Sieferle: *Fortschrittsfeinde?*, S. 158–159.

Zusammenfassung

Der Heimatschutz wurde bisher nicht ganz ernst genommen, weil man seine Landschaftskonzeption als zu ästhetisch und nicht funktional oder rational beurteilte. Zum einen lag das daran, daß man viel zu wenig auf die regionalen Veröffentlichungen und die vielfältige Arbeit auf lokaler Ebene eingegangen ist. Hier sieht sich die Forschung Aufgaben gegenüber, die noch Jahre in Anspruch nehmen dürften. Zum anderen beruhte die Abneigung der Kritiker auf ihrer Unfähigkeit, in der ästhetischen Argumentation des Heimatschutzes jene funktionalen Elemente wiederzuerkennen, die von jeder ernstzunehmenden sozio-politischen Bewegung verlangt werden können. Das Bedürfnis, zwischen Ästhetik und Funktionalität zu unterscheiden, sitzt tief. Wie Klaus Bergmann würden auch wir die Einstellung zur Landschaft gern in ein negativ-besetztes „romantisches Ästhetentum" und ein eher positiv-besetztes Phänomen namens „Fortschritt" oder „Funktionalismus" einteilen. Was soll überhaupt der ganze ästhetische Pritzelkram, könnte man fragen, wenn das ökologische Gleichgewicht von Sulfatkonzentrationen oder verschiedenen Tierspezies abhängt? Die Antwort darauf liegt in dem besonderen historischen Augenblick, in dem der Heimatschutz aufkam. Gesellschaft, Kultur und Technik ergaben damals eine Konstellation, in der die ästhetische Wahrnehmung der Landschaft zur Leitung und Förderung eines wissenschaftlich-funktionellen Programms absolut nötig war. Dabei lassen sich drei Hauptmomente herausarbeiten.

Erstens war der im Diskurs von Kunst und Kultur ausgetragene Ideenaustausch zentral für den organisatorischen Erfolg dieser Bewegung. Der Heimatschutz war eine im wesentlichen vom gebildeten Bürgertum getragene Bewegung. Kulturelle Traditionen lieferten hier nicht nur ein Kommunikationsmittel, sondern auch gemeinsame Ziele, was von vornherein gruppenbildend wirkte. Natur und Landschaft waren innerhalb dieser Klasse seit dem 18. und frühen 19. Jahrhundert her vornehmlich positiv besetzte Topoi, die an Nation, Einheit und sozialen Frieden erinnerten. Obendrein hatten sich die Bürger inzwischen so an eine romantisch gefärbte, „ästhetische" Darstellung von Landschaft gewöhnt, daß sich konkrete Inhalte und Umweltbeziehungen in diesem populären Modus besonders leicht ausdrücken ließen.[51] Dieser kommunikative Ästhetizismus sollte meines Erachtens weniger als eine bedauerliche Beschränkung denn als eine zentrale soziale Bedingung dafür angesehen werden, daß diese Bewegung überhaupt zustande gekommen ist.

Zweitens scheint es klar, daß die ästhetische Argumentation aus politischen Gründen notwendig war. Die Anerkennung des Individualismus und des Privateigentums waren derart in allen Aspekten der damaligen Gesellschaft verankert, daß von einem direkten juristischen Vorstoß wenig zu erwarten gewesen wäre. Und zwar war das nicht nur eine Frage der Macht. Ökonomische Argumente gegen eine wirksame Umweltpolitik gab es zwar in Hülle und Fülle, aber sie brauchten gar nicht eingesetzt zu werden. Der sozialpolitische Druck entgegengesetzter Interessen fehlte, was auf ein allgemeines Wahrnehmungsproblem und eine spezifische Frage der Adäquatheit wissenschaftlicher Institutionen und Techniken hindeutet. Man hatte inzwischen gelernt, seine Umwelt als ein „Konglomerat von Einzelbesitztümern" anzusehen und gutzuheißen. Die chemischen und ökologischen Wissenschaften, die diese Idee hätten in Frage ziehen können, waren zu dieser Zeit noch zu neu und zu wenig etabliert, um hier etwas grundlegend zu ändern. Zieht man diese realpolitische Situation in Betracht, so läßt sich der ästhetische Appell als eine legitime Flankenbewegung verstehen. Der Umweg übers Ästhetische macht einen öffentlichen Protest überhaupt erst möglich, weil sich diese Art der Kritik durch die herrschenden juristischen und ökonomischen Institutionen nicht unterdrücken ließ.

Drittens trug das ästhetische Landschaftsideal der Heimatschützer sehr zu einem populären Umweltverständnis bei. Der weite, ja fast panoramatische Blick, der ihrer Sehweise eignete, führte konsequenterweise zu einer besseren Wahrnehmung von Großsystemen. Dadurch wurde eine breite Öffentlichkeit für

---

[51] Schon vorher wurde darauf hingewiesen, daß Experten und Wissenschaftler den Heimatschutz nachdrücklich unterstützten und ihre Arbeit mit seiner ästhetischen Ausrichtung offensichtlich gut vereinen konnten. Vor allem in den biologischen Wissenschaften gab es viele Strömungen, die sich stark für Ästhetisches interessierten. Vgl. hierzu die vielgelesenen Schriften Raoul H. Francés und Wilhelm Bölsches, die sich beide für den Heimatschutz engagierten.

landschaftliche und ökologische Zusammenhänge interessiert, die sie bis dahin entweder gar nicht wahrgenommen oder aus taktischen Gründen aus der Diskussion ausgeschlossen hatte. Dieses Mehr an ganzheitlichem Denken läßt sich gut mit der Geschichte des Vogelschutzes in Deutschland kontrastieren, der dem Heimatschutz fast ein Vierteljahrhundert vorausgegangen war. Um die Jahrhundertwende konstatierten die Vogelfreunde eine rasch sinkende Vogelbevölkerung in Deutschland. Lange Zeit war ihnen nicht klar, daß das vor allem an der Habitatzerstörung lag. Um überhaupt etwas Konkretes zu unternehmen, beschuldigten viele die Italiener, die dort überwinternden Vögel zu töten und aufzuessen. Über Jahrzehnte hinweg verschwendete daher der Großteil der Vogelfreunde seine ganze Energie darauf, endlich ein strenges Abkommen mit Ländern wie Italien zu schließen, das feste Quoten und Strafen festsetzen würde. Zu Hause suchte man die Übeltäter dagegen nur in Form „streunender Katzen" und „wildernder Jungen". Nur langsam dämmerte es einigen, daß der Vogelschwund ganz andere Ursachen habe und sich nicht nur den „Welschen" in die Schuhe schieben lasse:[52]

> Es ist ja richtig, daß die Italiener im Herbste unsere Singvögel massenhaft wegfangen; aber das war schon so vor Jahrhunderten, und trotzdem war unser Vaterland reich bevölkert von den kleinen, munteren Sängern. Damals fehlte es aber bei uns nicht an guten Nistgelegenheiten, die unsere ausgedehnte Kultur des Bodens fast gänzlich verschwinden läßt. Erst das völlige Verschwinden der sicheren Brutstätten führte rapide zur Abnahme der Zahl unserer Singvögel. Alle Hecken und Raine in der Gemarkung verschwinden, weil der Boden durch den gesteigerten Fleiß der Menschen kultiviert und bebaut wird; kein Eckchen verbleibt mehr ungestört den Singvögeln.

Obwohl, wie in dieser Bemerkung von 1908, schon das fehlende Habitat als Ursache des Vogelrückgangs wahrgenommen wurde, führte diese Einsicht keineswegs zu ökologisch konsequenten Handlungen. Statt logischerweise für Schutzräume, Hecken und Veränderungen in Wald- und Jagdordnungen zu agitieren, ent-

---

[52] Reallehrer [J.] Grimm: Zum Vogelschutz. In: *Der Gartenfreund* 42, 1908, 179–181.

schied sich das Vogelschutz-Establishment für ein wesentlich bescheideneres Programm, nämlich die Aufstellung künstlicher Nistkästen nach einem Entwurf des einflußreichen Hans Freiherr von Berlepsch. Damit hoffte man dem Problem ausweichen zu können. Doch diese monofunktionellen Kästchen erwiesen sich bald als unzureichender Ersatz für die ökologisch komplexen Hecken und das Unterholz, die weiterhin nieder- und ausgehauen wurden. An diesem Fall zeigt sich klar, daß die breitangelegte Reformvision des Heimatschutzes viel eher in der Lage war, den ökologisch richtigen Weg einzuschlagen, als ein falsch verstandenes oder zu eng gehaltenes Einzelprogramm.

Der ästhetische Vorstoß war also entscheidend in einer Ära, der es noch an dem Willen und den Instrumenten fehlte, die es ihr ermöglicht hätten, die von ihr verursachten Auswirkungen auf die Umwelt überhaupt wahrzunehmen. Deshalb muß der Heimatschutz als doppelt wichtig angesehen werden. Seine leidenschaftliche Verteidigung der Landschaft als einer Einheit lenkte die öffentliche Aufmerksamkeit vielleicht zum erstenmal auf den unsere Kultur einfassenden ökologischen Rahmen. Darüber hinaus schlug er wichtige Reformen vor, deren landschaftliche und soziale Maßnahmen keineswegs überholt sind. In diesem Sinne kämpfen wir noch immer um einen echten Heimatschutz oder – in den Worten Paul Schultze-Naumburgs – „eine allseitige harmonische Kultur, die [die] Nutzbarmachung der Erde und die Ehrfurcht vor ihr vereinigt".[53]

---

[53] *Kulturarbeiten,* Bd. 9: *Die Gestaltung der Landschaft durch den Menschen, Teil III,* München 1917, S. 330.

Joachim Wolschke-Bulmahn

Die Ästhetisierung der Landschaft in der bürgerlichen Jugendbewegung – oder: Brauchen wir eine ökologische Ästhetik?

Eine wissenschaftlich fundierte Auseinandersetzung mit Geschichte kann Orientierungshilfen für die Bewältigung zukünftiger gesellschaftlicher Problemstellungen und für die demokratische Weiterentwicklung unserer Gesellschaft geben. Gerade dies scheint mir angesichts der aktuellen Situation mit zunehmenden rassistischen und nationalistischen Tendenzen, Arbeitslosigkeit, dem Auseinanderdriften wohlhabender und armer Gruppen innerhalb der Gesellschaft sowie den andauernden Umweltproblemen eine wichtige Aufgabe zukünftiger Geschichtsforschung zu sein. Doch der Blick zurück auf historische Entwicklungen kann, je nach den jeweiligen Interessenlagen der Betrachtenden, recht unterschiedlich ausfallen und zu weit auseinanderklaffenden Interpretationen der eigenen Geschichte führen.

Angesichts der weltweiten gesellschaftlichen Probleme im Umgang mit der außermenschlichen Natur befaßt sich inzwischen eine fast unübersehbare Fülle von Publikationen mit Fragen des Naturverständnisses sowie mit materiellen und immateriellen Formen der Naturaneignung. Seit Anfang der achtziger Jahre nimmt dabei die Zahl der Publikationen erheblich zu, die sich mit historischen Aspekten des Naturverständnisses und der Naturaneignung befassen. Angesichts der Ungewißheit über die zukünftige Entwicklung der Umwelt deutet sich ein verstärktes Erkenntnisinteresse an, die gegenwärtige Situation historisch nachvollziehbar zu erklären, um daraus Orientierungshilfen für einen gesellschaftlich anzustrebenden zukünftigen Umgang mit der außermenschlichen Natur ableiten zu können. In diesem Zusammenhang ist auch ein verstärktes Interesse an der Jugendbewegung in Deutschland in der ersten Hälfte des 20. Jahrhunderts zu verzeichnen, der mit Bezug auf die

Geschichte der unterschiedlichen Formen „frühen ökologischen Bewußtseins" eine wichtige Rolle beizumessen ist.

Bei der Suche nach Orientierungshilfen finden sich in der deutschsprachigen Literatur in den letzten Jahren zunehmend Verweise auf diese Jugendbewegung als eine solche „frühe ökologische Bewegung". So wird der Wandervogel in einer eher journalistischen Darstellung „schon im Ansatz auch eine ökologische Bewegung" genannt.[1] Von Mitgliedern der historischen Jugendbewegung selbst wird ebenfalls der Bogen zur Gegenwart gespannt, wenn beispielsweise von der „ökologischen Jugendbewegung heute" gesprochen wird.[2]

Eine derartige Vereinnahmung der Jugendbewegung als frühe „ökologische Bewegung" erscheint mir wissenschaftsmethodisch fragwürdig, dies zum einen wegen der heute oftmals verschwommenen und beliebigen Verwendung des Ökologiebegriffes. Vor allem aber kann diese vorschnelle Etikettierung der Jugendbewegung den Blick auf ihre vielfältigen Ausprägungsformen und auf die daraus abzuleitenden recht unterschiedlichen Umgangsweisen mit Natur verstellen. Zwar existierte zu Zeiten der Jugendbewegung bereits der von Ernst Haeckel geprägte Begriff „Ökologie", doch spielte er umgangssprachlich noch keine Rolle. Seine heutige undifferenzierte Verwendung und seine starke emotionale Besetzung, die in der Bundesrepublik in den siebziger Jahren einsetzte, wird wohl nur von wenigen mit dem zu Zeiten der Jugendbewegung gültigen Inhalt in Verbindung gebracht werden können. Mit einem diffusen Begriff von heute sich einer Bewegung zu nähern, die nur aus ihrer historischen Situation heraus zu begreifen ist, beinhaltet aber die Gefahr, die spezifischen Erkenntnismöglichkeiten, die das Phänomen Jugendbewegung beispielsweise in Bezug auf Natur und Naturschutz bietet, von vornherein einzuengen auf ein „ökologisches" Erkenntnisinteresse. Dadurch laufen die vielleicht vorhandenen originären Positionen einzelner Gruppen der Jugendbewegung zum Umgang mit der außermenschlichen Natur

---

[1] Peter C. Mayer-Tasch: *Der grüne Protest. Von Wandervögeln und Jugendstil um die Jahrhundertwende bis zu den Bürgerinitiativen, Ökologiebewegungen und alternativen Szenen unserer Tage.* In: *Aral-Journal*, 1982, Frühjahrsheft, S. 2.

[2] Werner Haverbeck: *Entschluß zur Erde. Zerstörung und Leben in unserer Hand*, Stuttgart, 1983, S. 31.

im allgemeinen und zum Naturschutz im besonderen, die sich mit aktuellen, sich als „ökologisch" verstehenden Erwartungshaltungen nicht decken, Gefahr, aus der Betrachtung ausgeklammert zu werden.

So wurden beispielsweise lange Zeit die tendenziell stark von bürgerlichen Positionen abweichenden Formen des Naturverständnisses und der Naturaneignung in der Arbeiterjugendbewegung ignoriert und die Jugendbewegung auf ihren bürgerlichen Teil und damit letztlich auch auf bürgerliche Positionen zum Naturschutz reduziert. Dieses Forschungsdefizit wurde erstmals 1984/85 angegangen.[3] Am Beispiel der verschiedenen Gruppen der Arbeiterjugendbewegung konnten erste historische Ansätze zu einem anderen Umgang mit Natur abgeleitet werden, die sich deutlich von denen der bürgerlichen Jugendbewegung unterschieden und die damit andere als die dort vertretenen Perspektiven zum Natur- und Umweltschutz eröffnen könnten. Vor allem konnte die in der bürgerlichen Jugendbewegung praktizierte Vereinnahmung solcher Begriffe wie Natur als geradezu von interessenunabhängiger übergeordneter moralischer Qualität zurückgewiesen werden.

Es ist ein Ziel dieses Beitrages, derartige einseitige Inanspruchnahmen in Frage zu stellen und die Problematik solcher Begrifflichkeiten deutlich zu machen. Dies erfolgt anhand von Beispielen aus der bürgerlichen Jugendbewegung, insbesondere anhand von Beispielen deren wichtigster Strömung, den unterschiedlichen Gruppen des Wandervogels, denen vor allem in der Zeit zwischen 1900 und dem Ende des Ersten Weltkriegs besondere Bedeutung zukam.

Im folgenden soll aufgezeigt werden, daß die Auseinandersetzung zahlreicher Gruppen der bürgerlichen Jugendbewegung mit Natur, Landschaft und Gesellschaft unter anderem recht elitär,

---

[3] Siehe dazu ausführlich Gert Gröning und Joachim Wolschke-Bulmahn: Soziale Praxis statt ökologischer Ethik. Zum Gesellschafts- und Naturverständnis in der Arbeiterjugendbewegung. In: *Jahrbuch des Archivs der deutschen Jugendbewegung*, 15, 1984/85, S. 201–252; siehe auch Gert Gröning und Joachim Wolschke-Bulmahn: *Die Liebe zur Landschaft, Teil I, Natur und Bewegung*. In: Arbeiten zur sozialwissenschaftlich orientierten Freiraumplanung, Band 7. Hrsg. von Gert Gröning und Ulfert Herlyn, München, 1986.

sozial ignorant und insofern alles andere als „ganzheitlich", wie ihnen bisweilen heute mit diesem Modewort attestiert wird, war. Dieser Nachweis erfolgt hauptsächlich anhand der Skizzierung und Diskussion des Natur- und Landschaftsideals, wie es in zahllosen Artikeln, Fotografien und Zeichnungen aus Zeitschriften der bürgerlichen Jugendbewegung sichtbar wird (Abb. 1). Daraus lassen sich meines Erachtens durchaus auch Schlußfolgerungen auf das Ökologie-Verständnis derjenigen ziehen, die sich heute auf diese Jugendbewegung als frühe ökologische Bewegung berufen und sie als beispielhaft für die zukünftige Wahrnehmung von Aufgaben landschaftsplanerischer und naturschützerischer Art charakterisieren.

Innerhalb der Aufgabenbereiche der Landschaftsarchitektur und des Naturschutzes läßt sich diese Besetzung des Ökologiebegriffes mit bürgerlichen und teils reaktionären Vorstellungen anhand historischer Beispiele besonders deutlich nachweisen. Vorstellungen über die ideale Gestalt von Natur und Landschaft wurden in der Vergangenheit stark von ästhetischen Leitbildern dominiert, die dann als ökologische umgedeutet wurden. Gerade bei dieser Ästhetisierung der Landschaft spielte die bürgerliche Jugendbewegung eine herausragende Rolle.

Versuche, die durch die Landwirtschaft veränderte Landschaft zu ästhetisieren, setzen in Deutschland spätestens mit der Romantik ein (Abb. 2). Sie sind im 19. Jahrhundert mit dem Begriff der Landesverschönerung verbunden. Gegen Ende des 19. Jahrhunderts hatte sich die Idee der Landesverschönerung in eine Vielzahl meist nur lokal wirksamer Verschönerungsvereine dispersiert. Die aufkommende Technikbegeisterung um die Wende vom 19. zum 20. Jahrhundert trug wesentlich zur Marginalisierung dieser Verschönerungsideen bei. Gleichzeitig entstand aber vor allem bei Jugendlichen ein neues Interesse am Aufenthalt in der sogenannten freien Natur und in als schön empfundenen Landschaften. Innerhalb der sich ab 1900 konstituierenden bürgerlichen Jugendbewegung waren es besonders die Gruppen des Wandervogels, von denen entsprechende, aus der Zeit der Romantik stammende landschaftsästhetische Ideale aufgegriffen wurden. Ältere Repräsentanten der Landespflege, die selbst Mitglied der Jugendbewegung waren, weisen auf Traditionslinien von der

Jugendbewegung zur Landespflege hin. „Vom Landschafts- und Naturerlebnis dieser Gruppen", so Konrad Buchwald, ehemals Mitglied der Jungenschaft der Deutschen Freischar und später Anhänger der nationalrevolutionären Bewegung um Otto Strasser, „sind bis zum heutigen Tage starke Einflüsse auf die Entwicklung der deutschen Landespflege ausgegangen. Die immer mehr erstarkende Naturschutzbewegung wäre ohne die Jugendbewegung nicht denkbar gewesen".[4]

Mit diesem Beitrag soll ein Aspekt dieser eventuellen Einflußnahme des Wandervogels auf die Landespflege diskutiert werden – die Problematik, die mit einer überwiegend ästhetischen Betrachtungsweise der Landschaft verbunden ist.[5] Eine Dominanz der Ästhetik gegenüber sozialen, ökonomischen und Umweltaspekten scheint mir allerdings wenig perspektivbildend zu sein. Eine Landespflege, die sich beispielsweise konstruktiv in den Diskussionsprozeß um die Perspektiven der Landwirtschaft im vereinten Deutschland und im sich verändernden Europa einbringen will, sollte versuchen, sich ihrer in diesem Bereich vorhandenen historischen Defizite bewußt zu werden und der Frage nachgehen, ob und inwieweit zu kurz greifende historische Vorstellungen gegebenenfalls noch heute Einfluß auf landespflegerische Konzeptionen haben.

Personelle Kontinuitäten vom Wandervogel zum professionellen Feld der Landespflege deuten erste Einflußnahmen der bürgerlichen Jugendbewegung an. So waren Gartenarchitekten wie z. B. Werner Bauch, Josef Breloer, Walter Funcke, Hermann Göritz, Wilhelm Hübotter (Abb. 3), Gert Kragh, Reinhold Lingner, Hermann Mattern, Otto Rindt und Alwin Seifert ehemalige Wandervögel. Das Besondere des Natur- und Landschaftser-

---

[4] Konrad Buchwald: Geschichtliche Entwicklung von Landschaftspflege und Naturschutz in Deutschland während des Industriezeitalters. In: *Handbuch für Landschaftspflege und Naturschutz*, Band 1. Hrsg. von Konrad Buchwald und Walter Engelhardt, München, 1968, S. 103.
[5] Siehe ausführlich zum Naturschutzverständnis und Landschaftsideal der Jugendbewegung Joachim Wolschke-Bulmahn: *Auf der Suche nach Arkadien. Zu Landschaftsidealen und Formen der Naturaneignung in der Jugendbewegung und ihrer Bedeutung für die Landespflege*. In: *Arbeiten zur sozialwissenschaftlich orientierten Freiraumplanung*, Band 11. Hrsg. von Gert Gröning und Ulfert Herlyn, München, 1990.

lebens des Wandervogels und seine eventuelle Bedeutung für die später professionell entwickelten Vorstellungen über die Gestaltung von Natur und Landschaft sollen im folgenden skizziert werden.

Vor allem bürgerliche Gruppen der Jugendbewegung haben mit ihren Wanderungen, die einen Hauptbestandteil des jugendbewegten Lebens ausmachten, die Flucht vor der gesellschaftlichen Realität einer Industriegesellschaft, wie sie sich besonders deutlich in den Großstädten erfahren ließ, in Natur und Landschaft angetreten (Abb. 4). Sie fanden in Landschaften, die durch eine tendenziell noch vorindustriell betriebene Landwirtschaft geprägt waren, zentrale Jugenderlebnisse. Je öfter solche Fluchten angetreten wurden, desto größer dürfte die Wahrscheinlichkeit sein, daß die Wertschätzungen gegenüber solchen Landschaften und den sie konstituierenden sozialen Strukturen in der Landwirtschaft in landespflegerischen Aufgabenfeldern später professionalisiert werden konnten.

Landschaften, die diesen Anforderungen der Wandervögel entsprachen, gab es sicher zahlreiche, sei es im Flachland, im Mittel- oder im Hochgebirge. Das räumliche Ziel der jugendbewegten Wanderer auf der Suche nach dem utopischen Gegenbild ihrer eigenen gesellschaftlichen Existenz[6] konnte nicht die ‚wilde' Natur in Gestalt menschenleerer Wildnis sein. Nicht so sehr die möglichst unberührte Natur, sondern vielmehr Landschaften, in denen die menschliche Existenz in dem, was als im Einklang mit der Natur angesehen wurde, erlebt werden konnte, entsprachen am ehesten der landschaftlichen Erwartungshaltung der bürgerlichen Jugendbewegung. Landschaften, die zwar dünn, aber gleichmäßig besiedelt waren, deren Erscheinungsbild durch eine jahrhundertelange kulturelle Tätigkeit, überwiegend Land- und Forstwirtschaft, geprägt war, und die bis zu ihrer Entdeckung durch die Jugendbewegung weder von der industriellen Entwicklung noch vom Tourismus beeinträchtigt waren, können am ehesten als Ideallandschaft der Jugendbewegung bezeichnet werden – Land-

---

[6] Vgl. Gernot Böhme: Die schöne Natur und die gute Natur – für eine ökologische Naturästhetik. Vortrag anläßlich des zehnjährigen Bestehens des Öko-Instituts Freiburg im März 1987, unveröffentl. Manuskript.

schaften also sowohl vor der industriellen wie auch vor der bürgerlichen Revolution von 1848.

Zum ästhetischen Ideal der Jugendlichen wurden Landschaften, in denen sie hoffen konnten, eine ideale Gesellschaft und ein harmonisches Verhältnis von Gesellschaft und Natur zu finden, Landschaften, in denen „die Spannung von Vernunft und Gefühl, Geist und Körper, Politik und Person, Kultur und Natur"[7] bewältigbar zu sein schien. Diesen Bewältigungsversuchen wären menschenleere Landschaften nicht angemessen gewesen. Die geographisch lokalisierbare einzige Ideallandschaft scheint es für die Jugendbewegung nicht gegeben zu haben. Von besonderer Bedeutung waren allgemein Mittelgebirgs- sowie Heidelandschaften, zum Beispiel das Gebiet des Hegaus um den Hohenstoffeln, das Gebiet um den Hohen Meißner sowie die Lüneburger Heide.

Doch wenn es auch die geographisch lokalisierbare eine Ideallandschaft nicht gegeben hat, so lassen sich den zahlreichen Landschaftsschilderungen immer wieder einzelne Landschaftselemente entnehmen, die Vorbedingung für das Kriterium des Idealen sind und die unterschiedliche Landschaften als Ideallandschaft ausweisen. Diese Elemente werden in der Zeitschrift *Der Wanderer* am Beispiel der Lüneburger Heide folgendermaßen skizziert: „Erquickt sich nicht mein ganzes Ich an der erhabenen Schönheit des deutschen Buchenwaldes! Gibt mir nicht die wellige rotbraune Heide das Gefühl köstlicher Ruhe! Schwindet nicht Sorge und Angst beim Hineinstarren in ein wirbelndes, bewegliches Heideflüßchen! Und genießt nicht mein Inneres die harmonische Schönheit der Landschaft! Mit ihren zerfallenen Ruinen; mit den mächtigen Findlingen, dem Kreuz und Quer der Felder; dem Wechsel von Feld und Wald, dem sich dahinwindenden Flüßchen, den anmutigen Dörfern, mit ihren Strohdächern und ihrer dem Boden angepaßten Bauart".[8]

Zahlreiche Vignetten von Wandervogelzeitschriften lassen den

---

[7] Roland Eckert: Jugendbewegungen und moderne Welt. Festvortrag zur Einweihung der Neubauten auf Burg Ludwigstein. In: *Ludwigsteiner Blätter* 37, 1987, 156, S. 39.
[8] Ferdinand Goebel: Soziale Briefe. In: *Der Wanderer* 4, 1909, 3, S. 80.

eher stereotypen Charakter der jugendbewegten Ideallandschaft deutlich erkennen (Abb. 5 und 6). Denn in den Zeichnungen lassen sich die typischen Elemente der Ideallandschaft leichter noch als in Fotografien zusammenfassen. Sie unterscheiden sich nicht von der zeitgleich verfaßten Wandererlyrik, über deren Landschaft gesagt wird: „Sie ist kaum durch individuelle Züge geprägt. Beliebig ließe sich ihr Inventar in den einzelnen Gedichten austauschen."[9] In einer Phase der technischen Entwicklung, in der ökonomische und technische Prozesse schneller abliefen als die Veränderungen der kulturellen Lebensformen,[10] kann die Suche nach Landschaften, in denen Kultur und technische Entwicklung noch in Übereinstimmung sind, ein individueller Versuch sein, diesen Konflikt zu lösen. Das entsprechende Landschaftsideal soll dabei nicht kritisiert werden. Es hat neben anderen sicherlich seine Berechtigung. Die ausschließlich ästhetische Begründung aber, wie sie z. B. in einem Artikel über den Hohenstoffeln genannt wird – „es geht für uns um das Elementarste überhaupt, um unseren Anspruch auf Schönheit"[11] – verleiht ihm vermutlich eine nur sehr geringe gesamtgesellschaftliche Konsensfähigkeit.

Das Landschaftsideal der Wandervögel scheint stark von der Romantik allgemein und von der romantischen Landschaftsmalerei mit ihrer oberflächlichen Betrachtung der Landwirtschaft im besonderen beeinflußt worden zu sein. Beispielhaft deutet dies die Beschreibung eines Gemäldes von Moritz von Schwind (Abb. 2) in einer Zeitschrift des Wandervogels an, in der dieses Bild mit dem jugendbewegten Landschaftsgenuß verglichen wird; es heißt dazu: „Kennt ihr das Bild von Moritz von Schwind, wie da ein junger Wanderer im Schatten einer Eiche sich gelagert hat und in das sonnbeschienene Land hinausschaut, mit seinen gelben Kornfeldern und blauen Bergen, mit dem Schlößchen zwischen

---

[9] Friedemann Spicker: *Deutsche Wanderer-, Vagabunden- und Vagantenlyrik in den Jahren 1910–1933. Wege zum Heil – Straßen der Flucht*, Berlin/New York, 1976, S. 66.

[10] Vgl. Gèza Hajos: Heimatschutz und Umweltschutz – Kritik an einer biologistischen Ästhetik. In: Hubert Ch. Ehalt (Hg.): *Zwischen Natur und Kultur. Zur Kritik biologistischer Ansätze*, Wien/Köln/Graz, 1985, S. 405.

[11] Ernst Gaebel: Der Kampf um den Hohenstoffeln. In: *Der Zwiespruch* 3, 1921, S. 46.

den Bäumen und der alten Burg da droben, mit der Bücke vorne überm Bach und dem Heiligen drauf? Habt ihr nicht schon selber mal so dagelegen und nur den Wunsch gehabt, daß das so bliebe."[12]

In solchen Landschaftsbeschreibungen wird die Landschaft aus einer rein ästhetischen Perspektive geschildert. „Malerische Dörfchen", „ein Bild des Friedens, das stille Dörflein" – solche Charakterisierungen in den Wandervogel-Zeitschriften deuten das Erfahrungs- und Erkenntnisinteresse an, das den Wanderungen der bürgerlichen Jugendbewegung zugrundelag. Bei der Suche nach der Ideallandschaft wurde eine rein ästhetische Betrachtung der Landschaft anscheinend wesentlich gefördert durch die räumliche Distanz zwischen den Betrachtenden und der sozialen Realität in den durchwanderten Landschaften. Denn vom Berggipfel (Abb. 7 und 8), vom Burgturm oder von anderen Erhebungen aus ließen sich nur „friedliche Dörfer" und „schaffende Menschen", aber keine sozialen Mißstände und konkreten Herrschaftsverhältnisse in den Dörfern wahrnehmen. Entsprechende Hinweise in den Landschaftsschilderungen bestätigen, daß menschliche Tätigkeiten aus der Ferne wahrgenommen und damit umso leichter ignoriert oder idealisiert werden konnten. So ‚hören' der Leser und die Leserin solcher Landschaftsschilderungen gelegentlich „leisen Glockenklang", oder „Geräusche schaffender Menschen" dringen „sanft" an ihr Ohr.

Die zur Idylle verklärte Arbeit anderer Menschen war immanenter Bestandteil des jugendbewegten Landschaftsgenusses, wie dies bei der folgenden Beschreibung der „Welt der Halligen" aus dem Jahr 1909 deutlich wird – eine Arbeit, die diese Landschaft und den daraus resultierenden Landschaftsgenuß erst hervorbrachte: „Und früh um vier ist er (der Halligbauer) schon wieder draußen mit seiner Sense, denn das Halliggras bleibt so kurz, daß es am besten betaut, um die Zeit des Sonnenaufgangs gemäht werden kann. Beim Heuen helfen dann die Frauen und größeren Kinder nach Kräften. Es ist das mit das schönste Bild einer sommerlichen Hallig, wenn das weite ebene Land überall von emsigen

---

[12] Janus: Vom Skizzenbuch auf Wanderfahrten. In: *Wandervogel* 1, 1907, 8/9, S. 123.

Menschen übersät ist, alles in froher Bewegung, doch ohne irgendwelche großstädtische Hast."[13]

Die Idee des Heimat- und Naturschutzes hat in der Jugendbewegung maßgeblich aufgrund solcher einseitiger Landschaftserlebnisse und den dabei gewonnen Vorstellungen über ideale Formen gesellschaftlichen Zusammenlebens Bedeutung erlangt. Dabei wurden Konzeptionen eines Naturschutzes entwickelt, der eine der Natur „bis etwa zum Jahre 1850 abgerungene Kulturlandschaft"[14] konservieren wollte, ohne veränderten gesellschaftlichen Ansprüchen an Natur und Landschaft Rechnung zu tragen. Die Problematik, daß durch Veränderung dieser Landschaften einzelne Tier- und Pflanzenarten in ihrem Bestand zurückgedrängt werden und vom Aussterben bedroht sind, spiegelt sich auch in den Roten Listen wider, deren Bezugspunkte ebenfalls bis in die Mitte des 19. Jahrhunderts zurückreichen.

Wohl der erste Versuch überhaupt innerhalb der Jugendbewegung, Natur- und Heimatschutz systematisch zu organisieren, ging von dem 1905 gegründeten „Hamburger Wanderverein" aus, der später zum „Bund Deutscher Wanderer" erweitert wurde. Dessen Engagement für Natur- und Heimatschutz kann man dem Vereinsorgan *Der Wanderer* entnehmen, das 1907 den Untertitel „Organ für Heideforschung" erhielt. Kurz vorher, 1906, hatten Mitglieder des „Hamburger Wandervereins" einen „Ausschuß für Heideforschung" ins Leben gerufen. Die Tätigkeit dieses Ausschusses steht deutlich in der Tradition romantischen Landschaftsverständnisses; er beanspruchte, sich für den Schutz und Erhalt der vorindustriellen Kulturlandschaft einschließlich der Sitten und Gebräuche ihrer Bewohner einzusetzen. Der Ausschuß formulierte als wichtigstes Ziel seiner Arbeit: „Rettet die Eigenheiten unserer Wälder und Felder, unseres Tier- und Pflanzenreiches, unserer Sitten und Gebräuche, rettet unsere Sagen, unsere Geschichte und ihre Denkmäler!"[15] Langfristig umgesetzt werden

---

[13] Grete Stoltenberg: Die Welt der Halligen. In: *Der Wanderer* 20, 1925, 3/4, S. 88.

[14] Karl Friedrich Kolbow: *Natur und Heimat. Vortrag auf dem Westfalentag in Minden am 8. Juli 1939*, Wolfshagen-Scharbeutz, 1939, S. 7.

[15] Ferdinand Goebel: Aufgaben und Ziele des Ausschusses zur Erforschung der Lüneburger Heide. In: *Der Wanderer* 2, 1907, 1, S. 18.

sollten diese Ziele durch Einrichtung eines „Mittelpunktes für Heideforschung", um alle an der Erforschung der Heide beteiligten Kräfte zusammenzufassen. In einem Rückblick auf die Gründung des „Bundes Deutscher Wanderer" schreibt Goebel, ein führendes Mitglied des BDW, über den „Ausschuß für Heideforschung": „Dann aber erlebte ich die Lüneburger Heide und ihre Bedrohung. Deshalb gründete ich den ‚Ausschuß für Heideforschung'. Ihm gehörten zunächst 20 Mitglieder des Hamburger Wandervereins an. Darunter war auch der Heidemaler de Bruyker und der Dichter Hermann Löns."[16]

Die Widersprüchlichkeit gesellschaftlicher Existenz wird gerade an den Natur- und Heimatschutzbemühungen der bürgerlichen Jugendbewegung besonders deutlich. Die bürgerlichen Gruppen der Jugendbewegung lehnten beispielsweise von anfang an Massenwanderungen und Fahrten in großen Gruppen, wie sie in der Arbeiterjugend durchaus üblich waren, als die Natur und den eigenen Naturgenuß beeinträchtigend ab. Es ist aber offensichtlich, daß auch die Mitglieder der bürgerlichen Jugendbewegung mit ihren touristischen Aktivitäten selbst die Veränderung eben jener Landschaften forcierten, die sie mit dem Augenblick ihrer Entdeckung bewahren wollten. Über ihre Fahrtenerlebnisse haben die Mitglieder wohl fast aller Gruppen der Jugendbewegung intensiv kommuniziert, in den zahllosen Zeitschriften wurden Artikel publiziert und den Daheimgebliebenen mündlich davon berichtet. Nicht zuletzt aufgrund solcher Kommunikationsprozesse nahm die Mitgliederzahl der Jugendbewegung stark zu. So entdeckten immer mehr Mitglieder der Jugendbewegung immer neue Landschaften und erschlossen sie damit auch für den Tourismus.

Die resignative Einsicht in diesen Erschließungsprozeß und die damit verbundene, dem Naturschutzgedanken entgegenwirkende landschaftsverändernde Funktion der Jugendbewegung, zugleich aber auch die soziale Dimension und die Relativität von Landschaftswahrnehmung, mag die folgende Klage Hans Blühers an-

---

[16] Ferdinand Goebel: Erinnerungen an die Gründung des „BDW". In: Emma Schubmehl (Hg.): *Gedenkheft für die 50-Jahrfeier des „Bundes Deutscher Wanderer" Pfingsten 1955 auf der Burg Ludwigstein*, Göttingen, S. 12.

deuten: „Und wir haben deutsche Landschaften entdeckt! Bisherige Einöden des Geschmacks, denen kein Mensch früher Freude abringen konnte, haben wir verstehen lehren für die Jugend! Vor zehn Jahren fanden die alten Bachanten Karl Fischers südlich von Berlin das Nuthetal: das war etwas ganz Eigenartiges. Der Wandervogel hat es entdeckt, daß es heute überlaufen ist."[17] Mit dieser Äußerung Blühers wird überdeutlich auf den Beitrag zur Landschaftsveränderung durch die Jugendbewegung verwiesen.

Die nachfolgende Aufforderung in der Zeitschrift *Der Wanderer*, die Höhen des Böhmerwaldes doch möglichst schnell noch zu erwandern, bevor er endgültig touristisch erschlossen ist, erinnert an sich als alternativ verstehende Reiseführer aus den siebziger Jahren, in denen die letzten noch nicht erschlossenen griechischen Inseln beschrieben werden und auf die – noch – vorhandene Gastfreundschaft ihrer Bewohner verwiesen wird, die es auszunutzen gälte, bevor es zu spät sei: „Schrecklich wäre es, wenn er ‚Mode' würde. Damit würde ihm sein Köstlichstes genommen: seine Ursprünglichkeit. Wenn alle die biederen Leute, bei denen man hauste, sich zu Fremdenindustriellen entwickelten, und man nur noch als ‚Nummer' betrachtet würde, als Ausbeutungsobjekt – Noch ists nicht so – darum bald hinein und hinauf auf seine stolzen Höhen."[18]

Allgemein kann es als ein wesentliches Anliegen vieler bürgerlicher Gruppen der Jugendbewegung bezeichnet werden, Natur vor einer touristischen Erschließung zu schützen und sich damit letztlich auch das Privileg eines exklusiven jugendbewegten Natur- und Landschaftsgenusses zu sichern. Die folgende Äußerung eines Jungwandervogels ist dafür ein charakteristisches Beispiel: „Mancher wird fragen, ob denn eine Erschließung der Natur für den Fremdenverkehr nicht in bestimmten Grenzen notwendig sei. Darauf ist zu antworten, daß man sich erst einmal darüber klar werden muß, was denn Natur ist, und was man beim Naturgenuß eigentlich sucht. Natur in diesem Sinne ist die vom Menschen unbe-

---

[17] Hans Blüher, zitiert in Werner Kindt (Hg.): *Die Wandervogel-Zeit. Quellenschriften zur deutschen Jugendbewegung 1896–1919, Dokumentation der Jugendbewegung*, Band II, Düsseldorf/Köln, S. 199.
[18] Ernst Gaebel: Tief im Böhmerwald. In: *Der Wanderer* 7, 1912, 3/4, S. 66.

rührte Natur. [...] Sowie also der Mensch sich einen Eingriff erlaubt, um die Natur zu verschönern, ihre Reize allen zugänglich zu machen oder sie anzupreisen, verliert die Natur sofort diese innere Notwendigkeit, das Dasein nach eigenen Gesetzen."[19] Deutlicher kann der Exklusivitätsanspruch dieser Art des jugendbewegten Naturgenusses nicht artikuliert werden.

Durch derartige tendenziell sozial ignorante Formen der Naturerschließung und Landschaftswahrnehmung, die sich auch in den diversen Beiträgen des „Ausschusses für Heideforschung" widerspiegeln, wurde die Ferne zur gesellschaftlichen Realität einer Industriegesellschaft erheblich vergrößert. Je öfter solche Fluchten in Natur und Landschaft angetreten und je weniger sie durch eine sozial bewußte Betrachtungsweise relativiert wurden, desto größer ist die Wahrscheinlichkeit, daß die landschaftsästhetischen Ansprüche der Wandervögel über die sozialen und ökonomischen Interessen der Landbevölkerung gestellt wurden und daß sie Eingang in spätere landespflegerische Konzeptionen fanden. Alwin Seifert, einer der maßgeblichen Gartenarchitekten in der Zeit des Nationalsozialismus, bestätigt diese Einschätzung, wenn er sich darauf beruft, er habe als Wandervogel weltferne Landschaften und kleine Landstädte ohne Industrie und Fremdenverkehr bevorzugt.[20] Seiferts während seiner Zeit als Wandervogel entwickelten landschaftsplanerischen Idealvorstellungen waren engstens mit seinen rassistischen und nationalistischen Überzeugungen verknüpft.[21] Heute wird allerdings bisweilen versucht, das angeblich rein Ideologische vom Fachlichen seiner Planungskonzepte, die er in seiner Funktion als „Reichslandschaftsanwalt" in Zusammenarbeit mit der Gruppe der sogenannten Landschaftsanwälte während des Nationalsozialismus für die „Reichsautobahnen" entwickelte, zu trennen.

Wie solche Vorstellungen aus der bürgerlichen Jugendbewegung letztlich auch Eingang in die Landespflege fanden, bedarf

---

[19] E. Seeliger: Heimatschutz. Aus einer Sedanrede. In: *Jung-Wandervogel* 3, 1913, 3, S. 37.
[20] Alwin Seifert: *Ein Leben für die Landschaft*, Düsseldorf/Köln, S. 21.
[21] Siehe dazu z. B. Gert Gröning and Joachim Wolschke: Changes in the philosophy of garden architecture in the 20th century and their impact upon the social and spatial environment. In: *Journal of Garden History* 9, 1989, 2, S. 53-70.

einer differenzierten Analyse. Die Übereinstimmungen zwischen den Landschaftsidealen, welche von der bürgerlichen Jugendbewegung und von Naturschützern, Gartenarchitekten und Landschaftsplanern entwickelt wurden (Abb. 9), sind allerdings bemerkenswert. Beide Gruppen bevorzugten eine nicht näher bezeichnete, geschweige denn systematischer Analyse unterzogene vorindustrielle bäuerlich genutzte Kulturlandschaft. Die Realität einer Industriegesellschaft, die diese Ideallandschaft mehr und mehr in Frage stellte, wurde ausgeblendet. Natur und Geschichte verschmolzen zu einem Landschaftsideal, das Symbolcharakter hatte für eine harmonische Gesellschaft mit unveränderlichen naturgegebenen Strukturen, die in Einklang mit der außermenschlichen Natur lebte. Konstruktive realitätsbezogene Alternativen, die konsensfähige Perspektiven für die Gestaltung der Landschaft und für die Entwicklung der Landwirtschaft hätten anbieten können, wurden weit weniger entwickelt.

Sowohl in der bürgerlichen Jugendbewegung wie auch im Aufgabenbereich der Landschaftsgestaltung fungierte die Landbevölkerung dabei mehr als immanenter Bestandteil des Landschaftsgenusses denn als eigenständige soziale Gruppe mit spezifischen Interessen, die z. B. auch eine Veränderung der Ideallandschaft gerechtfertigt hätten. Der Einfluß der Jugendbewegung auf die Landespflege scheint weniger darin gelegen zu haben, eine kreative Auseinandersetzung mit der räumlichen Umsetzung zukünftiger gesellschaftlicher Ansprüche an die Landschaft anzuregen. Vielmehr scheint sie dazu beigetragen zu haben, landschaftliche Idealbilder, die auf historische, ihrer sozialen Bedingtheit entledigte Landschaftszustände zurückgriffen, zu verfestigen und die Ansprüche unterschiedlicher sozialer Gruppen im Rahmen der zu erwartenden sozialen und technischen Entwicklungen tendenziell zu ignorieren.

Das Beispiel der Landschaftswahrnehmung in der bürgerlichen Jugendbewegung scheint mir wenig erfolgversprechend, um daraus tragfähige Orientierungen für die zukünftige Entwicklung der außerstädtischen Umwelt abzuleiten, die aus der Perspektive einer demokratischen Gesellschaft unter sozialen, ökologischen und ökonomischen Aspekten akzeptabel sind.

Ob die Jugendbewegung in ihrer Gesamtheit oder einzelne

ihrer Gruppen als „frühe ökologische Bewegung" zu charakterisieren sind, sei dahingestellt. Zum Begriff Ökologie sei abschließend angemerkt, daß er weder besondere moralische Qualität anzeigen noch daß er auf eine einzig richtige (Natur-)Wahrheit verweisen kann. Überlegungen zur Ökologie, die von Individuen oder von Gruppen mit spezifischen Erkenntnisinteressen und mit spezifischen sozialen und kulturellen Erfahrungen entwickelt werden, können allerdings als Konzepte dienen, um Vorstellungen über Natur und über das Verhältnis zwischen Mensch und Natur zu veranschaulichen und ansatzweise antizipierbar zu machen. Unter Berücksichtigung der mannigfaltigen Interessen allerdings sind vielfältige Vorstellungen über Ökologie und das, was beispielsweise als ökologische Landschafts- oder Umweltplanung bezeichnet werden mag, zu erwarten. Über die Bedeutung, die einzelne dieser Öko-Konzepte für eine zukünftige Weiterentwicklung menschlicher Gesellschaft haben könnten, sollte auf demokratischer Grundlage diskutiert werden. Gegenüber denjenigen, die ihre Vorstellungen zur Ökologie als quasi naturgesetzlich, als einzig richtige ausgeben, ist Skepsis mehr als angebracht. Denn damit soll oft suggeriert werden, daß Ökologie, das, was als ‚naturgesetzliche Tatsachen' ausgegeben wird, nicht mehr diskutierbar sei, sondern nur von einigen ‚Wissenden' und ‚Begnadeten' erkannt werden könne.

Abb. 1: *Ideallandschaft,* Gemälde von Josef Anton Koch (1768–1839).

Abb. 2: Landschaftsgemälde von Moritz von Schwind.

Abb. 3: Gartenarchitekt Wilhelm Hübotter, um 1960, vermutlich auf einer Pfingstfahrt der Gruppe „Männertreu" zum Greifenstein.

⌘ **Fahrtenblatt** ⌘
des
Wandervogel V. B.
(Vaterländischer Bund für Jugendwandern)
Ortsgruppe Hannover-Linden

Gruppenleiter: Wilhelm de Neuf, Freytagstraße 20
Geschäftsstelle: Georg Ramstetter, Marktstraße 15

Singabend an jedem Dienstag um 7 Uhr, Nestabend jeden Donnerstag von ½6 Uhr ab im Stadtheim Hohenzollernstraße 24a (neben der Ecke Yorkstraße)

1. Jahrgang	Brachet und Heuert 2031/1918	Nr. 3

Sonnabend-Sonntag, den 1./2. 6. — **Ins Barsinghäuser Landheim**
Ramstetter, de Neuf

Sonntag, den 2. 6. — **Garbsener Schweiz**
Treffpunkt: Königswortherplatz 7⁰⁰. Rückkehr 8⁰⁰.
Kosten: 50 Pfg. Quednau, Dieckmann

Sonnabend, den 8. 6. — **Alt-Hannover**
Treffpunkt: Agidientorplatz 4⁰⁰. Rückkehr 8⁰⁰.
Kosten: 20 Pfg. Losch, de Neuf

Sonntag, den 9. 6. — **Wietze abwärts**
Treffpunkt: Listerplatz 7⁰⁰. Rückkehr 9³².
Kosten: 1.10 Mk. Ramstetter, Losch

„   **Klotz ins Blaue**
Treffpunkt: Bahnhof 6⁰⁰. Rückkehr 9⁰⁰.
Kosten: 45 Pfg. de Neuf, Quednau

Sonnabend-Sonntag, den 15./16. 6. — **Steinhuder Meer**
Treffpunkt: Bahnhof 3³⁰. Rückkehr 8⁰⁰.
Kosten: 2.50 Mk. Ramstetter, Quednau

Sonnabend-Sonntag, den 22./23. 6. — **Sonnenwende**
Näheres im Nest. de Neuf, Quednau

Mittwoch, den 26. 6. — **Rudern**
Treffpunkt: Schwanenburg 6⁰⁰.

Sonntag, den 30. 6. — **Ahltener Wald—Basselthof**
Treffpunkt: Listerplatz 6³⁰. Rückkehr 8⁰⁰.
Kosten: 35 Pfg. Quednau, de Neuf

Sonnabend-Sonntag, den 6./7. 7. — **Nachtfahrt an die Aller**
Treffpunkt: Bahnhof 6²⁵. Rückkehr 9³⁰.
Kosten: 1.75 Mk. Ramstetter, Quednau

Sonntag, den 7. 7. — **Ahrenest Gehege**
Treffpunkt: Listerplatz 7⁰⁰. Rückkehr 8³⁰.
Kosten: 85 Pfg. Losch, Dieckmann

Mittwoch, den 10. 7. — **Rudern**
Treffpunkt: Meinecke 6⁰⁰.

Sonntag, den 14. 7. — **Bockmer Holz—Gaim**
Treffpunkt: Agidientorplatz 7⁰⁰. Rückkehr 8⁰⁰.
Kosten: 25 Pfg. Dieckmann, Losch

14. 7.—11. 8. — **4 Wochen ins Sauerland** de Neuf

14. 7.—4. 8. — **3 Wochen ins Eichsfeld** Quednau

14. 7.—28. 7. — **15 Tage nach Schleswig-Holstein** Ramstetter

Abb. 4: Fahrtenblatt des Wandervogel V. B., Ortsgruppe Hannover-Linden; dieser Gruppe war der Gartenarchitekt Wilhelm Hübotter eng verbunden.

Abb. 5: Vignette der Zeitschrift *Wandervogel* 5, 1910, H. 8.

Abb. 6: Vignette der Zeitschrift *Alt-Wandervogel* 5, 1910, H. 12.

Abb. 7: Mitglied einer Gruppe des Wandervogel V.B., Ortsgruppe Hannover, um 1910.

Abb. 8: Mitglieder des Wandervogel V. B. aus Hannover auf Fahrt, um 1911.

Abb. 9: Sachsenhain bei Verden an der Aller, angelegt 1934 vom Gartenarchitekten Wilhelm Hübotter im Auftrag des Reichsführers SS Heinrich Himmler (Postkarte, um 1936).

Martin Kagel

Widersacher des Fortschritts. Zu Ludwig Klages' ökologischem Manifest „Mensch und Erde"

> *Aber die Scholle zu unterjochen ist eines,*
> *sich ihr vermählen ein anderes.*
> Ludwig Klages, 1902

I

Ökologie, so will es ein verbreiteter Gemeinplatz, war ursprünglich eigenstes Territorium des konservativen Spektrums der Politik in Deutschland, Bemühungen um Natur- und Heimatschutz galten in ihren Anfängen als unmittelbar verbunden mit einer wertkonservativen Weltanschauung, die vom industriellen Prozeß so wenig wissen wollte wie von der sozialistischen Internationale. So überrascht es nicht, daß, wer heute die Geschichte der ökologischen Bewegung zu rekonstruieren versucht, außer auf Ökoanarchisten oder Lebensreformer auch auf Persönlichkeiten wie Ludwig Klages stößt, in dem man zumindest politisch keinen Vorläufer der heutigen Grünen vermuten würde.

Die dadurch für die Gegenwart fragwürdig gewordene Zuordnung nach starren Begriffspaaren wie konservativ oder progressiv legt umgekehrt nahe, nach Widersprüchen auch bei der historischen Avantgarde der Ökologen zu suchen. Schließlich macht es einen kaum zu unterschätzenden Unterschied, ob man ökologische Konzepte mit nationalistischen, sozialreaktionären oder denen der vielbeschworenen multikulturellen Gesellschaft verbindet, ob man für den Einbau von Filteranlagen in Autos und rußende Schornsteine plädiert oder im Sinne der amerikanischen Deep Ecology eine radikale Abkehr vom humanzentrischen Denken fordert. Ökologie, so hat sich längst gezeigt, ist so wenig wertfrei wie jedes andere Gebiet, in dem sich Interessen überschneiden, und dies nicht erst, seit sich eine ganze Industrie mit der Beseitigung der von ihr verursachten Schäden beschäftigt.[1] Unter diesem Aspekt wirkt es zumindest etwas voreilig, wenn Ulrich Linse in seiner *Geschichte der ökologischen Bewegungen in Deutschland* Ludwig Klages' Essay *Mensch und Erde* ohne kritischen Zusatz als eines der „ganz großen Manifeste der radikalen Ökopax-Bewegung" einstuft, denn die begrifflichen Unschärfen einer solchen Traditionsbildung werden weder dem Philosophen noch den zeitgenössischen Ökologiebewegungen gerecht.[2] Faszinierend ist an einem Essay wie *Mensch und Erde* ja nicht bloß, daß es sich hier um einen Text handelt, dessen radikalökologische Einsichten beispiellos in seiner Zeit sind, sondern daß er, dessen ungeachtet, im reaktionären Kontext des Klages'schen Denkens befangen bleibt. Wer meint, zwanglos an Klages anschließen zu können, trägt weder der Historizität des Textes Rechnung noch ermöglicht er, die regressiven Momente sichtbar zu machen, die mitgedacht werden wollen, beabsichtigt man aus ihm sein produktives Potential zu schlagen.

Gemeinhin wird Ludwig Klages gern in einem Atemzug mit Ernst Jünger, Oswald Spengler und Martin Heidegger genannt, jenen Philosophen und Literaten also, die der ‚konservativen Revolution' der zwanziger und dreißiger Jahre den Boden bereiteten und, wo sie nicht selber aktive Schrittmacher waren, doch zumindest die intellektuelle Basis für den aufkommenden Nazismus herstellten.[3] Kategorisiert wird er dabei als Vertreter einer irrationalistischen Tendenz in der Philosophie, die den Nationalsozialisten in die Hände arbeitete, auch wenn der Philosoph kein „alltogether desirable ally" für die Faschisten gewesen sei.[4] Für Peter Gay etwa reicht es aus, den Titel von Klages' philosophischem Hauptwerk *Der Geist als Widersacher der Seele* zu zitieren, um zu demon-

---

[1] Dies bereits bei Hans Magnus Enzensberger: Zur Kritik der politischen Ökologie. In: Ders.: *Palaver. Politische Überlegungen 1967–73*, Frankfurt/Main 1974.
[2] Ulrich Linse: *Ökopax und Anarchie. Die Geschichte der ökologischen Bewegungen in Deutschland*, München 1986, S. 60.
[3] Vgl. als symptomatisch für diese Einschätzung den Eintrag in der *Encyclopedia of Philosophy*. Hrsg. von Paul Edwards, New York 1967.
[4] So bei Walter Laqueur: *Weimar. A Cultural History 1918–1933*, New York 1974, S. 101.

strieren, welch Geistes Kind der Autor gewesen sei.⁵ Schärfer noch als Gay geht Walter Laqueur in seinem Buch über die Jugendbewegung mit Klages zu Gericht. Dort heißt es ohne weiteren Beleg: „Klages [...] paved the way for fascist philosophy in many important respects. The National Socialists ultimately refused to accept Klages, because of his ‚softness' and pacifism, but this does not diminish his responsibility as an intellectual pacemaker for the Third Reich."⁶

Schon grundsätzlich ließe sich über Sinn und Nutzen solcher Klassifikationen sicherlich streiten. Auch zeigt sich bei näherer Betrachtung des Klages'schen Werks, daß es sich insgesamt als komplexer darstellt, als es die vorschnelle Verortung wahrhaben möchte, komplexer im übrigen auch, als es die nachgerade albernen apologetischen Versuche mancher Klages-Schüler meinen.⁷ Kaum wird man im Falle Ludwig Klages, wie jüngst von Jürgen Habermas an Martin Heidegger demonstriert, davon sprechen können, daß die philosophische Theorie selbst vom faschistischen Denken affiziert wurde.⁸ Andererseits scheint es durchaus angebracht festzustellen, daß die Denunziation der Vernunft durch Klages dem nazistisch ausgerichteten Zeitgeist nicht bloß in die Hände arbeitete, sondern sich in prominenter Position an dessen Spitze stellte. Daß seine „leidenschaftliche Absage an die technische Zivilisation, an den von ratio geprägten Geist der Neuzeit, [...] wie ein Fanal in eine Zeit hinein[wirkte], die angesichts der sich auftürmenden politischen, wirtschaftlichen und sozialen Probleme den Glauben an die ordnende Kraft der Vernunft allzu leicht aufzugeben geneigt war", dürfte ebensowenig in Zweifel stehen wie die Breitenwirkung der auf populäres Niveau heruntergekochten These vom Geist als brutalem Herrscher über Seele

---

⁵ Peter Gay: *Weimar Culture. The Outsider as Insider*, New York/Evanston 1968, S. 80.
⁶ Walter Laqueur: *Young Germany. A History of the German Youth Movement*, New Brunswick 1982, S. 34.
⁷ Exemplarisch Hans Kasdorff: *Ludwig Klages im Widerstreit der Meinungen. Eine Wirkungsgeschichte 1895–1975*, Bonn 1978, bes. S. 379 ff.
⁸ Jürgen Habermas: Heidegger – Werk und Weltanschauung. In: Victor Farías: *Heidegger und der Nationalsozialismus*, Frankfurt/Main 1989, S. 11–37.

und Leib.⁹ Was im Hinblick auf die politisch-moralische Verantwortung des Philosophen somit Anlaß genug wäre, Klages zu belasten, darf umgekehrt jedoch nicht dazu dienen, den Gehalt seiner Philosophie *a priori* zu entwerten, weniger noch, den Leser seinerseits der Verantwortung zu entheben, sich kritisch seinen Schriften zu stellen.

Die ambivalente Einschätzung gilt auch der Person Ludwig Klages, der, obschon bereits 1915 in die Schweiz ausgewandert, auch in den späten dreißiger und frühen vierziger Jahren noch in Deutschland publizierte und überdies als aggressiver Antisemit auftrat.¹⁰ Auch seine weitgehende politische Abstinenz, zumal was das politische Tagesgeschehen anbelangt, spricht im Kontext des Dritten Reiches nicht für sondern eher gegen ihn. Andererseits, darauf hat bereits Stephen Hinton Thomas mit Bezug auf die von Hans Eggert Schröder im Centenar-Katalog zusammengestellten Dokumente hingewiesen, beurteilte Klages die nationalsozialistische Machtergreifung alles andere als positiv, und auch auf Seiten der faschistischen Machthaber gab es deutliche Anzeichen der Ablehnung.¹¹ Neben verstreuten Zeugnissen, wie etwa einem Schreiben des Reichsjugendführers der NSDAP vom April 1938, in dem die Kreise um Klages als zu den „übelsten Vertretern" gehörend eingestuft werden, welche die „Gegenwart im Kulturellen und Geistigen" kenne, scheint vor allem Alfred Rosenberg Front gegen den Philosophen der Seele gemacht zu

---

⁹ Kurt Sontheimer: *Antidemokratisches Denken in der Weimarer Republik. Die politischen Ideen des deutschen Nationalismus 1918–33*, München 1968, S. 48f.

¹⁰ Einschlägig in diesem Zusammenhang seine Einführung in die Werke Alfred Schulers, die Klages 1940 herausgab. Der bösartig antisemitische Text, der selbst vor der hemmungslosen Denunziation seines einstigen Weggefährten Stefan George nicht zurückschreckt, läßt sich darüberhinaus auch als Vorbereitung einer geplanten Rückkehr ins faschistische Großdeutschland interpretieren. Vgl. Alfred Schuler: *Fragmente und Vorträge aus dem Nachlaß*. Mit Einführung von Ludwig Klages, Leipzig 1940.

¹¹ Vgl. zum folgenden den Katalog zur Centenar-Ausstellung 1972. Hrsg. von Hans Eggert Schröder, Bonn 1972, S. 109f; sowie Richard Hinton Thomas: Nietzsche in Weimar Germany – and the Case of Ludwig Klages. In: *The Weimar Dilemma*. Hrsg. von Anthony Phelan, Manchester 1985, S. 71–91. Ich folge hier in Darstellung und Ausführung weitgehend dem klug abwägenden Aufsatz von Thomas, in dem wesentliche Motive und Quellen bereits versammelt sind (vgl. bes. 84 ff.).

haben, dem insbesondere Klages' Geschichtspessimismus ein Dorn im Auge war. Noch vier Jahre später findet sich diese Haltung bestätigt, wenn der *Völkische Beobachter* anläßlich des siebzigsten Geburtstags des Philosophen schreibt, daß „sein Bild der Geschichte, sein Bild des Menschen und seiner Zukunft [...] prinzipiell unvereinbar mit den Grundthesen des Nationalsozialismus" seien.[12] Daß solche selektiv gewählten Dokumente Klages nicht schlechthin entlasten, zumal sie keine Aussage über seinen geistigen Einfluß treffen können, scheint mir evident. Auch verbietet es sich, wie von Schröder versucht, ihn davon ausgehend dem heutigen Leser als Mahner oder unbequemen Denker zu präsentieren, der sich jeder Schablone entziehe.[13] Dazu sind die ideologischen Verbindungen zum Faschismus zu reichhaltig und offensichtlich.[14]

Gewiß, Ludwig Klages gehört, will man ihn zuordnen, eher den Magiern unter den Philosophen an als den trockenen Vernunftaposteln. Zuletzt gibt er der Metapher den Vorzug vor der rationalen Argumentation, und der Vorwurf des Irrationalismus scheint, jenseits der auch streng logisch argumentierenden Schriften, auf ihren Gehalt gezielt nicht unberechtigt zu sein. Auch verwandelt sich seine wissenschaftliche Prosa nicht selten an entscheidenden Punkten zur bildhaft aufgeladenen Beschwörungsformel, während sich umgekehrt sein vitaler Haß auf den Geist aus einer unerschöpflichen Quelle zu speisen scheint. So hat man sich Ludwig Klages wohl tatsächlich als jenen strickbejackten Propheten vorzustellen, als den ihn Robert Musil in seinem Roman *Der Mann ohne Eigenschaften* portraitierte. Ein Meister eben, der mit sprachmächtiger Gebärde jeden Stuhl zur Kanzel machte und der erschauernden Gemeinde die Metaphysik um die Ohren schlug. „Wir sind das Zeitalter des Stimmzettels", läßt Musil recht charakteristisch seinen Klages alias Meingast gegen den herrschenden

---

[12] *Völkischer Beobachter* (Berliner Ausgabe) vom 10.12.1942. Hier zitiert nach Katalog zur Centenar-Ausstellung, S. 142.
[13] Ebd., S. 11f.
[14] Selbst diese knappe und ausgesprochen schematische Gegenüberstellung macht deutlich, welcher Art die Schwierigkeiten sind, die ein Autor wie Klages mit sich bringt, ein Sachverhalt, der im übrigen in der jüngeren Forschung, etwa im bereits erwähnten Aufsatz von Richard Hinton Thomas, auch reflektiert wird.

Positivismus wettern, „und daß wir die positive Wissenschaft zu unserem geistigen Ideal gemacht haben, heißt nichts anderes als den Stimmzettel den sogenannten Tatsachen in die Hand zu drükken, damit sie an unserer statt wählen. Das Zeitalter ist unphilosophisch und feig; es hat nicht den Mut zu entscheiden, was wert und was unwert ist, und Demokratie, auf das Knappste ausgedrückt, bedeutet: Tun, was geschieht!"[15] Es mag wohl auch diese unbeugsame Opposition Klages' gewesen sein, welche Musil hier mit wenigen Strichen elegant skizziert, die das Verdikt über sein Werk zur Folge hatte. Und wiederum steht dagegen der Einfluß, den er nicht nur auf Musil selbst, sondern etwa auch auf Walter Benjamin hatte.[16] Möglicherweise kann daher Benjamins überraschter Kommentar nach der Lektüre des *Geistes als Widersacher der Seele* hier als Verfahrenshinweis gelten, der einen adäquaten Umgang mit dem Werk Ludwig Klages' garantiert. Er schreibt: „Es ist nun, in welchem Zusammenhang auch immer der Verfasser einem suspekt sein und bleiben mag, ohne Zweifel ein großes philosophisches Werk. [...] In keinem Fall hätte ich mir vorstellen können, daß ein so hanebüchener metaphysischer Dualismus, wie er bei Klages zugrunde liegt, je sich mit wirklich neuen und weittragenden Konzeptionen verbinden könne."[17] Auch für die Lektüre anderer Schriften des Philosophen bleibt dieses Spannungsverhältnis konstitutiv.

II

Die frühe Philosophie Ludwig Klages', in deren Umfeld der Aufsatz *Mensch und Erde* entstand, enthält bereits jene fundamentale Opposition, die auch sein späteres Werk leitmotivisch durchziehen wird, diejenige von Geist und Leben. Exemplarisch wird dieser Antagonismus bereits in der 1917 entstandenen Studie *Geist und Seele* entwickelt, die wesentliche Teile von Klages'

---

[15] Robert Musil: *Der Mann ohne Eigenschaften*, Reinbek 1987, S. 832/33.

[16] Vgl. zum wahrscheinlich weithin unterschätzten Einfluß Klages' auf Walter Benjamin: Werner Fuld: Walter Benjamins Beziehung zu Ludwig Klages. In: *Akzente* 3, 1981, S. 274–87.

[17] Zit. nach ebd., S. 279.

späterem Hauptwerk vorbereitet.[18] Die grundlegende Absicht dieser Schrift gilt der Kritik des rationalen Denkens. Allerdings geht Klages, Nietzsche folgend, weit über bloß reformatorische Ansätze der Kritik an einer hybriden Vernünftelei hinaus, indem er auf der destruktiven Kraft des Geistes als solchem insistiert. Konkret richtet er sich zunächst gegen die vorherrschende positivistische Wissenschaftsauffassung des 19. und frühen 20. Jahrhunderts. Ihre zugleich empirische und zweckorientierte Ausrichtung der Forschung will, meint Klages, auf bloßes Tatsachenwissen hinaus, welches in praktisch nutzbare Erkenntnisse umgemünzt werden soll. Jede metaphysische Dimension des Lebens wird dabei negiert. Für diesen wissenschaftlich fundierten Utilitarismus, dessen interessegeleitete Vernunft nichts anderes außer ihr gelten läßt, ist das „vornehmste Kriterium des Wahrheitsgehaltes die Tauglichkeit der Ergebnisse" im Dienste einer Menschheit, die sich eben diesem Prinzip verschrieben hat.[19] Derart zeigt sich „der neuzeitliche Geist dem Idol des Zweckbegriffes verfallen" (GuS, 5) in unheiliger Verbindung mit einem weithin dominierenden Fortschrittsoptimismus. Klages, der in seinen Schriften nicht müde wird, diese wissenschaftliche Gesinnung zu verdammen, sieht freilich im Erscheinen des Positivismus keine konkrete historische Stufe der wissenschaftlichen Entwicklung. In ihm manifestiert sich lediglich ein weiteres Mal die destruktive und gegen das Leben gerichtete Kraft des Geistes. Der Terminus Geist bezeichnet daher nicht nur das methodisch-rationale Denken, welches sich diskursiv seiner Erkenntnisse zu versichern versucht, sondern betrifft schlichtweg jede Art des reflektierenden Bewußtseins, dessen spezifischem Wahrheitswillen sich das Leben zu unterwerfen hat.

Um zu verstehen, was Klages eigentlich mit dem Begriff Leben meint, ist es von Bedeutung, ihn von dem der Materie abzugrenzen. Denn Klages wendet sich gerade gegen die seit Descartes übliche Dichotomie von Geist und Materie, bei der letztere lediglich

---

[18] Vgl. dazu den Kommentar von Hans Eggert Schröder in: Ludwig Klages: *Sämtliche Werke*. Bd. III. Philosophie, Bonn 1974, S. 750ff.
[19] Vgl. Ludwig Klages: Geist und Seele. In: Ders.: *Sämtliche Werke*. Bd. III, S. 5. Im folgenden im Text als GuS zitiert.

als inferiorer, unbeseelter Teil existiert. Anstelle dessen führt er die Trias Geist-Seele-Leib ein, in der Leib und Seele eine untrennbare Einheit darstellen. Das Leben ist in Klages Philosophie die Verbindung von Leib und Seele. Es erscheint einerseits als das bloße vegetative, organische Vergehen. Auf der anderen Seite wird das Leben dadurch, daß es zugleich beseelt ist, metaphysisch überhöht. Begrifflich kann es im übrigen nicht gefaßt werden, denn wo der gelebte Moment in die geistige Reflexion aufgenommen wurde, ist er schon vergangen. Das Leben befindet sich demnach „jenseits der methodischen Scheidung von Subjekt und Objekt" (GuS, 133), es fließt in der Zeit und liegt vor allem Bewußtsein. „Das Leben", so bemerkt Klages einmal in einer phänomenalen Tautologie, „erlebt" (GuS, 43). Für ihn ist es das bewußtlose, asignifikante Strömen in der Zeit und zugleich die ursprüngliche Verbindung zum Kosmos, die es zu restituieren gilt.

Im Geist, als derjenigen Kraft, die die Seele entleiben und den Leib entseelen will, findet das Leben seinen Gegner. Nach Klages existiert das rationale Bewußtsein nicht einfach unabhängig vom Leben, sondern es besitzt die Eigenschaft, dasselbe zu vernichten. An diesem Punkte seiner Philosophie scheinen sich denn auch die ontologische Bestimmung des Geistes mit seiner historisch konkreten Form, den positiven Wissenschaften, zu treffen. Sie können in der Welt keinen lebendigen Kosmos mehr erkennen, sondern haben sie auf das Maß eines rechenbaren Kräftezusammenhangs reduziert. „Auf was immer der Strahl des Geistes fällt", so Klages, „es verwandelt sich unter ihm augenblicklich in die bloße Sache, in das zählbare Denkobjekt, das mit anderen Objekten nur mehr ‚mechanisch' zusammenhängt."[20]

Als zentrale Opposition herrscht der abstrakte Geist-Leben-Dualismus in fast allen frühen Schriften Klages' vor, die sich zu ihm verhalten wie die Variationen zum Thema. Von Takt und Rhythmus bis zu Bewußtsein und Erlebnis, es ist überall dieselbe Denkfigur, die den Texten unterliegt.[21] Klages macht selbst vor

---

[20] Ludwig Klages: Bewußtsein und Leben. In: Ders.: *Mensch und Erde*, München 1929/30, S. 45.
[21] Vgl. Ludwig Klages: Vom Wesen des Rhythmus. In: *Sämtliche Werke*. Bd. III, S. 499–551. Die Taktgebung ist nach Klages eine Geistestat, die mechani-

einer evolutionären Theorie nicht halt.[22] In der Periodisierung nicht gerade kleinlich verfahrend, heißt es danach, daß Geist und Leben ursprünglich getrennte Wirklichkeiten waren, bevor es zu ihrer fatalen Fusion kam. An dem Punkt, an dem Geist und Leben zusammentraten, begann das geschichtliche Dasein des Menschen, jener historische Prozeß, dessen Wesen – von Klages mit dem des Fortschritts identifiziert – „der siegreich fortschreitende Kampf des Geistes gegen das Leben mit dem logisch absehbaren Ende der Vernichtung des letzteren [ist]" (GuS, 44). Als Philosoph nimmt er den ungleichen Kampf gegen die vernichtende Tendenz des Geistes in der Hoffnung auf, daß Geist und Leben einst wieder geschieden werden könnten und zurückgegeben „dem ungestörten Fürsichsein ihrer ursprünglichen Wirklichkeit" (GuS, 117).

In der Gegenüberstellung von Bewußtsein und Erlebnis kritisiert Klages, von Descartes ausgehend, den Bewußtseinsbegriff dahingehend, daß mit ihm lediglich das *bemerkte* Erleben erfaßt werden könne. „Der Philosoph", schreibt er über Descartes, „spricht vom Bewußtsein, als dächte er dabei an den Inbegriff allen Erlebens, aber er meint das darauf gerichtete Erfassen."[23] Tatsächlich jedoch stellt das Erleben, so Klages, ein zeitliches Geschehen dar, das dem Bewußtsein grundsätzlich verschieden ist. „Kein Erleben", so seine These, „ist bewußt und kein Bewußtsein kann etwas erleben." (GuS, 102) Wer nicht dazu fähig ist, Bewußtsein und Erlebnis zu trennen, der verwechselt das Bewußtsein davon mit dem Erleben selbst. Das Erleben, welches in der Zeit fließt, kann weder abstrahiert noch als bedeutend gefaßt werden. Allerhöchstens kann es geschaut werden.

Es ist aufschlußreich zu sehen, wie Klages an anderer Stelle, um diese Argumentation zu stützen, das Verhältnis von Traum- und Wachbewußtsein neu zu charakterisieren versucht. Klages kehrt das traditionelle Dependenzverhältnis, demzufolge es sich beim

---

sche Wiederkehr der Regel, der der lebendige, beständig variierende Rhythmus entgegensteht.
[22] Vgl. zu dieser Theorie in ihrer Abhängigkeit und Differenz zu Bachofen Marcus P. Bullock: Franz Kafka und Ludwig Klages. In: *Journal of the Kafka Society of America*, Juni–Dezember 1985, S. 20–47.
[23] Ludwig Klages: Bewußtsein und Leben, S. 38.

Traumbewußtsein bloß um eine Sonderform des Wachbewußtseins handele, einfach um und akzentuiert das Erleben. Denn auch oder besser *gerade* ohne Wachbewußtsein hat der Mensch Anteil am Erleben und zwar in einem wesentlich unmittelbareren Sinn: er wird selbst zum Teil der erlebten Wirklichkeit. So gesehen stellt das Wachbewußtsein keine Erweiterung des Traumbewußtseins dar, sondern umgekehrt dessen Einschränkung. Im Wachbewußtsein ist die unmittelbare Verbindung zur lebendigen Wirklichkeit gekappt; es bringt somit den Verlust ihrer Erfahrung mit sich. Das Strömen der Bilder, dem das Ich sich im Traum vollends subordiniert, bis dahin, „daß es sich selbst mit ihnen verwechselt", kann im Wachbewußtsein nicht eingeholt werden.[24] Derart ist das Erleben vom Bewußtsein getrennt.

Der privilegierte Zugang, der nach Klages zur Erfahrung des Lebens dann noch bleibt, ist der des Schauens; und prototypisch siedelt er diese Fähigkeit beim Dichter an. So überrascht es nicht, daß seine erste Buchpublikation im Jahre 1902 dem Lyriker Stefan George galt, zu dessen kosmischen Zirkel Klages bis 1904 gehörte.[25] Tatsächlich gab es für ihn wohl kaum eine geeignetere Figur zur Illustration seiner Gedanken als den von seinen divinatorischen Fähigkeiten selbst hinreichend überzeugten George.

Die kleine Schrift, in deutlich kongenialer Absicht verfaßt, sieht mit George einen neuen Bildner in den „verwahrlosten Garten der deutschen Poesie" treten, der diese wieder einsetzt in ihre alten Rechte.[26] Ihm allein, dem Dichter – und damit ist immer George gemeint –, gelingt es in panreligiöser Grundstimmung, kommunikative und erlebnisorientierte Momente im Werk zu vereinen. Nur er lebt dichtend, und in seiner Sprache ist Erleben aufgehoben. „In kargen Silben", schreibt Klages, „ist der Schall der Urzeit wie in sausenden Muscheln verfangen. Den löst und verlautbart der Dichter. Ein Schaumkamm auf gebäumter Welle spricht sein Wort – nicht will er das Meer in Eimer füllen."[27] Man sieht, auch

---

[24] Ludwig Klages: Vom Traumbewußtsein. In: *Sämtliche Werke*. Bd. III, S. 165.
[25] Vgl. Frank Weber: Stefan George und die Kosmiker. In: *Neue Deutsche Hefte* 35, 1988, S. 265–75.
[26] Ludwig Klages: *Stefan George*, Berlin 1902, S. 9.
[27] Ebd., S. 17.

der Kommentar ist um Worte nicht verlegen, die wenngleich noch vermittelte Nähe zum Leben zu beschreiben. Für Klages wird die ästhetische Darstellung der Urbilder zum Fluchtpunkt in einer Gesellschaft, der er sonst wenig entgegenzuhalten hat. Die herausragende Rolle, die Klages der Kunst einräumt, erklärt im übrigen auch den häufigen Rekurs auf die deutsche Romantik in seinen Schriften, jener einzigen Epoche, die, so Klages, in ihrer „kontemplativen Geistigkeit" eine Ahnung lebendiger „Urbilder" vermittele.[28] Die besondere Stellung, die die literarische Romantik darüberhinaus in Klages' Philosophie genießt, resultiert in erster Linie aus der Tatsache, daß sie wie keine andere literarische Epoche die Souveränität des rationalen Subjektes in Frage stellte. Klages sieht sowohl „den Höhepunkt ihrer Intensität als auch die farbenprächtigste Erscheinungsform" der Auffassung eines dem Schicksal ausgelieferten Individuums in den Schriften der Romantik realisiert, deren „bedeutendste Schöpfungen uns den Menschen ausnahmslos im Lichte eines Spielballs geheimer Seelengewalten oder des willenlosen Leiters ‚magischer' Ströme zeigen" (GuS, 105).

Man ist insgesamt nicht selten versucht, die biometaphysische Konzeption des Lebens bei Klages mit Richard Hinton Thomas für ‚metaphysical mumbo-jumbo' zu halten und sie damit dem Vergessen zu überantworten. Doch zeigt sich, daß die Klagesschen Grundgedanken, einmal ihrer abstrakten Geisteswelt enthoben, durchaus eine aktuelle Stoßkraft besitzen. Denn ihm geht es über die metaphysische Aufwertung des organischen Lebens hinaus auch um die konkrete, erkenntnistheoretische Kritik einer logisierenden Wissenschaft, welche die bestehende Gesellschaft fundiert und legitimiert. Es lohnt sich mithin, hier noch einen Augenblick zu verweilen.

---

[28] Der Begriff der „kontemplativen Geistigkeit" stammt aus *Geist und Seele*, der der „Urbilder" aus *Traumbewußtsein*. Beide stehen mit Klages Mimesistheorie im Zusammenhang, nach der auch Sprache durch eine ursprüngliche Ähnlichkeit definiert ist. Danach enthält das Aufeinandertreffen von Ähnlichkeiten, die keine Wiederholung darstellen, die Möglichkeit des Schauens des bildhaften Urstromes des Lebens. Wie zentral für Klages dieses Theorem ist, zeigt seine Auffassung, daß die ganze „Lebenswissenschaft ihren Ankergrund in der Rückbesinnung auf Erlebtes hat". Ludwig Klages: Bewußtsein und Leben, S. 48.

Neben der allgemeinen Deformation und Unterdrückung des Lebens durch den Geist und der Verstümmelung elementarer Erfahrungen durch einen allmächtigen Logos kritisiert Klages vor allem die Einseitigkeit der Erkenntnis einer ihre eigene Rationalität nicht reflektierenden Wissenschaft. Von Nietzsche bereits vorgedacht, wirft er die Frage nach den epistemologischen Voraussetzungen rationaler Erkenntnis auf, deren angebliche Objektivität ihm zu Recht fragwürdig erscheint. Denn da nur das rational Erfaßbare rational erfaßt wird, verdrängt dieser Erkenntnismodus *a priori* jede andere Form der Erkenntnis, ja macht sie gleichsam illegal. Darüberhinaus ist es die anthropozentrische Ausrichtung rationaler Erkenntnis, durch die die Wissenschaft ihre doppelte Tendenz bekommt. Der sich als rationales Subjekt setzende Mensch kann demzufolge nichts anderes als den Spiegel eben dieses Subjektes in der ihn umgebenden Wirklichkeit entdecken. Unter diesen Umständen entlarvt sich der Satz von der Objektivität der Wissenschaft für ihre Mehrzahl als bloßer Trug. Noch bevor sich die erste Erkenntnis konstituiert, ist ihre Art bestimmt, da die Wissenschaft, wie Klages ausführt, eben nicht an den Mysterien, sondern bloß an den mechanischen Gesetzen der Natur interessiert ist. Rationale Erkenntnis ist daher, wie objektiv sie sich auch immer zu geben meint, allemal ideologisch präformiert. „Es genügt jedoch nicht", summiert Klages, „zu sagen, das Denken schaffe den immer mit sich identischen Punkt, auf den eine fließende Wirklichkeit beziehbar sei, sondern erst dann bestimmen wir den vollen Sachverhalt, wenn wir hinzufügen, daß es solcherart ein Analogon des denkenden Subjekts in die Außenwelt trage. Wenn irgendwo, so wäre der vielmißbrauchte Name des Projezierens hier am Platze. Mit jeder ‚Tatsache', die es findet, hat sich das findende Ich aus sich selbst hinaus und in die geurteilte Welt hineinverlegt. [...] Danach wäre ‚Erkenntnis' das Ergebnis einer logozentristischen Umdeutung des Wirklichen, und falls wir annehmen dürfen, daß nur die Menschheit dem Logos zur Stätte diene, auch einer anthropozentrischen" (GuS, 59).

Eigentlich gewinnt diese erkenntnistheoretische Kritik bei Klages ihre volle Dimension erst, rückt man sie in eine ökologische Perspektive ein. Denn erst, wo sich das anthropozentrisch ausgerichtete Denken in der Zerstörung der natürlichen Grundlagen des Menschen materialisiert hat, tritt es in vollem Umfang ans Licht. Der Mensch, der in der Natur nichts anderes als mechanische Prozesse sieht, kann auch sich selbst nicht anders als mechanisch zu ihr verhalten. Seine Beziehung zur Natur konstituiert sich über ihre rücksichtslose Beherrschung. Bar jeden Respekts begreift er sie als bloßes Komplement seiner eigenen superioren Stellung. Nicht von ungefähr konvergiert Klages' radikale Aufklärungskritik hier, jenseits der elementaren Differenzen, mit jener Grundannahme der *Dialektik der Aufklärung* Horkheimers und Adornos, nach der die fortschreitende Aufklärung untrennbar verbunden ist mit dem auf Herrschaft basierenden Verhältnis des Menschen zur Natur. Auch für sie gilt es als erwiesen, daß das sich als rational setzende Subjekt der Natur den Prozeß schon gemacht hat, noch bevor die Untersuchung beginnt. Für die Aufklärung ist sie zur rechenbaren Einheit geronnen. „Was der Mensch von der Natur lernen will", heißt es in der *Dialektik der Aufklärung,* „ist bloß, sie anzuwenden, um sie [...] vollends zu beherrschen."[29]

III

Ludwig Klages' Essay *Mensch und Erde* wurde zum ersten Mal im Jahr 1913 publiziert, und zwar als Beitrag zu einer Festschrift, die anläßlich des ersten Treffens der Freideutschen Jugend auf dem Hohen Meißner erschien.[30] Der Aufsatz, der wohl zu den bekanntesten Schriften des Philosophen gehört, erfreut sich seitdem offensichtlich unveränderter Popularität. Nicht nur ist er schon in den zwanziger und dreißiger Jahren wiederholt nachgedruckt worden, auch nach dem Krieg gab es eine Reihe neuerer Publikationen.[31] Dabei gelangte die Schrift bis in die Lesebücher der Oberstufe deutscher Gymnasien. Mag es an seiner plastischen Sprache

---

[29] Max Horkheimer/Theodor W. Adorno: *Dialektik der Aufklärung. Philosophische Fragmente,* Querido 1947, S. 14.
[30] Die Erstausgabe des Essays in: *Freideutsche Jugend. Zur Jahrhundertfeier auf dem Hohen Meißner 1913,* Jena 1913.
[31] Vgl. zu den Wiederauflagen und Neupublikationen den Kommentar von Hans Eggert Schröder in Ludwig Klages: *Sämtliche Werke,* Bd. III, S. 773ff. Au-

oder der gleichermaßen beeindruckenden wie bedrückenden Aktualität seines Inhalts gelegen haben, in jedem Fall signalisiert der häufige Wiederabdruck an den verschiedensten Stellen, daß der Essay an provozierendem Gehalt offenbar nichts eingebüßt hat.

Daß Klages' Essay zuerst in einer Publikation der Jugendbewegung erschien, hat seinen sachlichen Grund in der Person des Verlegers Eugen Diederichs, der, selbst auf dem Hohen Meißner anwesend, Klages um einen Beitrag zur Festschrift gebeten hatte. Nicht umsonst zeigen sich daher, obschon Klages in keiner formalen Beziehung zur Jugendbewegung stand, inhaltliche Affinitäten, vor allem, indem in seiner Schrift das Bewußtsein einer Krise zum Ausdruck kam, dessen konkretes Pendant die Jugendbewegung darstellte.

Die Geschichte der deutschen Jugendbewegung geht zurück auf die Zeit um die Jahrhundertwende, als sich im Berliner Stadtbezirk Steglitz einige Jugendliche zu regelmäßigen Wanderungen zusammenfanden.[32] Die lockere Verbindung wurde bald zu einer festen Einrichtung unter dem Namen *Wandervogel,* und was als sporadischer Ausflug begonnen hatte, verwandelte sich mit der Zeit in regelrecht geplante Touren. Mit steigendem Organisationsgrad erhöhte sich auch die Anzahl und regionale Ausbreitung der Gruppen. Schon ein Jahrzehnt nach ihrer Gründung hatte die Jugendbewegung praktisch den gesamten deutschsprachigen Raum ergriffen, und auch wenn sie als Phänomen insgesamt zu facettenreich ist, als daß man sie hier in wenigen Sätzen ausreichend charakterisieren könnte, läßt sich doch so viel sagen, daß die Bewegung als Ganzes Indikator und Lösungsversuch jener Modernisierungskrise war, die das wilhelminische Deutschland um die Jahrhundertwende ergriffen hatte, und die sich sozialgeschichtlich mit Hans Ulrich Wehler in erster Linie auf die Divergenz von beschleunigter Industrialisierung und gleichzeitiger Verteidigung des politischen und sozialen *status quo* zurückführen läßt.[33] In ihrer frühen Phase eine rein bürgerliche Erscheinung reagierte die

---

ßerdem Hans Kasdorff: *Ludwig Klages. Werk und Wirkung,* Bonn 1969, S. 382. Der jüngste Nachweis findet sich bei Ulrich Linse, S. 173.

[32] Zur Geschichte der Jugendbewegung vgl. Walter Laqueur: *Young Germany.*

[33] Hans Ulrich Wehler: *Das deutsche Kaiserreich 1871–1918,* Göttingen 1973.

Jugendbewegung vor allem auf die zunehmende Aushöhlung traditionell bürgerlicher Wertvorstellungen durch die Realität einer sich mittels rapider Industrialisierung rasch und fundamental verändernden Gesellschaft. Gegenüber dem bloß ideologischen Tugendkatalog und den politischen Praktiken einer patriarchalisch und autoritär strukturierten Gesellschaft eröffnete die Hinwendung zur Natur die Möglichkeit, gleich eine ganze Reihe von Bedürfnissen nach alternativen Lebensformen zu befriedigen. Andere Kleidung, andere Lieder, andere Umgangsformen, verbunden mit der Wiederbelebung mittelalterlicher und romantischer Traditionen, übernahmen die Funktion einer freieren und umfassenderen Ausbildung der Persönlichkeit und wirkten überdies hochgradig identitätsstiftend. „This education by rambling", so Walter Laqueur über den *Wandervogel*, „was to produce a new German who had a more rounded picture of his country and whose identification with and love of that country was deeply rooted in his personal experiences."[34] Das Wandern der Jugendlichen beinhaltete insofern mehr als die schlichte Erfüllung einer eskapistisch motivierten Natursehnsucht, und hatte, so unpolitisch sich die Jugendbewegung in ihrem Selbstverständnis auch sehen mochte, durchaus eine politische Dimension: als Opposition nämlich zu einer Politik, die sich als ganzes diskreditiert hatte.[35] „Die Freideutsche Jugend", so lautete der Beginn der berühmten Meißnerformel, „will aus eigener Bestimmung, vor eigener Verantwortung, mit innerer Wahrhaftigkeit ihr Leben gestalten."[36]

Gerade im Hinblick auf die programmatische Abkehr der Jugendlichen vom Fortschrittsglauben und Materialismus einer in sich zerrissenen Gesellschaft verwundert es nicht, daß das zentrale Thema von Klages' Aufruf an die Jugend die Zerstörung der Natur durch eine Zivilisation ist, die sich gänzlich dem destruktiven Gesetz des Fortschritts anheimgegeben hat. Zugleich resümiert der Aufsatz die Leitgedanken seiner frühen Philosophie. Daneben verfolgte Klages das Thema Ökologie offensichtlich auch ganz

---

[34] Walter Laqueur: *Young Germany*, S. 7.
[35] Vgl. dazu die Einleitung von Mogge/Reulecke in: *Hoher Meißner 1913. Der erste Freideutsche Jugendtag in Dokumenten, Deutungen und Bildern*. Hrsg. von Winfried Mogge u. Jürgen Reulecke, Köln 1988.
[36] Zitiert nach ebd., S. 52.

konkret mit höchstem Interesse. So heißt es in einem Brief vom Juli 1914, daß der Naturschutz seine „letzte Leidenschaft" sei. Sechs Jahre später formulierte er noch radikaler, daß ihm „die Liebe zur Natur praktisch genommen wichtiger [sei] als alle Metaphysik zusammen". Selbstredend war er auch Mitglied des deutschen Heimatschutzbundes und nach seiner Übersiedelung in die Schweiz des schweizerischen Bundes für Naturschutz.[37]

Was an Klages Essay besticht, ist nicht nur die glutvolle Prosa, nicht nur seine schockierende Aktualität, sondern vor allem anderen die Tatsache, daß er, soweit ich sehe, bereits fast sämtliche Argumente vorzutragen scheint, die die Diskussion der modernen Ökologiebewegungen heute bestimmen. Von Darwin bis zur Wissenschaftskritik, von der Vernichtung der Arten bis hin zur Zerstörung des ökologischen Gleichgewichts: Klages antizipiert, was erst Jahrzehnte später in vollem Ausmaß zu sehen sein wird und hält frühes Gericht über die verstaubte Haltung seiner Zeitgenossen.

Methodisch induktiv verfahrend, bespricht er Ursachen und Wirkungen des gewaltsamen Zugriffs des Menschen auf die Natur, seine Entfremdung von dieser und die Zerstörung natürlichmenschlicher Lebensweisen und versucht zuletzt, das Geschehen geschichtsphilosophisch einzuordnen. Seine Ausgangsfrage gilt den praktischen Zwecken eines Fortschrittdenkens, das sich selbst über die wissenschaftlich-technische Entwicklung und die damit verknüpfte perfektionierte Naturbeherrschung definiert. Klages nimmt den Begriff des Fortschritts, demzufolge sich jede Epoche stets als die höchste Stufe aller vorangegangenen begreift, beim Namen, mißt ihn flüchtig an vergangenen Kulturen und Epochen und kritisiert dann ausführlich die Ergebnisse seines gegenwärtigen Wirkens. Ganz unter dem Bann des meist ökonomisch motivierten Primats des Nutzens stehend, so Klages, verwechseln die Vertreter des vermeintlichen Fortschritts den bloßen Machtzuwachs mit Wertzuwachs. Denn keine qualitative Verbesserung des Lebens wurde in der Neuzeit erreicht, sondern allein das ausufernde Machtbedürfnis befriedigt. Barbarisch ist demzufolge das

---

[37] Vgl. zum gesamten Absatz den Kommentar zu *Mensch und Erde*. In: *Sämtliche Werke*, Bd. III, S. 774 ff.

Angesicht, welches die sogenannte Zivilisation all jenem zeigt, das sich ihrem Willen nicht beugen will, und die einmal entfesselten Kräfte des Fortschritts gleichen einem planmäßig geführten, grauenvollen Vernichtungskrieg gegen alles, was ihm nicht assimilierbar ist.

In gebotener Schärfe und Ausführlichkeit benennt der Philosoph im Anschluß die verheerenden Ergebnisse der zivilisatorischen Eingriffe in die Natur als Folge einerseits der systematischen Ausbeutung, Regulierung und Vereinheitlichung der Natur, andererseits der Befriedigung nicht elementarer, sondern völlig überflüssiger Bedürfnisse des Luxus, der Mode, der kulinarischen Exzentrizität. Resümierend heißt es am Ende dieses ersten Abschnittes:[38]

> Wir täuschten uns nicht, als wir den ‚Fortschritt' leerer Machtgelüste verdächtig fanden, und wir sehen, daß Methode im Wahnwitz der Zerstörung steckt. Unter den Vorwänden von ‚Nutzen', ‚wirtschaftlicher Entwicklung', ‚Kultur' geht er in Wahrheit auf *Vernichtung des Lebens* aus. Er trifft es in allen seinen Erscheinungsformen, rodet Wälder, streicht die Tiergeschlechter, löscht die ursprünglichen Völker aus, überklebt und verunstaltet mit dem Firnis der Gewerblichkeit die Landschaft und entwürdigt, was er von Lebewesen noch überläßt, gleich dem ‚Schlachtvieh' zur bloßen Ware, zum vogelfreien Gegenstande eines schrankenlosen Beutehungers. In seinem Dienste aber steht die gesamte Technik und deren Dienste wieder die weitaus größte Domäne der Wissenschaft.

Gilt der erste längere Abschnitt den destruktiven Aspekten einer Zivilisation, die selbst vor ihrer eigenen Spezies nicht halt macht, so der zweite der kulturellen Misere. Denn durch die Zerstörung der und Entfremdung von der Natur hat auch der Mensch sich selbst zersetzt. Verschwunden sind, so Klages, Bräuche und Feste bodenständiger Kulturen und mit ihnen die wahren Künstler. Je mehr sich die Gesellschaft am bloßen Nutzen oder Profit orientiere desto stärker verliere sie die lebendige Beziehung zu

---

[38] Vgl. dazu die von Eichendorff selbst entworfene Einleitung Fouqués zur Erstausgabe des Romans. In: Joseph von Eichendorff: Werke. Bd. II. Hrsg. von Wolfgang Frühwald u. Brigitte Schillbach, Frankfurt/Main 1985, S. 55.

ihren natürlichen Grundlagen. Der Entfremdung von Natur, am sichtbarsten in den großen Städten, folgt die kulturelle Verarmung. Der Fortschritt, so Klages, ließ das Leben nicht nur ergrauen, er machte es zugleich stumm.

Im dritten Abschnitt versucht Klages schließlich den in seinen Augen katastrophalen Verlauf der Geschichte geschichtsphilosophisch zu begründen. Diese Begründung verläuft in einer gewissen Staffelung. Sie beginnt mit der Wissenschaft, deren eindimensional positivistische Forschung auf dem kapitalistischen Wirtschaftssystem fußt. Dieses wiederum gründet im Christentum, denn Fortschritt, Zivilisation, Kapitalismus sind für Klages letztlich nur „verschiedene Seiten einer einzigen Willensrichtung, deren Träger ausschließlich die Völker der Christenheit sind" (MuE, 626). Mithin müssen die tieferen Ursachen des Fortschrittsdenkens im Christentum gesucht werden. Klages nennt deren zwei: der Monotheismus, der die mythischen Gottheiten aus der Natur vertrieb, und die „vergötterte Gegenstellung des Menschen zur gesamten Natur" (MuE, 626), nach der er sich die Erde untertan machen soll. Doch auch im Christentum liegt nicht der letzte Grund der herrschenden Misere. Es war das Erwachen des Geistes, durch welches das Band zwischen den Menschen und der Natur zerschnitten wurde, ein Umstand, der dem Philosophen ebenso fatal wie irreversibel erscheint.

Recht unvermittelt folgen gegen Ende dann doch noch einige wenige Sätze, denen Hoffnung eingeschrieben scheint. Eine Veränderung des katastrophischen Zustands, so Klages, könnte durch die „weltschaffende Webekraft allverbindender Liebe" herbeigeführt werden. „Nur wenn sie in der Menschheit wiederwüchse, möchten vielleicht die Wunden vernarben, die ihr muttermörderisch der Geist geschlagen" (MuE, 629). Schon in der Formulierung allerdings wird deutlich, daß diese naive Liebe sich kaum gegen die destruktive Macht des Fortschritts behaupten können wird, und auch in Klages Schrift folgt, merkwürdig genug, kein pastorales Idyll, sondern eine Untergangsvision, nach der das Wesen der Erneuerung in der sintflutartigen Vernichtung des Bestehenden liegt. Das Zitat aus Joseph von Eichendorffs Roman *Ahnung und Gegenwart,* mit dem Klages seinen Essay beschließt, erscheint dabei gleich in mehrfacher Hinsicht aufschlußreich. Zunächst stellt der Rekurs auf den gut ein Jahrhundert früher entstandenen an Bildern überreichen Text erneut Klages Präferenz für die Poesie als Erkenntnismedium unter Beweis. Zugleich führt er damit einen alternativen Naturbegriff vor, da diese dort als mythisch belebte dargestellt wird. Auch inhaltlich scheint die Analogie zu tragen, denn Eichendorffs patriotisches Werk enthält thematisch dieselbe Perspektivelosigkeit einer „gewitterschwülen Zeit", welche auch den Aufbruch der Jugendbewegung initiierte.[39] Der Wunsch nach der eruptiven Entladung der aufgestauten Widersprüche zeigt in diesem Zusammenhang, wie sehr sich für Klages die gesellschaftliche Krise zugespitzt hat. Knapp ein Jahr vor dem Beginn des 1. Weltkriegs kann man in der Rückschau heute kaum umhin, die Vision auch als dessen literarische Antizipation zu deuten. Freilich, Klages wartete nicht auf den Krieg, sondern harrte vergeblich eines globalen Wunders.

IV

Zusammengenommen scheint mir, was die ökologischen Probleme des 20. Jahrhunderts anbelangt, der entscheidende Schritt Klages' zu sein, daß er die verschiedenen Momente in einen universalen Zusammenhang stellt. Dies betrifft zum einen die Tatsache, daß er keinen nationalen Interessen das Wort redet, zum anderen seine erkenntnistheoretische Kritik am Rationalismus der Wissenschaften und der ökonomischen und religiösen Fundierung der daraus resultierenden Weltanschauung. Auf diese Zusammenhänge umfassend und in voller Schärfe aufmerksam gemacht zu haben, darin liegt wohl sein Verdienst. Liest man den Essay lediglich als historisches Dokument, so ist die konsequent vorgetragene und weitsichtige Anklage zweifelsohne beeindruckend. Dem aufrichtigen Engagement des Autors kann man wenig entgegensetzen. Entrüstet mit dem Kopf nickend, folgt man den Darstellungen menschlicher Zerstörungswut, und erst, wo Klages

---

[39] Vgl. dazu die von Eichendorff selbst entworfene Einleitung Fouqués zur Erstausgabe des Romans. In: Joseph von Eichendorff: *Werke*. Bd. II. Hrsg. von Wolfgang Frühwald u. Brigitte Schillbach, Frankfurt/Main 1985, S. 55.

beginnt, seine theoretischen Konsequenzen zu ziehen, wird man stirnrunzelnd der Widersprüche gewahr, die den gesamten Aufsatz durchziehen.

Als symptomatisch erweist sich hier zunächst das mangelnde historische Bewußtsein, welches für den Klages'schen Geist-Seele-Dualismus auch in dieser Schrift kennzeichnend ist. Es wirkt insgesamt geradezu erschreckend, wie einfach er es sich mit seiner Zwei-Phasen-Theorie macht, die selbst in seiner eigenen Philosophie keine historische Differenzierung darstellt, da Geschichte überhaupt erst in der zweiten Phase einsetzt. Selbst dann noch stellt das historische Zeitalter primär einen Zustand und erst in zweiter Linie auch eine Entwicklung dar. Dieser Sachverhalt verdeutlicht, wie abstrakt der Geist-Seele-Dualismus im Grunde ist, da sich die Begriffe weder sozial noch historisch wirklich entfalten und dabei eine relative Konkretheit gewinnen können. Wo immer nur der gleiche Widerspruch beschworen wird, bleibt auch Geschichte nichts als dessen immergleiches Beispiel.

Daß Klages an einer historischen Dynamisierung seiner Theorie eigentlich auch gar nicht interessiert ist, zeigen die einigermaßen mechanischen Vergleiche seiner eigenen Gegenwart mit vergangenen Epochen. Daß die griechische Kultur auch ohne die Erfindung der Neuzeit eine kulturell hohe Stufe erreicht hatte, ist sachlich nur in der vorgetragenen Allgemeinheit haltbar und ansonsten nicht mehr als ein postklassischer Topos humanistischer Bildung. Dasselbe gilt für die romantisierende Darstellung der Erdverbundenheit der Naturvölker. Auch in der Abstufung der eigenen gesellschaftlichen Entwicklung vollzieht er keinen Paradigmenwechsel. Wer das Mittelalter oder gar die deutsche Klassik höher auf der Werteskala einstuft als die eigene Gegenwart, bleibt in demselben teleologischen Denken befangen, das er seinen Gegnern vorwirft. Nur, daß es sich dieses Mal um einen negativ belasteten Fortschrittsbegriff handelt. Es ist die gleiche Skala, auf der Klages die verschiedenen Kulturen mißt, die die Vertreter des Fortschritts ihrerseits zur Unterdrückung anderer Völker legitimiert. Denn nicht was gemessen wird, sondern daß Fortschritt meßbar erscheint, ist die fatale Voraussetzung des imperialistischen Zugriffes. Ungleiches vergleichend, verfährt Klages letztlich nicht weniger positivistisch als jene seiner Zeitgenossen, die den Hottentotten den Garaus bereiteten. Daß der Begriff in seiner Linearität möglicherweise selbst fragwürdig ist und historische Prozesse ideologisch zurichtet, erkennt Klages zwar, es nötigt ihn jedoch nicht, die Muster seines eigenen Denkens zu modifizieren. Strukturell bleibt es dem angeklagten Denken analog. Klages wechselt die Seiten, nicht das Paradigma.

In diesen Kontext gehört auch der resignativ vorgetragene Kulturpessimismus. Daß die Gegenwart keine Dichter besitze, scheint seinen Grund in erster Linie in der unverfrorenen Indolenz des Verfassers gegenüber den künstlerischen Entwicklungen seiner Zeit zu haben. Fragwürdig macht den Kulturpessimismus nicht nur das Verfahren, kulturelle Werte vergangener Epochen gewissermaßen einfrieren zu wollen, fragwürdig macht ihn schon seine periodische Wiederkehr. Er enthält den immergleichen pauschalen Affekt gegenüber den Innovationen seiner Gegenwart, und es ist ihm dabei völlig gleich, ob es sich dabei um das Klavier oder das Grammophon, die Einführung der Dissonanz oder die Montagetechnik handelt. Die bloße Modernisierungsangst, die in einer solchen Abkehr zum Ausdruck kommt, kann sich keinen konkreten Herausforderungen stellen. Der Affekt gegen das Neue ersetzt die begründete Besorgnis über Nutzen und Anwendung jeder Erfindung durch die radikale Ablehnung und verhindert so jeden kritischen Zugang.

So wenig Klages sich für eine gegenüber Widersprüchen offene Beschreibung vergangener Epochen interessiert, so blind verhält er sich gegenüber seiner eigenen Gegenwart. Wer so allgemein urteilt wie Klages, muß sich nicht wundern, wenn der Positivismus zur vorherrschenden Wissenschaftsauffassung wird. Wissenschaft, Kapitalismus, Fortschritt und Zivilisation – für Klages ist das alles eins: das Ergebnis der destruktiven Kraft des Geistes. Seine immerhin bedeutenden Einsichten – etwa, was die Orientierung wissenschaftlicher Erkenntnisse an der ökonomischen Interessenlage betrifft, der Verknüpfung von christlicher Heilslehre und kapitalistischem Wirtschaftssystem, dem Zusammenhang von Zivilisation und Barbarei – verflüchtigen sich nur allzu leicht im metaphysischen Gerangel von Geist und Seele. Mag auch generell manches für seine Thesen sprechen, in dem Moment, wo sich das Ganze als Tat ein und desselben bösartigen Geistes entpuppt, nimmt sich die Erkenntnis selbst die Spitze. Im übrigen enthält die Rückführung auf das *eine* Prinzip des Geistes selbst jenen Monismus, den Klages an anderer Stelle anprangert.

So manövriert sich der Autor von vornherein in eine Sackgasse hinein. Paralysiert nicht nur vom Schrecken, sondern den eigenen Kategorien, kann der Essay gar nicht anders enden, als in der visionären Weltuntergangsstimmung. Der Affekt gegen das rationale Denken ist so stark, daß er keine Alternative zuläßt. Um überhaupt eine Perspektive eröffnen zu können, bedarf Klages eines *deus ex machina*. Auch hier zeigt sich die praktische Hilflosigkeit, in der das Autodafé über den Geist endet.

Auch der Stil spiegelt das argumentative Dilemma wider, welches darin besteht, von dem einen nicht sprechen zu können, ohne das andere auszuschließen. Metaphysische Begründung und soziologische Analyse vertragen sich schlecht. Das Pendeln zwischen Sakralem und Banalem, zwischen Aussagen von welthistorischer Dimension und vergleichsweise profanen Informationen, mag zwar von Klages als narrative Darstellung eines universalen Zusammenhangs intendiert sein, verweist jedoch hauptsächlich auf die Diskrepanz der beiden Ebenen. So ist der Essay einerseits nur die konkrete Auflistung menschlicher Verbrechen, andererseits bloß das „schöne Poem", als das ihn sein Freund Melchior Palágyi bezeichnete.[40] Darin jedoch, daß Klages die Gesellschaft und Zivilisation zuletzt dämonisiert, anstatt Einsichten in die Widersprüche ihrer Entwicklung zu geben, daß sein Duktus so autoritär und apodiktisch ist wie der Geist des Fortschritts, den er beklagt, daß er seine Erkenntnisse gesellschaftlich nicht produktiv machen kann, sondern sie zurücknimmt in das Dunkel seiner Metaphysik, erweist sich das regressive Moment seiner Kritik. An diesem Punkt, und er enthält durchaus auch eine politische Differenz, stellt Klages, trotz der herausragenden Stellung seiner Einsichten in der Geschichte der Ökologie, eben nicht *per se* jenen Vorläufer der Grünen Bewegung dar, als den ihn mancher gerne verbuchen würde.[41]

---

[40] Vgl. Ludwig Klages: *Sämtliche Werke,* Bd. III, S. 774.
[41] So z. B. auch bei Peter Glotz: *Die deutsche Rechte. Eine Streitschrift,* 2. Aufl., Stuttgart 1989, S. 18f.

Peter Morris-Keitel

Paradiesische Zustände.
Zu Hans Paasches Weltnaturschutzkonzept

I

Als sich die rauschhafte Stimmung der Gründerzeit nach 1876 wieder verflüchtigt hatte, griffen die führenden Schichten zu anderen Mitteln und Methoden, um den wirtschaftlich-technologischen Fortschritt im Deutschen Reich voranzutreiben. Diese Entwicklung wurde sowohl durch die Schutzzollgesetzgebung und die Sozialistengesetze als auch durch die Konsolidierung der Vertreter des alten Landadels und des neuen Industrieadels eingeleitet und begünstigt. Mit der gezielten Unterdrückung aller liberalen und sozialistischen Kräfte ging es diesen Schichten in erster Linie um den Ausbau ihrer Einflußzonen im Rahmen des im Spiegelsaal zu Versailles ausgerufenen zweiten Kaiserreichs, wobei sie sich verstärkt die in den Gründerjahren aufgekommene imperialistische Aufbruchsstimmung zunutze machten. Neben innenpolitischen Zielen verfolgten sie vor allem auf dem Gebiet der Außen- und Wirtschaftspolitik den Ausbau von Machtpositionen, um im Zuge der „Weltpolitik" den deutschen Anspruch auf überseeische Kolonialgebiete anzumelden. Die Gründung des „Deutschen Kolonialvereins" im Jahr 1882 verlieh den Bestrebungen zusätzlich einen institutionellen Ausdruck. Und zwar rechneten sich diese Schichten mit ihrer Vorgehensweise folgende Vorteile aus: Zum einen sollte das Deutsche Reich auf dem Gebiet des expandierenden Welthandels nicht länger hinter den konkurrierenden Industriemächten – insbesondere England – zurückstehen, und zum anderen boten die Kolonisationsbestrebungen eine willkommene ideologische Waffe zur Bekämpfung des inneren Feindes, der Sozialdemokratie.¹ Bismarck, der kolonialpolitischen Ansprüchen zunächst ablehnend gegenüber gestanden hatte, geriet in diesen Jahren verstärkt unter innenpolitischen Druck und sah sich schließlich gezwungen, seine antikolonialistische Haltung ganz aufzugeben. Daher veranlaßte er Mitte der achtziger Jahre die Annexion mehrerer sogenannter „Schutzgebiete" auf dem afrikanischen Kontinent, und zwar in Südwestafrika, Ostafrika, Kamerun und Togo.²

Die wirtschaftliche Ausbeutung dieser Gebiete ging einher mit Naturzerstörungen größten Ausmaßes, die von der Anlage von Häfen bis zum Bau umfangreicher Eisenbahnlinien und dem sinnlosen Abschlachten wilder Tiere reichten. Gegen diesen Vernichtungsfeldzug der deutschen Kolonialherren kam es bereits um die Jahrhundertwende zu zahlreichen organisierten Aufständen der einheimischen Bevölkerung in allen genannten Ländern. Die deutsche Regierung verstärkte daraufhin die Verlegung militärischer Einheiten nach Afrika.³ Im Rahmen einer solchen „Expedition" gelangte 1905 der Marineleutnant Hans Paasche nach Ostafrika, wo er an der Zerschlagung des Maji-Maji Aufstands teilnahm. Die Erfahrungen hinsichtlich der natürlichen Umweltbedingungen, die Paasche bei diesem Aufenthalt und späteren Reisen in Afrika machte, bewirkten in ihm einen völligen Bewußtseinswandel, wobei besonders seine naturschützerischen und friedensbetonten Konzepte schon damals auf großes Interesse stießen und in ihrer Bedeutung bis heute nichts eingebüßt haben.⁴

---

[1] Vgl. Hans-Ulrich Wehler: *Das Deutsche Kaiserreich 1871–1918*, Göttingen 1977, S. 174ff.
[2] Vgl. ders.: *Bismarck und der Imperialismus*, München 1969, S. 258ff. – Vgl. dazu ebenfalls Helmuth Stoecker: Die Annexionen von 1885/1886. In: *Drang nach Afrika*. Hrsg. von Helmuth Stoecker, Berlin 1977, S. 15–28.
[3] Vgl. Horst Drechsler/Helmuth Stoecker/Peter Sebald/Heinrich Loth: Die Eroberung der Kolonien. Errichtung und Ausbau der deutschen Kolonialherrschaft. In: Ebd., S. 29–94; dies.: Die deutsche Kolonialherrschaft nach der Niederschlagung der Aufstandsbewegungen. In: Ebd., S. 113–152.
[4] Vgl. dazu: Hans Paasche: *„Ändert Euren Sinn!" Schriften eines Revolutionärs*. Hrsg. von Helmut Donat und Helga Paasche, Bremen 1992.

II

Hans Paasche wurde 1881 als Sohn eines Hochschulprofessors und Reichstagsabgeordneten der Nationalliberalen Partei geboren. Noch vor dem Schulabschluß meldete er sich zur Marine, wo er bald in den Offiziersrang aufrückte. Seinen Vorgesetzten war er von Anfang an ein Dorn im Auge, weil er sich entschieden gegen den verbreiteten Alkoholkonsum aussprach und obendrein freundschaftliche Beziehungen zu den Matrosen unterhielt. Nach seinem Austritt aus der Marine 1906 versuchte er, der in Deutschland herrschenden Geringschätzung von Schwarzen entgegenzuwirken, und begann ferner, sich für den Tier- und Naturschutz in Afrika zu engagieren. Als Redner und Schriftsteller setzte sich Paasche verstärkt für die Ziele der Friedens- und Lebensreformbewegung ein, schloß sich 1912 der „Gesellschaft zur Förderung des Tierschutzes und verwandter Bestrebungen" an und zeichnete als Mitherausgeber verschiedener einschlägiger Zeitschriften, wie der *Abstinenz* (1911–17) und dem *Vortrupp* (1912–16). Bei Kriegsbeginn im August 1914 meldete er sich noch einmal als Freiwilliger, erkannte jedoch bald die eigentlichen Ziele der deutschen Kriegspolitik. Aufgrund dieses Gesinnungsumschwungs wirkte er bei der Gründung der „Zentralstelle Völkerrecht" mit, und wurde 1917 nach der Verbreitung seines Flugblatts *Aufruf zum Generalstreik,* in dem er seinen plebejisch orientierten Pazifismus radikal zum Ausdruck brachte, verhaftet und als angeblich „Geisteskranker" in eine Nervenheilanstalt in Berlin eingeliefert. Nach seiner Befreiung durch Matrosen im November 1918 trat Paasche öffentlich für die revolutionären Ziele der USPD ein und wurde daraufhin in den Vollzugsrat der Arbeiter- und Soldatenräte gewählt. Ein Jahr später wurde er Mitglied der KPD. Kurz darauf geriet er rechtsradikalen Freikorpsangehörigen in die Schußlinie, deren zahlreiche Verfolgungs- und Ermordungskampagnen sich gezielt gegen Andersdenkende, Linke und vor allem jüdische Intellektuelle – wie Rosa Luxemburg, Karl Liebknecht, Alexander Futran, Kurt Eisner und Gustav Landauer – richteten. Am 21. Mai 1920 wurde er von Mitgliedern der Brigade Ehrhardt „auf der Flucht", wie es hieß, erschossen.[5]

Kurt Tucholsky, der für die Ermordeten zahlreiche Nachrufe verfaßte, ließ auch im „Fall Paasche" keinerlei Zweifel am mangelnden Interesse staatlicher Organe im Zusammenhang der Aufklärung von politisch motivierten Verbrechen:[6]

> Soweit sind wir gekommen, daß heute fast die gesamte reaktionäre Presse kein Wort der Verurteilung gegen die Mörder findet, wohl aber mit Naserümpfen und verurteilendem Tonfall Herrn Paasche bescheinigt, er sei Kommunist und extremer Pazifist gewesen. Dann freilich durfte er wohl ermordet werden.

Während andere Verfolgte nach 1945 im Zuge der Suche nach politischen und ideologischen Vorbildern mehr oder weniger schnell wiederentdeckt wurden, blieb es um Hans Paasche lange Zeit still. Erst innerhalb der letzten fünfzehn Jahre ist mit dem Aufkommen der Friedens- und Alternativbewegung das Interesse an ihm und seinen Schriften wieder gewachsen. Die spärliche Forschungsliteratur hat bislang fast ausschließlich seinen Wandel von Militarismus zu revolutionärem Pazifismus in den Mittelpunkt gerückt[7] und sich dabei im wesentlichen auf die Wiederveröffentlichung von Paasches Erzählung *Die Forschungsreise des Afrikaners Lukanga Mukara ins innerste Deutschland* (1912/13) berufen. Unter Einbeziehung lebensreformerischer Ideale richtete sich der Text seinerzeit gezielt an die Wandervogelbewegung, wo er – zu-

---

[5] Ausführlicher zum Lebenslauf vgl. Helmut Donat: Hans Paasche – ein deutscher Revolutionär. In: Ebd., S. 10–51. – Vgl. auch das Nachwort von Iring Fetscher in: Hans Paasche: *Die Forschungsreise des Afrikaners Lukanga Mukara ins innerste Deutschland*, Bremen 1988, S. 91–110.

[6] Kurt Tucholsky: Die Mordkommission. In: *Gesammelte Werke*, Bd. 1. Hrsg. von Mary Gerold-Tucholsky und Fritz J. Raddatz. Reinbek 1960, S. 658–660. – Vgl. auch Ein weißer Rabe. In: Ebd., S. 339; Paasche. In: Ebda., S. 666f.; Am Grabe von Hans Paasche. In: Ebd., S. 676f.; Das Buch von der deutschen Schande. In: Ebd., S. 818–824.

[7] Vgl. dazu *„Auf der Flucht" erschossen... Schriften und Beiträge von und über Hans Paasche*. Hrsg. von Helmut Donat, Bremen 1981; Reinhold Lütgemeier-Davin: Lebensreformer, Anti-Preuße, Revolutionär: Hans Paasche (1881–1920). In: *Jahrbuch des Archivs der deutschen Jugendbewegung* 13, 1981, S: 187–194; Helga Paasche: Ein Leben für unsere Zukunft. Hans Paasche zum 65. Todestag. In: *Jahrbuch des Archivs der deutschen Jugendbewegung* 15, 1984/85, S. 305–324.

sammen mit Romanen wie Hermann Poperts *Helmut Harringa* (1910), Hermann Burtes *Wiltfeber* (1912) und Walter Flex' *Wanderer zwischen beiden Welten* (1917) – schnell zu einem der populärsten Titel avancierte.[8] Eher vernachlässigt hat die Forschung hingegen die anderen Veröffentlichungen Paasches, wie jene Romane, Flugschriften und Aufsätze, in denen er sich in erster Linie mit der Naturvernichtung in Afrika und Deutschland auseinandersetzte. Bei der nachfolgenden Untersuchung geht es also nicht darum, Paasches pazifistische Gesinnung zu schmälern, sondern es soll der Frage nachgegangen werden, inwieweit er über sein Eintreten für die Ziele der Lebensreformbewegung hinaus die Verwirklichung einer ökologisch-friedensbetonten Gesellschaftsordnung ins Auge faßte, zu deren Grundsätzen auch die Eigenrechte von Tieren und Pflanzen zählen.

III

Hans Paasche, der zwischen 1905 und 1910 mehrfach den afrikanischen Kontinent und besonders Deutsch-Ostafrika (heute: Tansania) bereiste, fand dort eine Natur vor, die aufgrund der jahrelangen „Kolonisationsbestrebungen" in ihrem Kreislauf bereits ernsthaft geschädigt war. Die Zerstörungen hatten eingesetzt mit dem Bau verschiedener Eisenbahnlinien von der Küste ins Landesinnere, wie der Usambarabahn von Tanga in Richtung Victoriasee (1893–1912) und der Zentralbahn von Daressalam zum Tanganjikasee (1905–14). Dieses im Zeichen von „Fortschritt" und „Machtwahn" veranstaltete „Herumgekratze" in „aller Natur", schrieb Paasche später,[9] habe weder auf deren Schönheit noch auf dörfliche Ansiedlungen Rücksicht genommen. So lösten die deut-

---

[8] Walter Laqueur: *Die deutsche Jugendbewegung*, Köln 1978, S. 55 ff.; Laqueur empfahl ferner in seinem Buch *Germany Today. A Personal Report* (Boston 1985) den *Lukanga Mukara* als einen Text, dessen Bedeutung auch heute nicht zu unterschätzen sei, S. 17ff.; vgl. ebenfalls Winfried Mogge: *Lukanga Mukara wiederentdeckt*. In: *Jahrbuch des Archivs der deutschen Jugendbewegung* 15, 1984/85, S. 455–459. – Die Erzählung erschien 1980 im Berliner Verlag Jakobsohn und 1989 im Goldmann Verlag.
[9] Hans Paasche: *Das verlorene Afrika*. Berlin 1919, S. 5, S. 10f.

schen „Kulturbringer" die auf lokaler Basis operierende agrarische Wirtschaftsstruktur, das Dorfschambensystem, auf und ließen statt dessen Plantagen anlegen, deren Produkte – Kautschuk, Sisal, Baumwolle, Kaffee, Kakao, Kopra sowie pflanzliche Öle und Fette – ausschließlich für den Export ins Deutsche Reich bestimmt waren. Die Zerstörung des auf ökologischen Prinzipien beruhenden Agrarsystems hatte zur Folge, daß bereits kurze Zeit später Reis nach Ostafrika importiert werden mußte, um der Bevölkerung ausreichende Nahrungsmittel zur Verfügung stellen zu können.[10] Eine weitere, unerwartete Störung des natürlichen Gleichgewichts ergab sich aus der Entvölkerung großer Landstriche durch das Erschlagen und Vertreiben von aufständischen Schwarzen und deren Familien. Wie sich diesbezüglich in einem Bericht der East African Royal Commission aus dem Jahr 1955 nachlesen läßt, bestand zwischen der Bevölkerungsdezimierung um 1900 und der nachfolgenden Ausbreitung der Tsetsefliege ein direkter Zusammenhang.[11]

Mit ähnlicher Brutalität gingen großbürgerliche Jagdgesellschaften gegen die afrikanischen Wildbestände vor, unter denen sie ein regelrechtes Massenmorden veranstalteten. Sie hatten es dabei vor allem auf Elfenbein, aber auch auf Geweihe, Pelze und Federn zahlreicher anderer Tiere und Vögel abgesehen, die, wie Paasche meinte, lediglich von „allzu kurzem Nutzen für die Menschheit" und nach der Ausrottung der Tiere „nie wieder zu beschaffen" seien.[12]

Die Widerspiegelung dieser Entwicklung, insbesondere in Bezug auf die bedrohte Tierwelt Afrikas, läßt sich auch in Paasches erstem Roman *Im Morgenlicht* bemerken, der 1907 in zwei Auflagen erschien und 1925 ein weiteres Mal publiziert wurde. Der Autor berichtet hier über seine „Kriegs-, Jagd- und Reise-Erlebnisse in Ostafrika", wie es im Untertitel heißt, zu deren Illustration annähernd einhundert seiner Fotografien beitragen sollten, wobei es sich meist um seinerzeit hochgeschätzte Nahaufnahmen von le-

---

[10] Vgl. Heinrich Loth: Deutsch-Ostafrika 1906–1914. In: *Drang nach Afrika*, S. 143.
[11] Ebd., S. 152.
[12] Hans Paasche: Protest in elfter Stunde. In: *Der Vortrupp* 1, 1912, S. 9.

benden Löwen, Elefanten, Nashörnern und anderen wilden Tieren handelt.¹³ Ähnlich wie die kurz zuvor erschienenen, ebenfalls reichbebilderten Erzählungen *Mit Blitzlicht und Büchse* (1905) und *Der Zauber des Elelescho* (1906) des Natur- und Afrikaforschers Carl Georg Schillings, wollte auch Paasche mit detaillierten Beschreibungen von der „Poesie des afrikanischen Weidwerks" und der „Schönheit der Natur" dem deutschen Lesepublikum Tiere und Kultur des fernen Kontinents näherbringen.¹⁴ Als Vorbilder dienten ihm dabei bekannte Werke wie Ernst Haeckels *Welträtsel* (1899) und Alexander von Humboldts *Ansichten der Natur* (1808).

Im Rahmen seiner mit sehr viel Einfühlsamkeit und Verständnis verfaßten Schilderung der Natur scheute sich Paasche nicht, auch das Ausmaß ihrer Zerstörung darzustellen. Deshalb riet er der Leserschaft dringend, die Kolonien nicht zum bloßen „Gelderwerb" zu mißbrauchen und dadurch der Naturverhunzung Vorschub zu leisten, sondern sie als pfleglich zu behandelnde „zweite Heimat" aufzufassen. Es sei gerade in diesem Zusammenhang von großer Bedeutung, insbesondere die Tiere und ihre Gewohnheiten in der sie umgebenden „wundervollen Natur" zu kennen und zu verstehen. Bisher seien die Menschen allerdings noch kaum in der Lage gewesen, „aus der Schönheit der sie umgebenden Natur etwas in ihre Kunst hinüber zu nehmen", fügte er bedauernd hinzu, und dies werde sich erst dann ändern, wenn man zur „Friedensarbeit" in Afrika bereit sei und ferner die zerstörerischen Auswirkungen des imperialistischen „Welthandels" erkenne und diesen beseitige.¹⁵ Paasche bemerkte also frühzeitig die Folgen des wirtschaftenden Europäers in Afrika, der zwar als „Volksbefreier" auftrete, tatsächlich jedoch nichts anderes als ein „Naturveröder" sei, und aufgrund der zahllosen Tierschächtereien die Fähigkeit zu „menschlichem Mitleid" bereits eingebüßt habe.¹⁶ Noch deutlicher wurde er in seinen Tagebucheintragungen (1916), denen er seine tiefe Trauer über den nach Afrika impor-

---

[13] Vgl. Magnus Schwantje: *Hans Paasche. Sein Leben und Wirken*, Berlin 1921, S. 6.
[14] Hans Paasche: *Im Morgenlicht*, Berlin, 2. Aufl. 1907, S. 267, S. 14.
[15] Ebd., S. 39, S. 268, S. 14, S. 295, S. 298.
[16] Ders.: Die Visitenkarte. In: *Der Vortrupp* 2, 1913, S. 444f.

tierten Industrialismus anvertraute, der für Natur und Menschen lediglich „Tränen und Blutströme" gebracht habe:[17]

> Der erste Weiße, der die Wildnis betritt, sieht zu, was er ihr rauben kann. Denn Merkmal der Wildnis ist, daß das Geld der Kulturwelt dort keinen Wert hat, und wenn der Eindringling fragen würde, was ein Gegenstand kostet, so fordert der Wilde ebenso leicht eine Mark wie zehntausend. Der Eindringling hat die Wahl und zieht es vor, gar nichts zu geben. Billig Einkaufen nennt er das. Der nach ihm Kommende will diese Methode des Plünderns verfeinern, weil die Schätze schon nicht mehr so offen daliegen. Er baut Wege, entwässert Sümpfe, reguliert Flußläufe und fällt den Urwald. In stille Täler bringt er hohe Schlote, Wasserfälle ändert er in Kraftstationen um. Die Wildnis flieht vor alledem. Die Tierwelt weicht zurück, und auch im Menschen flieht etwas: die harmlose Unschuld. Der Weiße aber, der ins Land kommt, ist überzeugt, daß er Notwendiges und Gutes bringt. Er beschließt, hebt, bessert, kultiviert und verfeinert, macht dienstbar, und wie die Ausdrücke alle heißen. Aber er hat keine Ehrfurcht vor dem, was da ist. Er entheiligt, verwüstet, vernichtet, verschandelt, zerstört, ohne es zu wissen.

Doch beließ Paasche es nicht bei privaten Äußerungen, sondern versuchte weiterhin, die Öffentlichkeit über das kapitalistische „System der Verknüpfung", das „die Wenigen reicher" und „die Vielen ärmer" mache, aufzuklären und auf die fortschreitende Zerstörung hinzuweisen:[18]

> Das Leid der geschändeten Natur war niemals, seit die Erde besteht, so groß wie jetzt, unter der nichtsschonenden Macht des Welthandels, des Verkehrs, der Industrie. Maßlos sind die im Nehmen, im Verschleppen und im Füttern ihrer Maschinen. Was irgend die Erde an lebender Schönheit und Pracht hervorbrachte, muß ihnen dienen. Solange noch eine Gazelle lebt, deren Fell auf dem Weltmarkt Wert hat, ein Wal im Eismeer, ein Paradiesvogel im Urbusch entlegener Inseln, solange ruht die geschäftige Betriebsamkeit nicht, gepaart mit menschenunwürdiger Gedanken-

---

[17] Ders.: Zit. in: „*Ändert Euren Sinn!*", S. 156; ders.: Die Wildnis. In: Ebd., S. 164.
[18] Ders.: Deutscher Naturschutz. In: *Der Vortrupp* 1, 1912, Sonderdruck, S. 3; Seefahrt. In: *Der Vortrupp* 1, 1912, S. 453; *Lukanga Mukara*, S. 60.

losigkeit und Kurzsicht. Nicht vor den letzten Trägern von Keimzellen irgendeiner Art machen die Vernichter Halt, die sich rühmen Organe der Volks- und Welt„wirtschaft" zu sein. Die sind es nur, solange unter Wirtschaft das Ausbeuten ohne Rücksicht auf die Zukunft verstanden wird.

Der „Haushalt der Natur", schrieb Paasche, in dem jedes Tier und jede Pflanze eine bestimmte biologische Funktion erfülle, sei bereits auf eine Art und Weise bedroht, die ein grundsätzliches Umdenken erforderlich mache. Die Menschheit müsse eine tiefe „Ehrfurcht vor allem Lebendigen" aufbringen und sich überhaupt der Natur mit viel Liebe, Verständnis und Gefühl zuwenden, um das „Gleichgewicht alles Lebendigen wiederherzustellen". Dies könne jedoch nur dann Erfolg verheißen, fuhr er fort, wenn der wirtschaftende Mensch nicht mehr wie bisher als „Herr der Natur" auftrete und diese durch seine habgierige „Mordlust und Gewinnsucht" ausbeute und zerstöre.[19]

Es kann kein Zweifel daran bestehen, daß Paasche aufgrund seiner in Afrika gemachten Erfahrungen das marktwirtschaftliche System durchschaute und die zu „schrankenlosem Materialismus" und einem „Sichausleben des egoistischen Menschen" führenden Auswirkungen zu bekämpfen suchte. Dabei berief er sich zum einen auf Eduard Balzers *Ideen zur sozialen Reform* (1871), das heißt zu den seit Pythagoras bekannten Konzepten des Vegetarismus, und zum anderen auf die Schriften des us-amerikanischen Nationalökonomen und Soziologen Henry Charles Carey (1793–1879), der sich in seinen in Deutschland vielbeachteten *Grundlagen der Sozialwissenschaften* (1863) eindeutig für eine regionale Planung von Industrie und Landwirtschaft und gegen die Prinzipien der freien Marktwirtschaft ausgesprochen hatte.[20]

Diese Einsichten bildeten die Grundlage für Paasches Erfolgsbuch *Die Forschungsreise des Afrikaners Lukanga Mukara ins innerste Deutschland,* in dem er sowohl jenen als „gesunde wirtschaftliche Entwicklung" gepriesenen Fortschrittsfetischismus als

---

[19] Ders.: Die Visitenkarte. In: *Der Vortrupp* 2, 1913, S. 445; Der reine Teint. In: *Der Vortrupp* 1, 1912, S. 198; Deutscher Naturschutz. In: *Der Vortrupp* 1, 1912, Sonderdruck, S. 3, S. 6.
[20] Ders.: Der Gedanke der Lebensreform. In: *„Ändert Euren Sinn!",* S. 130–139; Henry Charles Carey. *Principles of Social Science,* Philadelphia 1859.

auch die sogenannte Mobilität der Industriegesellschaft grundsätzlich verurteilte. Das privatwirtschaftliche System, schrieb er, erwecke lediglich „Begehrlichkeiten" und verursache darüber hinaus Naturvernichtungen größten Ausmaßes. Statt dessen verwies Paasche immer wieder auf die Vorteile Afrikas, wobei er die landschaftliche Schönheit, die Bescheidenheit der Bevölkerung und den Tierreichtum besonders hervorhob. Überhaupt empfand er den afrikanischen Kontinent als eine Art Paradies, in dem die Menschen glücklicher, zufriedener und freier lebten als in Deutschland, da sie für Industrien, Eisenbahnen, Flußbegradigungen und falsche Fortschrittsvorstellungen keinen Bedarf hätten.[21]

Paasche veröffentlichte den *Lukanga Mukara* zunächst 1912/13 in Form von sogenannten „Negerbriefen" in der von ihm zusammen mit Hermann Popert herausgegebenen Zeitschrift *Der Vortrupp*. Aufgrund der enormen Popularität dieser ersten sieben „Briefe" erklärte sich Paasche später bereit, noch zwei weitere zu verfassen, die 1921 in der Zeitschrift *Junge Menschen* publiziert wurden. Im gleichen Jahr erschien auch erstmals eine Buchausgabe des *Lukanga Mukara,* das sich bei allen Jugendbewegten, Alternativen und Reformbegeisterten in den zwanziger Jahren zu einem regelrechten Kultbuch entwickelte und zuletzt 1929 in siebter Auflage erschien. *Der Vortrupp* zählte um die Jahrhundertwende zu jenen zahlreichen Organen der verschiedenen Reformbewegungen, die sich gegen die zunehmende Industrialisierung, Verstädterung und Bevölkerungszunahme lautstark zu Wort meldeten.[22] Popert erzielte bereits mit seinem Roman *Helmut Harringa* (1910) große Erfolge, in dem er eine radikale Abstinenz vom Alkohol forderte, den er als die Wurzel allen gesellschaftlichen Übels ansah. Zwar stimmte Paasche mit dessen lebensreformerischen Vorstellungen weitgehend überein, wandte sich jedoch entschieden gegen Poperts Deutschtümelei. Zum endgültigen Bruch

---

[21] Ders.: *Lukana Mukara*, S. 38f., S. 47, S. 58. Alle Zitatangaben nach der Textausgabe des Donat Verlags, Bremen 1988. – Zum folgenden vgl. Peter Morris-Keitel: *Naturkonzepte in der Literatur der frühen Jugendbewegung, 1900–1918*, Diss. Wisconsin, 1991, S. 152ff.

[22] Vgl. Richard Hamann/Jost Hermand: *Stilkunst um 1900*, München 1973, S. 150ff.

zwischen beiden kam es im September 1916, nachdem Paasche sich im Verlauf des Ersten Weltkriegs immer weiter von einem „deutschen" Standpunkt entfernt und internationalistischen Bestrebungen angenähert hatte.

Die Briefe des *Lukanga Mukara* bieten ästhetisch nichts grundsätzlich Neues, sondern stehen in Bezug auf Form und Inhalt in bekannten literarischen Traditionen. Zum einen handelt es sich dabei um das Genre des „exotistischen Romans", das seit dem frühen 18. Jahrhundert zu den beliebtesten Stilmitteln in allen Literaturen Europas zählte. Die politisch-aufklärerischen Absichten solcher Werke, zu deren Verfassern neben Voltaire und Georg Forster auch Lenz, Diderot und die Jungdeutschen zählen, bedürfen keiner besonderen Erwähnung. Zum anderen ist der *Lukanga Mukara* in der Tradition des feuilletonistischen Fortsetzungsromans zu verstehen, dessen Anfänge sich bis zu Eugène Sues *Mystères de Paris* (1842/43) zurückverfolgen lassen und zu der auch Georg Weerths *Leben und Taten des berühmten Ritters Schnapphahnski* (1848/49) sowie William Morris' *News from Nowhere* (dt. *Kunde von Nirgendwo*, 1890) zu rechnen sind. Die Vorteile dieser Veröffentlichungsform liegen vor allem in der Aktualität, wobei sich die Möglichkeit eines Eingreifens in das jeweilige politische Tagesgeschehen als besonders schlagkräftig erweist. In diesem Zusammenhang verrät bereits die briefliche Anredeform des *Lukanga Mukara,* die sich durchweg an einen vermeintlich „großen", „einzigen" und „erlauchten" Herrscher eines schwarzafrikanischen Landes richtet, daß es weniger um Afrika als um die Verballhornung des wilhelminischen Staats geht.

Unter Verwendung eines naiven Tonfalls werden Ereignisse und Beobachtungen des täglichen Lebens in Deutschland geschildert, die sich jedoch keinesfalls als oberflächlich oder gar trivial abtun lassen. Im Gegenteil. Hier wird mit viel bissigem Witz und provokativer Ironie das marktwirtschaftliche System einer materialistisch anmutenden Analyse unterworfen. Denn es geht nicht nur um die Ausbeutungsprinzipien der Klassengesellschaft, das Profitstreben der machtbesitzenden Schichten und die allgemeine Unterdrückung der Massen, sondern auch um die untergeordnete Stellung der Frau im patriarchalischen System, die imperialistische Kriegstreiberei und vor allem die grenzenlose Naturzerstörung durch die ungehemmte industrielle Produktion. Dies alles, lesen wir, habe zu wachsender Besitzgier, Verstädterung, Pauperismus, Alkoholismus, Kriminalität und einem bisher unbekannten Grad von Verschmutzung geführt. Die Vernichtung der Natur mache sich neben einer konstanten Lärmbelästigung im „wilden Getriebe der Städte" besonders in der Luftverschmutzung bemerkbar, da unerträglicher „Rauch" wie „Frühnebel über der Erde" liege und sich als „dicke, atemberaubende Masse" überallhin verbreite, sodaß die Menschen „auf das Land" fliehen müßten, wo die „Luft noch rein und frisch" sei. Die Folgen des privaten Landbesitzes zeigten sich immer mehr in der Natur, da es aufgrund des verbreiteten Raubbaus allenthalben zu Überschwemmungen und Trockenheiten komme. Das rücksichtslose Konsumverhalten habe die weißen „Kannibalen" ferner dazu gebracht, sich über alle anderen Lebewesen zu stellen und diese entweder als „ungebildete und abergläubische" Wilde abzutun oder sie – sofern es sich um Tiere handele – einfach „aufzufressen".[23]

Die Entlarvung der gesamtgesellschaftlichen Verflechtung im marktwirtschaftlichen System tritt immer dann besonders deutlich hervor, wenn der künstliche Lebensstil im hochindustrialisierten Deutschland und die einfache und naturverbundene Lebensweise der Afrikaner unvermittelt aufeinanderprallen. Der trotz des naiven Tonfalls vorherrschende krasse Realismus bei der Schilderung von „Zivilisationsproblemen" trägt dazu bei, daß die aufgezeigten Gegenwelten nicht etwa fälschlich als romantisch oder idyllisch wirken. Paasche war sich der Tatsache durchaus bewußt, daß die Entfremdung des Menschen von der Natur mit Hilfe subjektiv-romatisierender Konzepte nicht rückgängig zu machen ist.

Um der Entwicklung Einhalt zu gebieten, empfahl Paasche sowohl im *Lukanga Mukara* als auch in seinen zahlreichen im *Vortrupp* und in der *Abstinenz* veröffentlichten Aufsätzen die Hinwendung zu den Zielen der Lebensreformbewegung. Es sei höchste Zeit, schrieb er, endlich die Auswirkungen der vorherrschenden „falschen Weltanschauung" – die Sucht nach Alkohol und Nikotin, die Bodenspekulation, die Modebesessenheit, die Fleischfresserei und das allgemeine Konsumgehabe – zu erkennen

---

[23] Hans Paasche: *Lukanga Mukara*, S. 18, S. 22, S. 19f., S. 58f., S. 48f., S. 61.

und hinter sich zu lassen, und sich statt dessen den Konzepten von Abstinenz, Bodenreform, Nächstenliebe, Vegetarismus, Kleidungsreform sowie Heimat- und Naturverbundenheit zu verschreiben. Gleichzeitig stellte er klar, daß diese Konzepte nicht etwa der Vorbeugung gegen „Gesundheitsängste" dienten, sondern daß es vielmehr darum gehe, den eigentlichen Grund für die Zerstörungen zu beseitigen: den Industrialismus. Unter Berufung auf die Philosophie Kants und Schopenhauers sowie auf Goethes *Faust* forderte Paasche sowohl die „Unabhängigkeit vom Kapital" als auch eine „karge Lebensweise", wodurch sich seiner Meinung nach eine neue „Weltanschauung" am ehesten verwirklichen lasse.[24] Im gleichen Atemzug verurteilte Paasche die Philosophie Nietzsches, die er indirekt für die Kriegstreiberei im Deutschen Reich mitverantwortlich machte. Denn eine veränderte Einstellung zu Leben und Natur, so betonte Paasche immer wieder, setze zu allererst einen bedingungslosen Friedenswillen voraus. Hatte Paasche aufgrund seiner Afrikaerfahrung die „Kriegshetzer" in mehreren Aufsätzen bereits öffentlich bloßgestellt, so forderte er kurz vor dem Ersten Weltkrieg die Schaffung von „Friedenswerten", um damit, wie er schrieb, für immer auf „Kampf", „Mord" und „Massengräber" verzichten zu können.[25]

Ganz im Rahmen des bisher Gesagten muß auch Paasches 1916 veröffentlichter Roman *Fremdenlegionär Kirsch* verstanden werden, obwohl der Untertitel – „Eine abenteuerliche Fahrt von Kamerun in den deutschen Schützengraben in den Kriegsjahren 1914/15" – bei oberflächlicher Betrachtung zu Mißverständnissen herausfordert. Und doch wandte Paasche sich mit diesem Werk, das innerhalb kürzester Zeit eine Auflage von über 250 000 Exemplaren erreichte und in Übersetzungen ebenfalls in Dänemark, Mexiko und Argentinien auf den Markt gebracht wurde, gerade an jene Leserschicht, die ihm am ehesten geeignet schien, seine hochgesteckten, idealistischen Zielvorstellungen in die Realität umzusetzen, und zwar die bürgerliche Jugendbewegung. So tritt

---

[24] Ders.: Der Gedanke der Lebensreform. In: „*Ändert Euren Sinn!*", S. 130–139; Der Greifswalder Kaiserkommers und die deutsche Trinksitte. In: *Der Vortrupp* 2, 1913, S. 774f.; Glaub' an die Sache, der du dienst. In: *Der Vortrupp* 3, 1914, S. 385–390; Marineoffiziere als Gastgeber. In: Ebd., S. 448–456.
[25] Ders.: Das Vaterland hat gerufen. In: *Der Vortrupp* 2, 1913, S. 33–39.

Kirsch, den Paasche persönlich kennengelernt und dessen Erlebnisse im Roman verarbeitet hatte, ganz im Sinne der Reform- und Jugendbewegung auf: Er wandert, ernährt sich ausschließlich von Früchten und verabscheut Alkohol und Nikotin. Wie der Pazifist und Vegetarier Walter Hammer später urteilte, habe Kirsches „Selbstzucht, Schnellentschlossenheit, Bedürfnislosigkeit, Anpassungsfähigkeit, Mut, Kraft und Gewandheit", seine große „Tierliebe" und außerordentliche „Freude an der Natur" sowie sein verständnisvoller Umgang mit der schwarzen Bevölkerung besonders vorbildhaft im Sinne jener Bewegungen gewirkt.[26] Wie schon im Falle des *Lukanga Mukara* ging es Paasche auch in *Fremdenlegionär Kirsch* nicht um eine gefühlsbeladene Wiedergabe persönlicher Ansichten, sondern um die rationale und zugleich einfühlsame Darstellung von Ereignissen mit dem Ziel, der Leserschaft die Dringlichkeit für gesellschaftliche Reformen und tiefgreifende Veränderungen vor Augen zu führen. Mit der Darstellung eines „rein sittlichen Patriotismus" hoffte er ferner, ein „Kriegsbuch von Dauerwert zu schaffen", das im Gegensatz zu den gängigen Kriegsromanen auf jegliche Kriegsverherrlichung verzichtet und sich obendrein durch eine positive Darstellung Frankreichs auszeichnet.[27]

IV

So weit, so gut. Paasche verurteilte vehement die forcierten Industrialisierungsprogramme des Wilhelminismus und lehnte sich, wie neben und mit ihm zahlreiche Reform- und Heimatbewegungen, gegen die zügellose Verwüstung landschaftlicher Schönheit auf. Seine Einsichten beruhten zumeist auf persönlichen Erfahrungen, die er in Afrika gewonnen hatte und ins Globale auszuweiten suchte. Ähnlich wie die Lebensreformbewegung, die sich bereits seit der Mitte des 19. Jahrhunderts gegen die einsetzende

---

[26] Walter Hammer: Fremdenlegionär Kirsch. Zit. in: *„Auf der Flucht" erschossen...*, S. 65.
[27] Hans Paasche: Der Patriotismus des *Fremdenlegionärs Kirsch*. In: *„Ändert Euren Sinn!"*, S. 195 f.

Verstädterung Deutschlands und deren Auswirkungen auf Mensch und Natur in Dutzenden von Büchern und Methoden zur Wehr gesetzt hatte, und um 1900 mit zahlreichen Koloniebildungen und Zurück-zur-Natur Programmen verstärkt ins Utopische ausgriff,[28] hoffte auch Paasche, das in Teilen der bürgerlichen Gesellschaft herrschende Genuß- und Wegschmeißprinzip durch gezielte Hinweise auf die Unmenschlichkeit im Umgang mit der Natur und wohlgemeinte Appelle an die Vernunft ändern, ja abschaffen zu können. Erst unter dem Eindruck des Ersten Weltkriegs gelang es ihm endgültig, sich internationalistische und revolutionäre Zielvorstellungen zu eigen zu machen, wie dies in seinen 1920 in der *Friedens-Warte* und im *Forum* veröffentlichten Aufsätzen *Nationalistische Pazifisten* und *Protest eines Menschen* zum Ausdruck kommt. Über diese mit der gegenwärtigen Paasche-Forschung durchaus übereinstimmende Sichtweise hinaus bleibt jedoch die Frage bestehen, inwieweit sich Paasches Vorstellungen von jenen der Reformbewegungen unterschieden und anhand derer er die Voraussetzungen zur Verwirklichung gesamtgesellschaftlicher Veränderungen schaffen wollte. Mit der Klärung dieser Frage sollen abschließend jene aktuellen Aspekte in den Mittelpunkt gerückt werden, wodurch seine Konzepte noch heute zum Übergang in eine auf ökologischen, sozialbewußten und gemeinschaftlichen Prinzipien beruhende Gesellschaftsordnung beitragen können: Sein Aufruf zur Bescheidenheit, die Wendung an eine vorwärtsweisende, aktivistische Bewegung und seine Pläne für den umfassenden Schutz aller Naturwerte.

Ausgehend vom Vorbild einer bedürfnislosen und naturverbundenen Lebensweise der Afrikaner mußte Paasche den „parvenühaften Luxus" der bürgerlich-wilhelminischen Gesellschaft mit ihrer Vorliebe fürs „Prunken, Prassen und Protzen" mehr und mehr als verlogen, würde- und kulturlos empfinden. Es sei nicht verwunderlich, lesen wir im *Lukanga Mukara*, daß ein Mensch, der „mit wenigem auskommt und nichts kauft", in Deutschland keinerlei Ansehen genieße, wogegen das Ausleben gesteigerter Konsumbedürfnisse meist allgemeine Anerkennung hervorrufe.

---

[28] Vgl. Jost Hermand: *Grüne Utopien in Deutschland. Zur Geschichte des ökologischen Bewußtseins*, Frankfurt a. M. 1991, S. 92 ff.

Um dem verbreiteten Anspruchsdenken und dem „Kultus der toten Sache" ernstzunehmende Werte entgegenzusetzen, appellierte er an seine Leser, zur Tugend der „Einfachheit" zurückzukehren, wodurch die wirkliche Größe kulturellen Strebens erst zum Ausdruck komme.[29]

Und zwar wandte sich Paasche mit seinen Vorstellungen – ähnlich wie Gustav Wyneken – im Sinne der Hegelschen Dialektik nicht etwa an das Volk oder die Nation, sondern richtete seinen Aufruf an eine aktivistische Bewegung, deren höheres Streben auf das Verwirklichen gemeinschaftlicher Ziele hinauslief.[30] Es ist daher kein Zufall, daß Paasche in seiner Erzählung *Lukanga Mukara* der bürgerlichen Jugendbewegung und ihrer Versammlung auf dem Hohen Meißner im Oktober 1913 ein ganzes Kapitel widmete. Bei dieser Jugend – insbesondere dem Wandervogel –, meinte er enthusiastisch, liege die „große Hoffnung" auf gesamtgesellschaftliche Veränderungen. Denn der Jugendbewegung werde es früher als allen anderen Bevölkerungsschichten gelingen, sich vom unentwegten, rücksichtslosen Verbrauchsverhalten abzuwenden. Aufgrund ihres kollektiven Denkens und Handelns, fuhr er fort, werde die Bewegung alle schonenden, lebenserhaltenden und naturverbundenen Werte in den Mittelpunkt ihrer neuen Weltanschauung stellen.[31]

Das Begreifen dieser Zukunftsträume im Rahmen ihres historischen Umfelds, das heißt zum einen der Zusammenkunft auf dem Meißner, und zum anderen der kurz darauf veröffentlichten Festschrift *Freideutsche Jugend. Zur Jahrhundertfeier auf dem Hohen Meißner 1913,* läßt sowohl den utopischen Charakter der Jugendbewegung als auch die ins Gesamtgesellschaftliche und Ökologische ausgreifenden Konzepte in aller Deutlichkeit hervortreten. Darüber hinaus sind diese Bestrebungen zweifellos jenen zahlreichen Heimat- und Naturschutzbewegungen zuzuordnen, denen es im gleichen Zeitraum zusehends mehr um Ökologie als um Öko-

---

[29] Hans Paasche: Seefahrt. In: *Der Vortrupp* 1, 1912, S. 455; *Lukanga Mukara,* S. 21; ‚Mäßiger Luxus'. In: *Der Vortrupp* 3, 1914, S. 6–9.
[30] Vgl. George L. Mosse: *Die völkische Revolution. Über die geistigen Wurzeln des Nationalsozialismus,* Frankfurt a. M. 1991, S. 200.
[31] Hans Paasche: *Lukanga Mukara,* S. 85 ff.

nomie zu tun war.³² Die Forderung nach einer „Umwertung aller Werte", die Paasche konsequenterweise erhob, enthält in der Umkehrung der politischen Implikationen Nietzsches die grundsätzliche Absage an den „deutschen Idealismus", der nur die „rauhe Notwendigkeit", nämlich die „ökonomische Umwälzung" und die Arbeiterbewegung verhindere und somit Revolutionen unmöglich mache. Gleichzeitig ließ Paasche jedoch keinen Zweifel daran, daß die Umstürzung der bestehenden Verhältnisse nur mit friedlichen Mitteln durchgesetzt werden könne.³³

Die absolute Friedfertigkeit Paasches besticht in jenen Aufsätzen am meisten, in denen er sich vorrangig für den Schutz der Natur aussprach. Der ausbeuterischen Unterwerfung der Natur, wie zum Beispiel durch das von egoistischen Interessen bestimmte Modediktat, müsse endlich ein Riegel vorgeschoben werden, wie er in seinem Aufruf „Gegen die Federmode" (1914) schrieb. Das Blut, das an Federn, Pelzen und Geweihen klebe, sei weder Schmuck noch Zier, sondern beweise lediglich die Ermordung „hilfloser Geschöpfe" aus „Geldgier und Eitelkeit". Daher forderte er ein sofortiges Verbot für das Abschlachten aller Tiere, um den „Haushalt der Natur" nicht weiter zu gefährden. Statt zu vernichten und zu vergewaltigen solle der Mensch lieber „Lebenskraft aus der Natur" schöpfen, und sich dazu durchringen, endlich auch Pflanzen und Tieren ihre Rechte zuzugestehen. Im gleichen Zug wandte sich Paasche an die bürgerliche Frauenbewegung, dem Modesklaventum zu widerstehen, und die zahlreichen Bünde und Vereine in ihren Bemühungen gegen die von „wirtschaftlichen Interessen" bestimmte Ausrottung von Tieren aktiv zu unterstützen. Nur wenn die Frauen von ihrer „Macht" Gebrauch machten und in den Kampf um ihre eigenen Rechte auch jenen um den Schutz der Natur miteinbezögen, erschien Paasche die Loslösung von den Luxus- und Genußparolen der Industrie möglich.³⁴

Wohl am schärfsten ins Gericht mit allen Schlächtern, Ausplün-

---

³² Vgl. Ulrich Linse: *Ökopax und Anarchie. Eine Geschichte der ökologischen Bewegungen in Deutschland*, München 1986, S. 14 ff.
³³ Hans Paasche: Sie töten den Geist nicht. (1919) In: *Junge Menschen* 2, 1921, S. 194.
³⁴ Ders.: Die Federmode/Gegen die Federmode. In: *Der Vortrupp* 3, 1914, S. 129–142; Der reine Teint: In: *Der Vortrupp* 1, 1912, S. 193–198.

derern und Naturverhunzern ging Paasche in seinem Manifest *Deutscher Naturschutz* (1912). Erneut beklagte er die kapitalistische Ausbeutung der Natur und strich im Gegensatz dazu die seiner Ansicht nach vorbildhaften Bestrebungen in den USA und in England heraus, wo man bereits Gesetze zum Schutz von Landschaften und Tieren erlassen habe. In den deutschen Kolonien in Afrika werde dagegen das Wild nur geschützt und gehegt, „um sich die Gelegenheit, es zu töten, zu erhalten". Ferner sei die Bodenqualität durch die Ansiedlungen und Viehwirtschaft der Weißen schon in einem Maße beeinträchtigt, daß in Kürze die „deutsche Einöde" drohe.

Trotz seiner Verweise auf die afrikanische Landschaft wird hier deutlich, daß es Paasche in erster Linie um die Heimat zu tun war, wobei es „im Kampfe für die Natur" allerdings, wie er erklärte, um „weit Höheres" gehe: Die Zeit sei nämlich reif für die Erkenntnis, daß der „Haushalt der Natur" nicht nur Pflanzen, Tiere, Luft, Wasser und Boden umfasse, sondern daß im Rahmen einer notwendigen „Erhaltung der Natur" auch die „Seele der Menschheit" auf dem Spiel stehe. Um dieser ohne Zweifel von ökologischen Prinzipien bestimmten Einsicht den größtmöglichen Nachdruck zu verleihen, griff Paasche ins Globale aus und forderte die Schaffung eines umfassenden „Weltnaturschutzes". Denn nur im Rahmen einer Gesellschaftsordnung, die vom „hohen Gedanken der Natur" bestimmt werde und dazu den nötigen Weitblick besitze, Tiere und Böden auch für zukünftige Generationen erhalten zu wollen, könne wieder jenes tiefempfundene Verhältnis mit der Natur aufleben, das dem einzelnen eine wahrhafte „innerliche Bereicherung" in Aussicht stelle. Allerdings, fügte er bedauernd hinzu, fehle für viele Zeitgenossen dafür bereits die wichtigste Voraussetzung, nämlich die Erfahrung eines „inbrünstigen Zusammenseins mit der Natur".[35] Um sich nicht ins Unverbindliche oder gar Defätistische zurückzuziehen, hob Paasche in seinen Aufsätzen, Flugschriften und Erzählungen stets die Bedeutung der Heimat hervor, um damit jenes lokale Verantwortungsbewußtsein zu schärfen, das am ehesten eine Wiedereingliederung

---

[35] Ders.: Deutscher Naturschutz. In: *Der Vortrupp* 1, 1912, Sonderdruck, S. 1–16.

des Menschen in die Natur ermögliche, wie Ernst Bloch in *Freiheit und Ordnung. Abriß der Sozialutopien* (1946) schrieb.

Bei dieser Perspektive fällt es leicht, Paasches Konzepte im Rahmen der Vielzahl von ökologisch-utopisch ausgerichteten Romanen, Traktaten und Aufrufen um die Jahrhundertwende zu verstehen, wobei William Morris' *News from Nowhere* (1890), Theodor Herzkas *Freiland* (1889), August Bebels *Die Frau und der Sozialismus* (1879) und Theodor Fritschs *Die Stadt der Zukunft. Gartenstadt* (1896) wohl zu den bekannteren zählen.[36] Aber auch hinsichtlich der Literatur der Jugendbewegung bieten sich Vergleichsmöglichkeiten an, wie etwa mit dem in ökologischer Hinsicht sehr ähnlich ausgerichteten Roman *Der Papalagi* (1920) von Erich Scheurmann oder der großen Antikriegsutopie *Das Menschenschlachthaus* (1912) des ehemaligen Wandervogelautors Wilhelm Lamszus.

Daß Paasche im Verlauf des Weltkriegs seine Hoffnung auf die Wandervogelbewegung begrub und sich statt dessen sozialistischen Konzepten annäherte, bedeutete für ihn die Fortsetzung seiner hochgesteckten Ziele mit anderen Mitteln. Konsequent wandte er sich jener revolutionären Bewegung zu, von der die Verwirklichung gesamtgesellschaftlicher Veränderungen am ehesten zu erwarten war. Sicherlich hegte er damit ebenfalls die Hoffnung auf eine Rückkehr zu jenen paradiesischen Zuständen, wie sie seiner Meinung nach noch vor kurzem in Afrika geherrscht hatten und die er im besten Sinne als progressiv und radikal empfand. Diese Welt, verhieß er, werde von den Prinzipien der „Freiheit, Schönheit und Fruchtbarkeit" regiert, die es dem Menschen ermöglichten, mit einem einfachen Leben in der Natur vollauf zufrieden zu sein. Aufgrund der „Abgeschlossenheit", welche die Völker dort bewahrt hätten, sei es ihnen gelungen, ihre traditionellen „Zustände und Volkssitten" zu erhalten, und sie könnten daher auf alle sogenannten modernen „Errungenschaften", wie „Zeitzeiger", Elektrizität, Autos und Eisenbahnen, leicht verzichten. Am eindrucksvollsten sei jedoch die unbeschreibliche Pracht

---

[36] Vgl. Jost Hermand: Ganze Tage unter Bäumen. Ökologisches Bewußtsein in den Utopien des ausgehenden 19. Jahrhunderts. In: *Im Wettlauf mit der Zeit. Anstöße zu einer ökologiebewußten Ästhetik*, Berlin 1991, S. 93–122.

der Landschaft, deren „erhabene Ruhe und Schönheit" es dem Menschen ermögliche, sich an ausgedehnten Stränden, malerischen Sonnenuntergängen, dem ständigen Spiel der Brandung sowie vorüberziehenden Wildtieren und Vogelscharen in einem ästhetischen Sinne zu erfreuen. Im Gegensatz zum anthropozentrischen Denken der Europäer gelinge es dem Menschen in dieser Umgebung wieder, sich als Teil der Natur zu begreifen. Allerdings bleibe diese Welt jenen verschlossen, schrieb er in der 1919 im Verlag Neues Vaterland veröffentlichten Flugschrift *Das verlorene Afrika,* die sie weiterhin mit den „alten Idealen" betreten: „wirtschaftlich, kapitalistisch, imperialistisch".[37] Auch wenn sich solche wohlmeinenden Vorschläge für eine Rückkehr zur Natur heute mehr denn je als Utopie erweisen, ist es höchste Zeit für uns, die falschen Versprechungen der Wachstumsideologen endgültig zu verabschieden und Paasches Träume und Hoffnungen in die Tat umzusetzen.

---

[37] Hans Paasche: *Das verlorene Afrika,* Berlin 1919, S. 5; ders.: *Lukanga Mukara,* S. 11, S. 31, S. 37, S. 47, S. 55.

Die Autoren

Jost Hermand

Geb. 1930, Professor of German an der University of Wisconsin-Madison (USA). Publikationen im Themenumkreis dieses Buches: *Natur und Natürlichkeit. Stationen des Grünen in der deutschen Literatur.* Hrsg. mit Reinhold Grimm (1981), *Öko-Kunst? Zur Ästhetik des Grünen.* Hrsg. mit Hubert Müller (1989), *From the Greeks to the Greens: Images of the Simple Life.* Hrsg. mit Reinhold Grimm (1989), *Im Wettlauf mit der Zeit. Anstöße zu einer ökologiebewußten Ästhetik* (1991) und *Grüne Utopien in Deutschland. Zur Geschichte des ökologischen Bewußtseins* (1991).

Martin Kagel

Geb. 1961, Graduate Student am German Department der University of Wisconsin-Madison (USA). Arbeitet an einer Dissertation über Jakob Michael Reinhold Lenz.

Ulrich Linse

Geb. 1939, Professor für Zeitgeschichte an der Fachhochschule München. Publikationen: *Organisierter Anarchismus im Deutschen Kaiserreich von 1871* (1970), *Die Kommune der deutschen Jugendbewegung* (1973), *Anarchistische Jugendbewegung* (1976), *Zurück, o Mensch, zur Mutter Erde. Landkommunen in Deutschland 1890–1933* (Hrsg., 1983), *Barfüßige Propheten* (1983), *Ökopax und Anarchie. Eine Geschichte der ökologischen Bewegungen in Deutschland* (1986) und *Von der Bittschrift zur Platzbesetzung. Konflikte um technische Großprojekte* (Mitverf., 1988)

Peter Morris-Keitel

Geb. 1956, Assistant Professor of German an der Bucknell University in Lewisburg, Pennsylvania (USA). Promotion mit einer Arbeit über Naturkonzepte in der Literatur der frühen Jugendbewegung 1900-1919. Publikationen: *Die Verbrechensthematik im modernen Roman* (1989) sowie Aufsätze zu Karl Marx, Richard Wagner und zur Friedensbewegung.

Michael Niedermeier

Geb. 1954, Assistent am Fachbereich Germanistik der Humboldt-Universität in Berlin. Autor von: *Das Ende der Idylle. Gartenrevolution in Goethes Roman „Die Wahlverwandtschaften"* (1992) sowie Mitherausgeber der Buchreihe *Gartenkunst in Deutschland*.

William Rollins

Geb. 1962, Graduate Student am German Department der University of Wisconsin-Madison (USA). Promoviert mit einer Arbeit über den „Bund Heimatschutz".

Clemens Alexander Wimmer

Geb. 1959, Dr. rer. hort. Kleingärtner, Schriftsteller und Gartendenkmalpfleger in Berlin. Autor von: *Geschichte der Gartentheorie* (1989).

Joachim Wolschke-Bulmahn

Geb. 1952, Director of Studies in Landscape Architecture am Institut Dumbarton Oaks/Trustees for Harvard University in Washington, D. C. (USA). 1985/86 Peter-Joseph-Lenné-Preis. Zahlreiche Publikationen auf dem Gebiet der Freiraumplanung und Landschaftsarchitektur sowie Zusammenarbeit mit Gert Groening in der Arbeitsgruppe „Gartenkultur". Autor von: *Auf der Suche nach Arkadien. Zu Landschaftsidealen und Formen der Naturaneignung in der Jugendbewegung und ihrer Bedeutung für die Landespflege* (1990).

Abbildungsverzeichnis

Abb. 1: *Ideallandschaft,* Gemälde von Josef Anton Koch (1768–1839), abgedruckt in der Zeitschrift *Junge Menschen* 7, 1926, 6, S. 123.
Abb. 2: Landschaftsgemälde von Moritz von Schwind, abgedruckt in der Zeitschrift *Wandervogel* 6, 1911, 10, S. 244.
Abb. 3: Gartenarchitekt Wilhelm Hübotter, um 1960 (Archiv der deutschen Jugendbewegung Burg Ludwigstein, Bestand „Männertreu").
Abb. 4: Fahrtenblatt des Wandervogel V. B., Ortsgruppe Hannover-Linden (Archiv der deutschen Jugendbewegung, Bestand „Männertreu").
Abb. 5: Vignette der Zeitschrift *Wandervogel* 5, 1910, H. 8.
Abb. 6: Vignette der Zeitschrift *Alt-Wandervogel* 5, 1910, H. 12.
Abb. 7: Mitglied einer Gruppe des Wandervogel V. B., Ortsgruppe Hannover, um 1910 (Archiv der deutschen Jugendbewegung Burg Ludwigstein, Bestand „Männertreu").
Abb. 8: Mitglieder des Wandervogel V. B. aus Hannover auf Fahrt, um 1911 (Archiv der deutschen Jugendbewegung Burg Ludwigstein, Bestand „Männertreu").
Abb. 9: Sachsenhain bei Verden an der Aller (Postkarte, um 1936).

LITERATUR-KULTUR-GESCHLECHT

Sigrid Weigel (Hg.)

Leib- und Bildraum

Lektüren nach Benjamin

Bd.1, 1992. 167 S. 44 Abb. Br. ISBN 3-412-06891-8

„Die Erkenntnis, daß die erste Materie, an der sich das mimetische Vermögen versucht, der menschliche Körper ist, wäre mit größerem Nachdruck, als es bisher geschehen ist, für die Urgeschichte der Künste fruchtbar zu machen." (Benjamin) Die Studien orientieren sich an der Kategorie des ‚Leib- und Bildraums', der am Ende von Benjamins „Surrealismus"-Aufsatz steht. Neben einer Untersuchung zur Genese dieses Begriffs in seinen Schriften und einer erneuten Lektüre vielzitierter Texte Benjamins, des Trauerspielbuchs und des Kunstwerk-Aufsatzes, enthält der Band durch Benjamin inspirierte Studien zu Leib-Bild-Raum-Konstellationen in verschiedenen Künsten: in der Malerei, der Literatur und im Theater.

Annegret Pelz

Reisen durch die eigene Fremde

Reiseliteratur von Frauen als autogeographische Schriften

Bd.2, 1993. VIII, 274 S. zahlr. Abb. Br. ISBN 3-412-06991-4

Mit der Reiseliteratur von Frauen kommt die Kehrseite des Reisens und damit eine auf das Ich gerichtete - autogeographische - Schreibweise zum Vorschein. Reiseliteratur von Frauen läßt sich nicht mehr lesen als einfache Bewegung durch den äußeren Raum. Sie eröffnet ein doppelbödiges Terrain für Reisen durch die eigene Fremde: Durch den Blick der Reisenden werden die verschiedenen Schichten der Fremdwahrnehmung vor uns aufgeblättert. Die Analyse der Texte des 18.-20. Jahrhunderts folgt der imaginären Geographie einer Allegorie der Europa aus dem 16. Jahrhundert.

Klaus R. Scherpe

Die rekonstruierte Moderne

Studien zur deutschen Literatur nach 1945

Bd.3, 1992. 279 S. Br. ISBN 3-412-11291-7

Welche Ereignisse im erzählten Alltag einer zerstörten deutschen Großstadt verraten die Untiefen eines „kollektiven Gedächtnisses" der Deutschen? Welche Schreibweise ersetzt den gelernten Humanismus, der keinen Schutz bot vor der Barbarei? Wie konnte der bildungsbeflissene Einzelgänger in der Lüneburger Heide sich die Literatur der Moderne erschreiben? Kann eine nicht gelebte Geschichte, eine verhinderte Kulturrevolution in der Fiktion eines Romans nachgebildet und nachgeholt werden? Die Literatur von Wolfgang Koeppen, Alfred Andersch, Arno Schmidt und Peter Weiss rekonstruiert nach 1945 die Moderne von vor 1933.

BÖHLAU

Peter Uwe Hohendahl

Geschichte - Opposition - Subversion

Studien zur Literatur des 19. Jahrhunderts

Bd.4, 1993. 280 S. Br.
ISBN 3-412-02493-7

Das Buch behandelt ausgewählte Aspekte der deutschen Literatur des 19. Jahrhunderts, freilich nicht im Sinne einer linearen Entwicklung, sondern im Sinne einer Konfiguration von Themen und Problemen, durch die das 19. Jahrhundert strukturiert wurde. Statt nach der abbildenden Funktion der Literatur zu fragen, geht die Untersuchung dem Verhältnis des literarischen und des politischen Diskurses nach und löst den klassischen Gegensatz von affirmativen und oppositionellen Kunstwerken auf. In den Vordergrund tritt auf diese Weise die resistente und subversive Kraft literarischer Texte gegen den dominanten literarischen wie politischen Diskurs.

Sigrid Weigel (Hg.)

Flaschenpost und Postkarte

Korrespondenzen zwischen "Kritischer Theorie" und "Poststrukturalismus"

Bd.5, In Vorbereitung für 1994
ISBN 3-412-07593-0

Hinsichtlich der sogenannten Französischen Theorie haben sich im Feuilleton und im deutschsprachigen Wissenschaftsbetrieb die Lager von pro und contra relativ starr formiert. Während die Gegner von Poststrukturalismus, Dekonstruktion etc. sich gerne auf Traditionen kritischer Gesellschaftstheorie in Deutschland berufen und derart einen unversöhnbaren Gegensatz zwischen Paris und Frankfurt konstruieren, geht es in diesem Band gerade darum, Verbindungswege sichtbar zu machen. Jenseits der lähmenden Lagerbildung werden Korrespondenzen zwischen Vertretern der frühen 'Kritischen Theorie' - besonders Benjamin und Adorno - und der 'Französischen Theorie' untersucht.

Jost Hermand (Hg.)

Mit den Bäumen sterben die Menschen

Zur Kulturgeschichte der Ökologie

Bd.6, 1993. X, 244 S. 9 Abb. Br. ISBN 3-412-02593-3

Seit dem 1971 vom „Club of Rome" publizierten Bericht *Grenzen des Wachstums* ist auch in den Geistes- und Sozialwissenschaften die Debatte um die ökologischen Voraussetzungen des Lebens zu einer Debatte über Tod und Leben geworden. Dieser Band geht auf eine Reihe von Naturschutzkonzepten ein, die zwischen 1770 und 1910 in Deutschland entwickelt wurden. Er liefert Bausteine zu einer immer noch ungeschriebenen Geschichte des ökologischen Bewußtseins in Deutschland und versteht sich zugleich als Kritik an jener anthropozentrischen Sicht unserer „Umwelt", die schon in wenigen Jahrzehnten katastrophale Folgen haben könnte.

BÖHLAU

Andrea Allerkamp
Die innere Kolonisierung
Bilder und Darstellungen des/der Anderen in deutschsprachigen, französischen und afrikanischen Literaturen des 20. Jahrhunderts

1992. 253 S. Br. ISBN 3-412-04091-6

Territoriale Eroberungen und Besetzungen schreiben sich bis zu den Breitengraden eines Ich fort, das historisch kolonisiert ist oder sich in Beziehung zu historisch Kolonisierten setzt. Das ist der Augangspunkt dieser Forschungsreise quer durch literarische Texte aus verschiedenen Kontinenten, die immer wieder an Grenzbereiche der möglichen Darstellungen des 'Anderen' stößt. Einerseits stehen dabei Texte von Frauen aus Europa - Kolmar, Moosdorf, Duden, Heise, Moníková, Duras -, andererseits von Autoren aus Schwarzafrika - Hampaté Ba, Fall Bokoum, Bugul Beyala, Mudimbe - und den Antillen - Césaire, Condé - zur Debatte.

Sabine Schilling/ Inge Stephan/ Sigrid Weigel (Hg.)
Jüdische Kultur und Weiblichkeit in der Moderne

1993. Ca. 320 S. Br. ISBN 3-412-00492-8

Die Verbindungen von jüdischer Kultur und Weiblichkeit nach dem Ende der Salonkultur und nach dem Verschwinden des damit verbundenen Topos einer „jüdisch-weiblichen Kultur" aus der Geschichtsschreibung bilden das Thema des Bandes. In zahlreichen Porträts jüdischer Frauen des 19. und 20. Jahrhunderts werden die Spuren einer vergessenen Geschichte rekonstruiert: sowohl die Bilder und kulturellen Deutungsmuster, mit denen Jüdinnen sich konfrontiert sahen, als auch die Orte und Lebensmuster, die ihnen zur Verfügung standen, und die philosophisch-literarischen Entwürfe, die aus diesen Konstellationen hervorgegangen sind.

Sigrid Schade/ Monika Wagner/ Sigrid Weigel (Hg.)
Allegorie und Geschlechterdifferenz

1994. Ca. 280 S. Ca. 30 Abb. Br. ISBN 3-412-02693-X

Die hier versammelten kunst- und literaturwissenschaftlichen Beiträge schließen an die Untersuchung von Marina Warner über "Monuments and Maidens. The Allegory of the Female Form" an. Sie untersuchen die Logik und Ordnung der Geschlechterverhältnisse in den verschiedenen Typen der allegorischen Darstellungen. Einerseits geht es um Funktion und Geschichte von Personifikationen - z. B. die Weisheit oder die Freiheit -, andererseits um eine Analyse allegorischer Darstellungs- und Lektüreverfahren. Dabei übernimmt häufig eine Repräsentation der Geschlechterdifferenz die Aufgabe, andere Gegenstände darzustellen - z.B. Leben und Tod.